K. Haussmann

LOGO? LOGO!

Programmieren von Mikrocomputern

Die Bände dieser Reihe geben den Benutzern von Heimcomputern, Hobbycomputern bzw. Personalcomputern über die Betriebsanleitung hinaus zusätzliche Anwendungshilfen. Der Leser findet wertvolle Informationen und Hinweise mit Beispielen zur optimalen Ausnutzung seines Gerätes, besonders auch im Hinblick auf die Entwicklung eigener Programme.

Bisher erschienene Bände

Band 1 **Einführung in BASIC**
von W. Schneider

Band 3 **BASIC für Fortgeschrittene**
von W. Schneider

Band 4 **Einführung in Pascal**
von W. Schneider

Band 6 **BASIC-Programmierbuch zu den grundlegenden Ablaufstrukturen der Datenverarbeitung**
von E. Kaier

Band 7 **Lehr- und Übungsbuch für Commodore-Volkscomputer**
von G. Oetzmann

Band 9 **Einführung in die Anwendung des Betriebssystems CP/M**
von W. Schneider

Band 10 **Datenstrukturen in Pascal und BASIC**
von D. Herrmann

Band 11 **Programmierprinzipien in BASIC und Pascal**
von D. Herrmann

Band 12 **Assembler-Programmierung von Mikroprozessoren (8080, 8085, Z 80) mit dem ZX Spectrum**
von P. Kahlig

Band 13 **Strukturiertes Programmieren in BASIC**
von W. Schneider

Band 14 **Logo-Programmierkurs für Commodore 64 Logo und Terrapin Logo (Apple II)**
von B. Schuppar

Band 15 **Entwerfen von Programmen (Commodore 64)**
von G. Oetzmann

Band 16 **Einführung in die Anwendung des Betriebssystems MS-DOS**
von W. Schneider

Band 17 **Einführung in die Anwendung des UCSD p-Systems**
von K. Buckner/M. J. Cookson/A. I. Hinxman/A. Tate

Band 18 **Mikrocomputer-COBOL**
von W. Kähler

Band 19 **Fortgeschrittene Programmiertechniken in Turbo Pascal**
von E. Hering und K. Scheurer

Band 20 **Einführung in die Anwendung des Betriebssystems Apple DOS (Apple II)**
von H. R. Behrendt und H. Junghans

Band 21 **LOGO? LOGO!**
von K. Haussmann

Band 22 **Einführung in Turbo Pascal unter CP/M 80**
von G. Harbeck

Band 23 **Pascal mit der Turtle**
von K. und K. H. Beelich

Band 24 **Programmieren mit UNIX**
von G. Martin und M. Trostmann

Band 25 **Murmeltierwelt und Pascal**
von H. Pinke

Programmieren von Mikrocomputern Band 21

Kristina Haussmann

LOGO? LOGO!

Ein Programmierbuch

Friedr. Vieweg & Sohn Braunschweig / Wiesbaden

CIP-Kurztitelaufnahme der Deutschen Bibliothek

Haussmann, Kristina:
Logo? Logo!: Ein Programmierbuch / Kristina Haussmann. – Braunschweig; Wiesbaden: Vieweg, 1987.
(Programmieren von Mikrocomputern; Bd. 21)
ISBN-13: 978-3-528-04485-5 e-ISBN-13: 978-3-322-89423-6
DOI: 10.1007/978-3-322-89423-6
NE: GT

Das in diesem Buch enthaltene Programm-Material ist mit keiner Verpflichtung oder Garantie irgendeiner Art verbunden. Der Autor und der Verlag übernehmen infolgedessen keine Verantwortung und werden keine daraus folgende oder sonstige Haftung übernehmen, die auf irgendeine Art aus der Benutzung dieses Programm-Materials oder Teilen davon entsteht.

1987

Umschlaggestaltung: Peter Lenz, Wiesbaden

ISBN-13: 978-3-528-04485-5

Für Dorothea

Vorwort

Es gibt eine Reihe von Mißverständnissen über die Programmiersprache LOGO.

- LOGO ist lediglich dazu geeignet, Neulinge an den Computer heranzuführen, nicht aber dazu, zu einem tieferen Programmierverständnis beizutragen.
- LOGO beschränkt sich auf die Igel-Geometrie und damit auf graphische Anwendungen. Vernünftige Probleme kann man damit nicht angehen.
- LOGO ist eine einfache Programmiersprache.

Betrachten Sie den letzten Punkt aber nicht gleich als Abschreckung. Es ist sicher nicht in jedem Fall ein Mißverständnis, daß man mit LOGO leicht arbeiten kann. Es ist in der Tat einfacher, mit dieser Sprache die ersten Computer-Erfahrungen zu sammeln, als mit jeder anderen Programmiersprache. Nutzt man beispielsweise die Graphikbefehle von LOGO, so hat man sofort eine direkte Rückmeldung, was sie bewirken. Sie sind auch leicht nachvollziehbar, denn mit den Bewegungen auf dem Bildschirm verhält es sich ganz ähnlich, wie wenn wir uns selbst bewegen, sei es nach rechts, nach links, vorwärts oder rückwärts. LOGO-Programme müssen zudem nicht ellenlang sein, sondern sie können in Module, das sind kleine Unterprogramme, zerlegt werden, die in sich leicht verständlich sind. Und LOGO erlaubt schließlich etwas Faszinierendes. Es erlaubt, daß eine Prozedur sich selbst aufruft; das ist dann eine rekursive Prozedur. Gerade die Möglichkeit der Rekursion erlaubt bei vielen Problemen kurze Programmtexte.

Gleichzeitig bedeutet das aber, daß LOGO ab einem gewissen Punkt schwieriger wird. Je tiefer man in die Struktur der Sprache eingedrungen ist und je mehr Sprachelemente man kennt, desto mehr Möglichkeiten gibt es auch, diese Sprachelemente zu kombinieren, zumal man mit LOGO leicht zusätzliche Wörter erfinden kann. Aber haben Sie keine Angst! Die ersten Kapitel müßten auch für jemanden, der noch nie vor einem Computer saß, recht einfach zu lesen sein. Es wird allerdings vorausgesetzt, daß der Leser oder die Leserin die Möglichkeit hat, mit einem Computer zu spielen und zu experimentieren.

Aber LOGO beschränkt sich nicht, wie manchmal vermutet wird, auf die Igel-Graphik. Man kann Texte und Zahlen mit LOGO verarbeiten, man kann Spiele programmieren, Geheimschriften kodieren und dekodieren, generell Probleme lösen. Das bringt diese Sprache in die Nähe von ausgeklügelten Programmiersprachen wie die aus dem Bereich der Künstlichen Intelligenz (zum Beispiel LISP oder PROLOG). Dies soll nur als seelische Vorbereitung dienen: ab dem sechsten Kapitel wird dieses Buch doch etwas schwieriger, als es zunächst den Anschein hat. Aber es soll eben auch ein bißchen von der Vielfalt der Anwendungen aufgezeigt werden, die sich durch LOGO erschließen lassen.

Sie finden deshalb in fast allen Kapiteln konkrete Problemaufgaben, bei deren Lösung die Sprachelemente und die strukturellen Möglichkeiten von LOGO eingeführt werden. Den Kern zu einem tieferen Verständnis von LOGO finden Sie vermutlich in Kapitel 6. Hier steht ein zentrales Prinzip des Programmierens im Vordergrund, nämlich das Prinzip der Rekursion. Das Kapitel ist sicher nicht ganz einfach. Aber für den, der es verstanden hat, liest sich der Rest des Buches leichter. Man sollte sich also im vorneherein etwas Zeit für diesen Abschnitt nehmen.

Um die Mißverständnisse zu Beginn in ihr Gegenteil zu verkehren, läßt sich sagen: LOGO ist eine ausgereifte Programmiersprache, die bei den meisten Problemen eine Lösung durch ein Programm ermöglicht. LOGO beschränkt sich nicht auf die graphischen Anwendungen. Diese machen den Einstieg einfach und bereiten auf das Verständnis auch anderer Programmieranwendungen vor. LOGO ist nicht einfach und LOGO ist auch nicht schwer. Das kommt auf das jeweilige Problem an. Aber LOGO hat seinen Reiz im spielerischen und experimentellen Zugang zum Computer. Es ist wie mit dem Zusammensetzen eines Mosaiks. Zuerst ergeben sich Inseln, die für sich einen Sinn machen, dann passen diese Inseln plötzlich zueinander. Es zeigen sich Beziehungen, die man nicht erahnt hat. Und schließlich fügt sich alles zu einem großen Bild. Der Reiz nimmt rapide zu, bis man endlich das gesamte Bild sieht. Aber beim Programmieren ist es ähnlich wie bei Mosaiken: ein paar Steinchen fehlen immer. Nur ist natürlich die Freude groß, wenn man wieder einmal eines dieser Steinchen findet.

Karlsruhe, im November 1986 *Kristina Haussmann*

Inhaltsverzeichnis

1 Start mit LOGO

HARDWARE- UND SOFTWAREAUSSTATTUNG

LOGO, eine Programmiersprache nicht nur für Kinder. Programmieren und Problemlösen. Was braucht man für das Arbeiten mit LOGO? Wir starten das LOGO-System.

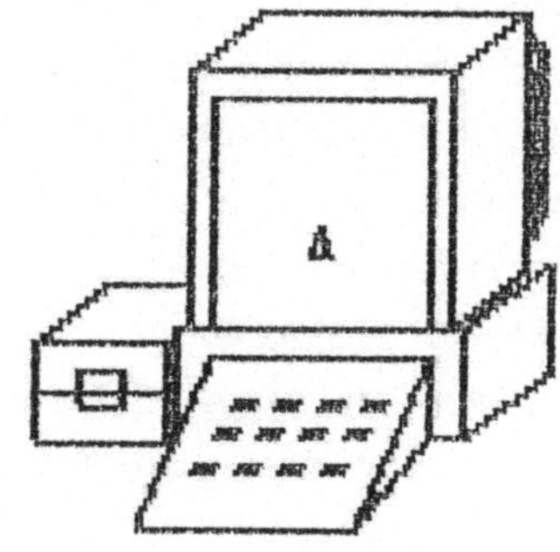

DIE ARBEIT MIT EINEM COMPUTER

Wenn man mit einem Computer arbeiten möchte, so hat man eigentlich zwei Möglichkeiten. Man kann nämlich einerseits auf fertige Programme zurückgreifen, die für die verschiedensten Anwendungsprobleme im beruflichen oder privaten Bereich Lösungen anbieten. Es gibt für alle Computer solche im Handel erhältliche Software, also Programme oder ganze Programmpakete, die im allgemeinen von jedermann ohne besondere Vorkenntnisse verwendet werden können. Insbesondere ist es nicht nötig, programmieren zu können, um mit ihnen zu arbeiten. Es ist ganz klar, daß nicht jeder lernen will oder muß, wie man einen Computer programmiert.

Man kann andererseits aber auch seine eigenen Programme schreiben. Da Sie in diesem Buch lesen, haben Sie sich (auch?) für diesen zweiten Weg entschieden und wollen programmieren lernen. Das macht nicht nur großen Spaß. Sie werden bei dieser Arbeit sicherlich viel Neues erfahren und entdecken können. Sie werden beispielsweise lernen, wie man Probleme so aufbereitet, daß sie für einen Computer lösbar sind, und dieses Wissen ist nicht nur bei der Arbeit mit dem Gerät nützlich. Sie werden aber auch durch Ihre eigene Arbeit besser einschätzen können, was mit einem Computer machbar ist und was nicht. Der Einfluß des Computers auf das alltägliche Leben ist bereits groß und er wird sicher eher ansteigen als abnehmen. Es ist also ganz gut, wenn man sich in diesem Bereich ein bißchen sachkundig macht. Der Weg über das Erstellen eigener Programme ist von den vielen möglichen sicher nicht der schlechteste.

PROGRAMMIEREN MIT LOGO

Programmieren heißt zunächst einmal, ein Problem genau zu durchdenken und seine Lösung zu planen. Ein solcher Lösungsplan kann zunächst nur ganz grob formuliert sein. Wichtig ist, daß man sich Gedanken über die entscheidenden Schritte macht. Sie können später noch ausgefeilt werden. Eine Formulierung der Lösung eines Problems nennt man übrigens einen Algorithmus. Das ist ein Begriff, der Ihnen noch häufiger im folgenden Text begegnen wird. Man kann sich darunter eine Vorschrift zur Durchführung einer Handlung vorstellen, ähnlich wie es zum Beispiel die Gebrauchsanweisung für die Benutzung eines beliebigen Automaten ist. Wichtig ist dabei, daß die einzelnen Schritte in einem Algorithmus eindeutig formuliert sein müssen und in einer begrenzten Zeit ausführbar sind. Schließlich sucht man nach Lösungsmöglichkeiten für eine Aufgabe, die mit Hilfe einer Maschine zu realisieren sind. Ein Problem lösen bedeutet dann meist auch, den groben Plan zunächst in kleinere und übersichtlichere Schritte zu zerlegen, die möglichst getrennt voneinander bearbeitet werden können. Man muß diese Lösung in ein Programm übertragen und ausprobieren, ob es in der formulierten Art und Weise auch wirklich auf dem Rechner lauffähig ist. Dadurch hat man insbesondere eine sehr gute und direkte Kontrolle über den eigenen Problemlöseprozeß und genauso über die möglichen Fehler.

Ein Computerprogramm ist nichts anderes als eine Folge von Anweisungen, die beschreiben, wie eine Aufgabe zu bearbeiten ist. Diese Anweisungen müssen nun allerdings in einer Sprache geschrieben werden, die eine Maschine verstehen und interpretieren kann. Die Umgangssprache ist dafür leider nicht geeignet. Sie kennt zu viele Ausdrücke, hat zu viele Regeln und ist auch nicht immer eindeutig. Denken Sie da zum Beispiel an das Wort "Ball", das zwei ganz verschiedene Bedeutungen haben kann. Man muß die Problemlösung daher in einer Sprache formulieren, die speziell für diesen Zweck geschaffen wurde. Solche Sprachen sind die Programmiersprachen. Sie bestehen im Gegensatz zur Umgangssprache nur aus relativ wenigen Begriffen und einigen Regeln, wie diese Begriffe verwendet werden müssen und dürfen.

In den letzten Jahren wurden für die verschiedensten Anwendungen eine Reihe von Programmiersprachen entwickelt. Eine davon ist LOGO, die Sprache, mit der wir uns hier beschäftigen wollen. LOGO kommt, wie viele andere Sprachen auch, aus den USA. Zunächst war diese Programmiersprache vor allem für

Kinder gedacht, die erste Erfahrungen im Umgang mit dem Computer machen wollten. Aber LOGO ist ganz sicher keine "Kindersprache". Das Programmieren in LOGO ist aus vielen Gründen für alle Computerneulinge gleich welchen Alters ein guter Einstieg. Es ist relativ leicht, die ersten Schritte beim Schreiben von Programmen in LOGO zu lernen - und wer möchte diese ersten Schritte nicht gerne auf einfache Weise machen? Es ist aber genauso möglich, sehr komplexe und anspruchsvolle Programme zu entwerfen. Man kann mit Hilfe von LOGO zeichnen, rechnen, Gedichte schreiben, man kann ein Vokabelverzeichnis erstellen oder ein Spiel programmieren. Kurz: man kann (fast) alles!

Darüber hinaus unterstützt LOGO einen guten Programmierstil. Die Lösungen von Pr[illegible] werden nicht als ein großes Programm geschrieben. Man plant zunächst ganz grob, wie ein Problem bearbeitet werden könnte. Es wird, wie es im Alltag auch häufig geschieht, in kleine Unterprobleme zerlegt. Diese Teile programmiert man möglichst unabhängig voneinander, indem die LOGO-Grundbefehle zu sogenannten Prozeduren zusammengesetzt werden. Erst zum Schluß verbindet man dann diese einzelnen Bausteine zu einer vollständigen Lösung. Darum ist es beispielsweise auch oftmals einfacher als bei anderen Sprachen, ein Programm zu lesen und zu verstehen, das man nicht selbst geschrieben hat.

WELCHE AUSSTATTUNG IST NOTWENDIG?

Schauen wir uns einmal an, was für die Arbeit mit LOGO gebraucht wird. Zunächst muß natürlich ein Computer da sein. LOGO ist mittlerweile auf vielen Geräten lauffähig. So gibt es zum Beispiel Versionen für den Commodore 64, für den IBM PC, für Atari-Computer und für Schneider-Computer oder für die verschiedenen Apple-Geräte. Wir werden bei den folgenden Beschreibungen von einem Apple II ausgehen. Das kann ein Apple II+ mit mindestens 64 Kbyte Speicherkapazität, ein Apple IIe oder ein Apple IIc sein. Sie werden alle im folgenden kurz mit Apple II bezeichnet. Aber ähnliches trifft auch für andere Computertypen zu. Vor allem das LOGO für den Commodore 64 hat große Ähnlichkeit mit der hier beschriebenen Version.

Der Computer alleine ist allerdings noch nicht ausreichend. Es werden auch Möglichkeiten gebraucht, Informationen einzugeben oder aber eine Meldung abzulesen. Man braucht also zusätzlich Eingabe- und Ausgabegeräte, die dies leisten. Für Eingaben eines Benutzers wird die Tastatur verwendet, die Sie sich einmal genauer anschauen sollten. Sie sieht auf den ersten Blick wie die Tastatur einer Schreibmaschine aus. Allerdings befinden sich auf ihr auch noch ein paar zusätzliche Tasten, die Sie von der normalen Schreibmaschine nicht kennen. Von diesen brauchen Sie vor allem die Taste ESC (oder ESCAPE), die vier Pfeiltasten unten rechts (wenn sie auf Ihrem Computer nicht vorhanden sind, können sie durch Kombinationen anderer Tasten ersetzt werden), die mit DEL (oder DELETE) gekennzeichnete Taste, die CONTROL - (oder CTRL -) Taste und, ganz wichtig, die RETURN-Taste, die Sie auf der rechten Seite der Tastatur finden. Es gibt auch noch eine Taste, die Sie nicht benutzen sollten. Das ist die Taste RESET. Bei den älteren Apple II - Geräten verlassen Sie dadurch das LOGO-System. Es erfolgt ein Übergang in den Apple-Monitor, der an einem Sternchen unten links auf dem Bildschirm erkennbar ist. Sollte Ihnen das einmal passieren, starten Sie LOGO am besten neu.

Das übliche Ausgabegerät ist der Bildschirm. Hier können die eingegebenen Informationen und natürlich auch die Ausgaben und Antworten des Systems abgelesen werden. Für die Arbeit mit LOGO genügt prinzipiell ein einfacher Schwarz-Weiß-Monitor (es darf natürlich auch schwarz-grün sein). Das Arbeiten mit Farbgraphik ist zwar möglich, aber sicher nicht unbedingt notwendig für den Programmierspaß.

Ein unumgänglicher Zusatz der Ausstattung ist hingegen ein Diskettenlaufwerk, über das Informationen, beispielsweise das LOGO-System, von einer Diskette eingelesen oder auf einer Diskette abgespeichert werden können. Bei der LOGO-Version, die in diesem Buch beschriebenen wird, kann nur ein Laufwerk angesprochen werden, so daß eines auch völlig ausreichend ist.

Die eben beschriebenen Geräte gehören zur sogenannten Hardware. Darunter versteht man den Computer, seine einzelnen Teile wie etwa die Chips und eventuell angeschlossene Peripheriegeräte, also zum Beispiel das Diskettenlaufwerk oder den Drucker. Zusätzlich zu dieser Hardwareausstattung wird auch noch Software benötigt. Das sind Programme, die in den Arbeitsspeicher eingelesen werden, damit man mit dem Computer etwas machen kann. Am wichtigsten ist für uns die Systemdiskette, auf der das LOGO-System gespeichert ist. Es gibt viele verschiedene englische und deutsche LOGO-Versionen. Wir arbeiten hier mit IWT-LOGO, einer deutschen Sprachversion für den Apple II. Von dieser Systemdiskette kann LOGO immer wieder in den Hauptspeicher des Computers eingelesen werden. Ebenfalls zur Grundausstattung gehören dann noch mindestens eine oder zwei Leerdisketten, auf die Sie später Ihre eigenen Programme schreiben werden.

Die Hardware und Software, die bisher beschrieben wurde, brauchen Sie unbedingt, um mit dem Programmieren in LOGO beginnen zu können. Es gibt aber weitere Geräte, die nützlich sind und den Spaß beim Erstellen von Programmen vergrößern können. So kann man, wie bereits erwähnt, einen Farbmonitor an den Computer anschließen und farbige Bilder mit LOGO malen. Schön ist es auch, einen graphikfähigen Drucker zu haben, mit dessen Hilfe dann Texte von Programmen und Bilder schwarz auf weiß festgehalten werden können.

ES KANN LOSGEHEN ...

So, nehmen wir an, daß der Computer vor Ihnen steht und auch die Systemdiskette in Griffweite liegt. Sie wird, wie alle Disketten, äußerst vorsichtig behandelt. Insbesondere sollte man sie immer nur oben am Etikett anfassen. Staub, Schmutz oder Kratzer können die enthaltenen Informationen zerstören. Auf der Diskette sehen Sie im unteren Drittel ein ovales Fenster. Hier werden Informationen gelesen oder auf die Diskette geschrieben. Insbesondere an dieser Stelle sollten Sie jeden Fingerabdruck vermeiden, da die Oberfläche der Diskette hier völlig ungeschützt ist.

Legen Sie die LOGO-Systemdiskette mit dem Etikett nach oben in das Laufwerk Ihres Computers. Sind an Ihrem Gerät zwei Laufwerke angeschlossen, so kommt sie ins Laufwerk oder "Drive" 1. Dazu muß zunächst der Verschluß des Laufwerks geöffnet werden. Er wird wieder geschlossen, nachdem Sie die Diskette eingelegt haben. Schalten Sie jetzt den Monitor ein und anschließend den Computer. Man hört ein Surren und gleichzeitig leuchtet das Kontroll-Lämpchen des Diskettenlaufwerks auf. LOGO wird in den Hauptspeicher eingelesen oder, wie man auch sagt, es wird gebootet. Nach einiger Zeit verlöscht das Lämpchen und es erscheint auf dem Bildschirm die Meldung

```
HALLO, HIER IST IWT-LOGO
```

In der nächsten Bildschirmzeile sieht man ein Fragezeichen. Das ist das Bereitschaftszeichen von LOGO. Man liest dafür auch häufiger die englische Bezeichnung "prompt". Dahinter blinkt ein kleines Quadrat, der sogenannte Cursor. Er zeigt an, daß der Rechner auf eine Eingabe über die Tastatur wartet. Nehmen Sie nun die Systemdiskette aus dem Laufwerk. Sie wird erst wieder benötigt, wenn LOGO neu eingelesen werden muß. Sie vermeiden dadurch mit Sicherheit, daß bei unbedachten Handgriffen irgendetwas kaputt gehen kann.

Am besten ist es, bei der Arbeit mit den neueren Apple-Geräten immer die CAPS-LOCK-Taste nach unten gedrückt zu haben. Sie befindet sich auf den Tastaturen des Apple IIe und IIc unten links. Ist diese Taste gedrückt, so erscheinen alle Buchstaben als Großbuchstaben auf dem Bildschirm. Zahlen und Sonderzeichen werden hingegen wie üblich gedruckt. Das ist nützlich, da die Grundwörter von LOGO in Großbuchstaben eingegeben werden müssen. Die Hochtaste (auch Shift-Taste genannt) müssen Sie dann nur drücken, wenn Sie ein entsprechendes Sonderzeichen eingeben wollen, also zum Beipiel das Multiplikationszeichen "*" oder die runden Klammern "(" und ")".

Bei einigen Computern ist es möglich, zwischen zwei Zeichensätzen zu wählen. Das ist zum einen der deutsche Zeichensatz und zum anderen ist es der sogenannte ASCII-Zeichensatz. Den letzteren braucht man für die Arbeit mit LOGO. Beim Apple IIe befindet sich ein Schalter auf der rechten Seite unterhalb der Tastatur. Er bewirkt die Umstellung, wenn er nach rechts gelegt wird. Es werden dann die Buchstaben oder Zeichen angesprochen, die auf der rechten Seite der Tasten aufgedruckt sind. Sind die Tasten nur einfach beschriftet, so ist das entsprechende Zeichen bei beiden Zeichensätzen über die gleiche Taste anzusprechen. Das gilt für die Ziffern und die meisten Buchstaben. Beim Apple IIc ist dieser Schalter oben links über der Tastatur. Er muß nach unten gedrückt werden. Leider sind hier die Tasten nicht doppelt beschriftet. Sie finden aber Hinweise im Benutzer-Handbuch des Computers, wo dann die verschiedenen Zeichen angesprochen werden. Oder aber Sie probieren es einfach aus, wo sich nach einer Umstellung die einzelnen Zeichen befinden.

Man kann leicht erkennen, welcher Zeichensatz aktuell eingeschaltet ist, wenn man die Taste mit dem Umlaut "ü" drückt. Kommt dann dieser Buchstabe, so muß umgestellt werden. Im anderen Fall erscheint eine eckige Klammer, die auf dem deutschen Zeichensatz nicht zur Verfügung steht und die für das Programmieren mit LOGO unbedingt gebraucht wird. Auf den älteren Apple II - Geräten bekommt man diese Klammern durch SHIFT-M bzw. SHIFT-N, also durch das Drücken der Hochtaste und gleichzeitiges Drücken des entsprechenden Buchstabens.

Diese kurzen Ausführungen können und sollen übrigens nicht die Informationen in den Handbüchern ersetzen, die zusammen mit Ihrem Computer oder mit der LOGO-Systemdiskette geliefert wurden. Schauen Sie in allen Zweifelsfällen dort hinein. Und nun ...

. . . VIEL SPASS MIT LOGO!

2 Der Weg durch das Labyrinth

EIN EINSTIEG IN DIE IGEL-GRAPHIK

Erste LOGO-Kommandos. Die Arbeit im Direktmodus. Einfache Möglichkeiten der Korrektur von Eingabefehlern.

LOGO-Grundwörter: BILD, RECHTS (RE), LINKS (LI), LOESCHEBILD (LB), RUECKWAERTS (RW), VORWAERTS (VW), MITTE, .SKALA, WIEDERHOLE (WH).

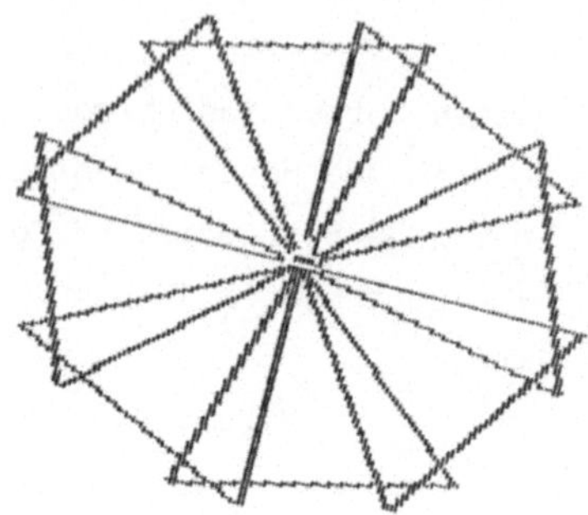

DER IGEL AUF DEM BILDSCHIRM

Nach den im letzten Kapitel beschriebenen Vorbereitungen ist das System nun startklar. Es ist endlich soweit, daß Sie das erste Kommando in Ihren Computer eingeben und mit LOGO den Dialog eröffnen können. Schreiben Sie das Wort

```
BILD
```

in Großbuchstaben und drücken Sie anschließend die RETURN-Taste, die auf der Tastatur ganz rechts außen zu finden ist. Bei den Apple II - Computern kann man sie an einem geknickten Pfeil erkennen. Die RETURN-Taste hat einerseits eine ähnliche Funktion wie der Wagenrücklauf bei einer Schreibmaschine. Eine eingegebene Zeile wird abgeschlossen und der Cursor springt an den Beginn einer neuen Zeile. Gleichzeitig aber wird der Rechner veranlaßt, den eingetippten Befehl auszuführen.

Welche Wirkung hatte nun der Befehl BILD? Sie sehen, daß die Begrüßung durch das LOGO-System vom Bildschirm verschwunden ist. Man ist dafür jetzt im sogenannten Teilbild-Modus, in dem LOGO-Graphiken und Texteingaben gleichzeitig auf dem Monitor erscheinen können. Die folgende Einteilung sollte auf Ihrem Bildschirm zu sehen sein.

▲

?

Man sieht, daß der Cursor unten links hinter dem LOGO-Bereitschaftszeichen blinkt. An dieser Stelle werden alle weiteren Eingaben erscheinen, da hier Platz für vier Textzeilen reserviert ist. Im oberen Teil des Bildschirms hingegen ist Raum für Zeichnungen. Sie erkennen dort ein kleines dreieckiges Objekt. Dieses Dreieck ist der sogenannte Igel oder, wie es auch in manchen Versionen von LOGO heißt, die Schildkröte. Der Igel hat eine Position (im Moment befindet er sich ungefähr in der Mitte des Bildschirms) und er hat eine Blickrichtung, die durch die ausgefüllte Spitze des Dreiecks bestimmt wird (zur Zeit schaut er nach oben).

ERSTE IGEL-KOMMANDOS

Dieser Igel ist mit einem kleinen Roboter vergleichbar, der einige ganz bestimmte Befehle verstehen und ausführen kann. Er kann sich auf dem Bildschirm bewegen, also zum Beispiel vorwärts laufen, sich in eine beliebige Richtung drehen oder rückwärts laufen. Auf diese Weise ist er als Zeichenstift zu benutzen. Wir wollen das gleich ausprobieren und geben

```
VORWAERTS 50
```

über die Tastatur ein. Auch diese Eingabe wird mit RETURN abgeschlossen. Man sieht, daß sich der Igel daraufhin in Bewegung setzt. Er geht 50 Bildschirmschritte nach oben und hinterläßt dabei eine sichtbare Spur.

Hat es geklappt? Wenn nicht, so bleibt meistens die Position des Dreiecks unverändert und dafür liest man unten auf dem Bildschirm eine Fehlermeldung. Aber die soll uns im Moment noch nicht interessieren. Wir wiederholen einfach die Eingabe VORWAERTS 50.

Vielleicht war es ein Rechtschreibfehler, der die Ausführung verhindert hat. Das Wort VORWAERTS schreibt man in LOGO mit "AE" statt dem üblichen "Ä" und außerdem in Großbuchstaben. Auch darf die Leerstelle zwischen "VORWAERTS" und der Zahl "50" nicht vergessen werden. Oder haben Sie die Ziffer "0" mit dem Buchstaben "O" verwechselt? Das ist im Anfang ein häufiger Fehler. Man kennt vom Schreiben mit einer gewöhnlichen Schreibmaschine, daß beide Zeichen austauschbar sind. Nun, für den Computer gilt das nicht. In allen Programmiersprachen und auch in den Anwenderprogrammen wird ganz genau zwischen Zahlen und Buchstaben unterschieden, insbesondere also zwischen der Zahl "0" (Null) und dem Buchstaben "O" und zwischen der Zahl "1" (Eins) und dem Buchstaben "l".

WIE ENTSTEHT EIN QUADRAT?

Versuchen Sie ein zweites Igel-Kommando. Geben Sie

RECHTS 90

ein und schließen Sie diese Zeile wie gewohnt mit RETURN ab. Der Igel verändert bei diesem Befehl seine Position nicht. Er dreht jedoch die Nase um einen Winkel von 90 Grad nach rechts und blickt nun in Richtung des rechten Bildschirmrands. Wenn man jetzt

```
VORWAERTS 50
```

schreibt, dann wird er 50 Schritte in dieser Richtung weiterlaufen. Mit dem Kommando

```
RECHTS 90
```

veranlaßt man ihn, nach unten zu schauen. So, es ist nun ganz einfach, ein Quadrat auf den Monitor zu zeichnen. Man wiederholt diese beiden Eingaben VORWAERTS 50 und RECHTS 90 noch zweimal.

```
VORWAERTS 50 RECHTS 90 VORWAERTS 50 RECHTS 90
```

Man kann diese Befehlsfolge übrigens in eine Zeile schreiben und anschließend RETURN drücken, man kann aber genauso nach jedem einzelnen Befehl die RETURN-Taste betätigen. In beiden Fällen bekommt man ein Quadrat.

Das Quadrat auf Ihrem Bildschirm hat wahrscheinlich größere Ähnlichkeit mit einem Rechteck als mit einem Quadrat. Vermutlich ist seine Grundlinie etwas länger als die beiden Seitenlinien. Dieser Schönheitsfehler kann durch das Kommando

```
.SKALA 1.05
```

behoben werden, das die Bildschirmverzerrung beeinflußt. Es ändert zwar nicht mehr das bereits gezeichnete Quadrat, es wirkt sich aber bei allen folgenden Zeichnungen aus. Statt 1.05 könnte es auch eine andere Zahl sein. Der Wert 1.05 hat sich bei vielen Apple IIe - Konfigurationen als gut herausgestellt, beim Apple IIc scheint 0.9 die bessere Eingabe zu sein. Es kommt ein bißchen auf den Monitor an, bei welcher Zahl die Verzerrung wirklich aufgehoben ist. Die Voreinstellung, also der Wert, der beim Start eingeladen wird, ist 0.8 bei IWT-LOGO. Es ist übrigens auch ganz lustig, mit diesem Kommando herumzuspielen. Die Eingabe von .SKALA 0.4 kann recht seltsame Effekte bei den Igel-Zeichnungen haben.

Üben wir doch die gerade gelernten Befehle noch einmal und zeichnen ein Quadrat mit einer anderen Seitenlänge, etwa mit der Länge 70 Igelschritte. Wie geht das? Ganz klar:

```
VORWAERTS 70
RECHTS 90
VORWAERTS 70
RECHTS 90
VORWAERTS 70
RECHTS 90
VORWAERTS 70
RECHTS 90
```

Wieder wird jede Eingabezeile mit dem Drücken der RETURN-Taste abgeschlossen, damit der Igel sich auch tatsächlich bewegt. Aber darauf müssen Sie inzwischen sicher nicht mehr jedesmal aufs neue hingewiesen werden. Der Effekt der Kommandos ist, daß ein neues, größeres Quadrat gezeichnet wird, das alte bleibt aber dennoch erhalten, gegebenenfalls auch mit einem anderen Faktor für die Verzerrung.

DEBUGGING oder WAS TUN BEI EINGABEFEHLERN?

Bei den wenigsten Computerneulingen wird bis hierhin alles reibungslos funktioniert haben. Es scheint fast unmöglich zu sein, mehrere Zeilen ohne einen Fehler zu schreiben. Und was dann? Es gibt in LOGO viele Methoden, Eingabefehler zu korrigieren. Betrachten wir im Moment einmal zwei, die man sich leicht merken kann und die leicht anzuwenden sind. Am einfachsten ist es, die RETURN-Taste zu drücken, die dann erscheinende Fehlermeldung zu ignorieren und die Eingabe zu wiederholen. Diese Methode funktioniert bei Rechtschreibfehlern, also zum Beispiel wenn man VORWAETS 50 statt VORWAERTS 50 geschrieben hat. Die Methode klappt natürlich nicht, wenn Sie VORWAERTS 50 getippt haben, aber eigentlich VORWAERTS 70 meinten. LOGO kann nicht radieren (zumindest im Moment noch nicht, aber wir werden das dem Igel beibringen). In diesem Fall ist die Eingabe also nur noch zu verbessern, wenn sie nicht schon mit RETURN abgeschlossen wurde.

Und so wird es dann gemacht: Sie drücken die Taste ESC (sie ist links oben bei den Apple II - Computern) oder aber beim Apple IIe und IIc die Taste DELETE oder DEL (DELETE heißt LÖSCHEN; die Taste ist rechts oben bei den Apple II - Rechnern). Daraufhin wird der Buchstabe links vom Cursor gelöscht, und der Cursor blinkt an dieser Stelle. Auf diese Weise können Sie nun bis zum Fehler zurückgehen. Es werden dabei alle vorhergehenden Zeichen gelöscht. Verbessern Sie den Fehler und schreiben Sie den Rest der Zeile noch einmal.

Ganz ausfürlich sieht es so aus:

```
VORWAERTS 50    DEL DEL bzw. ESC ESC
                ---> VORWAERTS
                ---> VORWAERTS 70
```

Diese Art der Fehlerkorrektur ist weder besonders schnell noch besonders elegant. Im Moment ist sie für uns allerdings ausreichend. Wir werden auf die verschiedenen anderen Arten der Verbesserung von Eingabefehlern später noch ausführlich eingehen. Im Computer-Jargon nennt man diese Tätigkeit des Verbessern oft auch "debugging". Der Ausdruck ist abgeleitet vom englischen Wort "bug", was "Käfer" oder "Laus" bedeutet. Man kann sich vorstellen, daß bei dieser Arbeit alle kleinen Käfer entfernt werden, die in einem Programm umherirren und den Ablauf stören. Außer Rechtschreibfehlern und falschen Eingaben können das natürlich auch nicht korrekte Befehle beim Schreiben des Programms sein.

DER BILDSCHIRM WIRD GELÖSCHT

So, nun sollten Sie zunächst mit diesen beiden Befehlen etwas experimentieren. Lassen Sie den Igel über den Bildschirm wandern. Schauen Sie sich auch einmal an, wie die Kommandos VORWAERTS und RECHTS bei großen Zahleneingaben wirken.

RECHTS 10 VORWAERTS 500

Der Igel verschwindet am oberen Bildschirmrand und taucht am unteren Rand wieder auf. Durch die zusätzliche Ablenkung um 10 Grad entsteht eine bizarre Spur. Ab und zu wird es nun sicher nötig sein, für einen sauberen Bildschirm zu sorgen. Das Kommando

LOESCHEBILD

läßt alle Igelspuren verschwinden. Der Igel selbst bleibt dabei auf seiner letzten Position und behält die Blickrichtung bei. Soll er wieder in seine Ausgangslage in der Bildschirmmitte gebracht werden, so kann man das mit Hilfe des Befehls

MITTE

erreichen. Der Igel befindet sich dann, wie zu Beginn nach der Eingabe von BILD, etwa in der Mitte des Bildschirms und schaut nach oben. Allerdings wird der Bildschirm durch MITTE nicht gelöscht, was aber in vielen Fällen durchaus erwünscht sein kann.

Zwei ganz ähnliche Grundwörter wie VORWAERTS und RECHTS sind RUECKWAERTS und LINKS. Auch diese beiden Kommandos verlangen eine Zahleneingabe. Der Igel geht dann um die entsprechende Anzahl von Schritten zurück bzw. dreht seine Nase um einen entsprechenden Winkel gegen den Uhrzeigersinn. Was passiert wohl, wenn man

LINKS 90
RUECKWAERTS 50

über die Tastatur eingibt? Probieren Sie es aus!

IGEL-WEGE AUF DEM BILDSCHIRM

So, und nun kommt eine Aufgabe, bei der Sie versuchen können, den Igel auf einem ganz bestimmten Weg über den Bildschirm laufen zu lassen. Sie sehen hier eine Zeichnung:

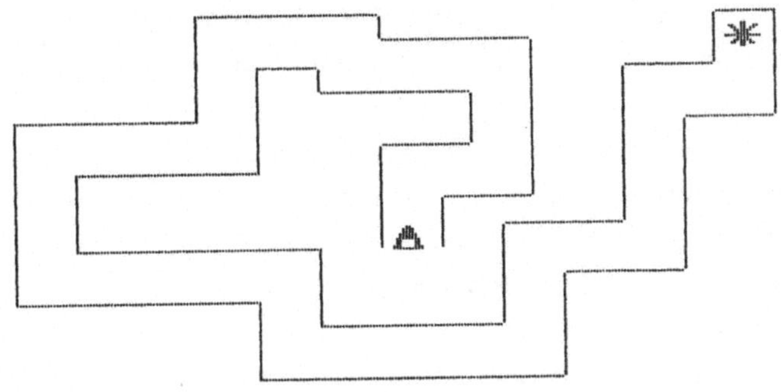

Der Igel soll von seiner Ausgangsposition in der Bildschirmmitte bis zu dem Punkt kommen, der oben rechts mit einem Kreuzchen markiert ist. Dabei kann man die Kommandos VORWAERTS, RECHTS und LINKS mit geeigneten Zahleneingaben verwenden.

Haben Sie die Begleitdiskette zu diesem Buch? Wenn ja, dann nehmen Sie nun die LOGO-Systemdiskette aus dem Laufwerk und legen Sie dafür die Begleitdiskette ein. Anschließend geben Sie

```
LADE "IGELWEG
```

über die Tastatur ein. Eine auf der Diskette abgespeicherte Datei mit dem Namen IGELWEG wird daraufhin eingelesen. Nach kurzer Zeit erscheint die Zeichnung auf dem Bildschirm und es kann losgehen. Beachten Sie bitte, daß das Anführungszeichen nur vor dem Wort IGELWEG steht und nicht auch noch dahinter. Außerdem darf zwischen diesem Zeichen und dem Wort keine Leerstelle getippt werden.

Aber auch, wenn Sie diese Diskette nicht haben, können Sie Ihre Fähigkeiten testen. Nehmen Sie eine durchsichtige Folie und übertragen Sie die Zeichnung darauf. Die Linien müssen dann allerdings verlängert werden, wie sehr, das ist abhängig von der Größe Ihres Bildschirms. Diese Folie wird mit Klebestreifen am Bildschirmrand festgemacht. Das Igelsymbol sollte dabei in der Ausgangsposition (MITTE) sein, sich also mit dem Bildschirm-Igel decken. Vergessen Sie nicht, BILD einzugeben, bevor Sie beginnen. Dann ist der Bildschirm frei von Igelspuren und der Igel in seiner Grundposition. BILD können Sie natürlich auch zwischendurch einmal eingeben, wenn Sie zu weit vom Lösungsweg abgekommen sind und wieder neu beginnen möchten.

Die Lösung dieser Aufgabe finden Sie am Ende des Kapitels. Sie bezieht sich auf die Diskettenversion. Falls Sie mit einer Folie arbeiten, können sich selbstverständlich Abweichungen bei der Länge der einzelnen VORWAERTS-Schritte ergeben. Die entsprechenden Igelbewegungen für die Lösung sind aber auch bereits im Arbeitsspeicher des Computers enthalten, falls Sie die Aufgabe von der Diskette zum Buch eingelesen haben. Sie werden mit dem Wort LOESUNG aufgerufen. Sie müssen dann also nur das Wort LOESUNG eintippen und die RETURN-Taste drücken. LOESUNG ist ein Programm, das den Igel selbständig durch das Labyrinth laufen läßt.

ABKÜRZUNGEN VON LOGO-GRUNDWÖRTERN

Ein bißchen mühsam und langwierig sind diese Eingaben, nicht wahr? Aber auch dabei gibt es Hilfen. Viele Befehle können in abgekürzter Form geschrieben werden. Statt VORWAERTS darf man auch nur VW eingeben, für RECHTS gibt es die Kurzform RE. Die Eingabe von VW 50 bewirkt somit genau das gleiche wie VORWAERTS 50, RE 90 dasselbe wie RECHTS 90. Entsprechend ist RW die Abkürzung für RUECKWAERTS und LI die Kurzform des Befehls LINKS.

Noch ein weiteres Grundwort kann Ihnen die Schreibarbeit wesentlich erleichtern und darüber hinaus die Eingabezeilen übersichtlicher machen. Sie brauchen dazu die eckigen Klammern, von denen wir bereits gesprochen hatten. Sie werden beim Apple IIe und IIc über die Tasten angesprochen, die mit "ä" und "ü" bezeichnet sind. Bei älteren Apple II - Geräten benutzen Sie bitte Shift-N und Shift-M.

WIEDERHOLE WH Das Kommando bewirkt das wiederholte Abarbeiten einer Eingabe oder einer Folge von Eingaben. Sie wird (oder sie werden) dazu in eckige Klammern gesetzt. Die Anzahl der Wiederholungen steht vor dieser Klammer, dann folgt eine Leerstelle.

Beispiel:
WIEDERHOLE 4 [VORWAERTS 40 RECHTS 90]

So, am besten ist es nun, wenn Sie die Kommandos noch ein wenig ausprobieren. Sie könnten eine Kirche zeichnen, ein Boot, einen Baum im Herbst (dann entfällt die Schwierigkeit mit den Blättern), eine Schachtel mit und ohne Deckel, einen Würfel, einen Schmetterling, einen Computer. Es geht darum, daß Sie mit diesen Grundwörtern und ihrer Wirkung noch ein wenig vertrauter werden, bevor wir im nächsten Kapitel an das Schreiben erster LOGO-Prozeduren gehen. Schauen Sie sich als Anregung die folgende Zeichnung an.

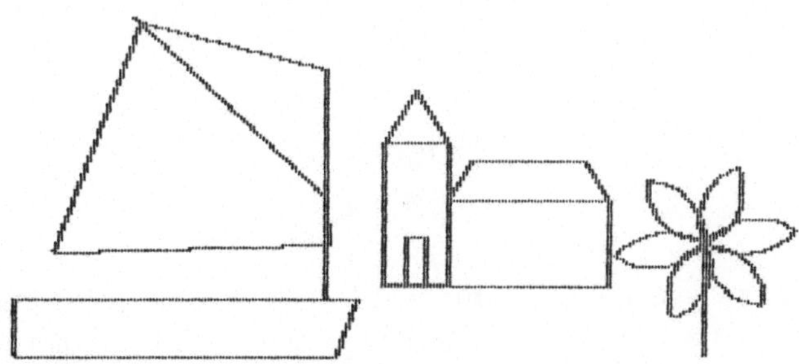

ZUSAMMENFASSUNG DER BEFEHLE UND ABKÜRZUNGEN

Fassen wir doch einmal zusammen, welche Igelkommandos bisher behandelt wurden. Dabei sind die entsprechenden Abkürzungen, soweit sie vorhanden sind, gleich mit aufgeführt.

Befehl	Kurzform	Beschreibung
VORWAERTS	VW	Der Igel bewegt sich in Richtung der Spitze des Dreiecks. VORWAERTS verlangt eine Zahleneingabe. Beispiel: VORWAERTS 50 VW 50
RUECKWAERTS	RW	Der Igel bewegt sich in umgekehrter Richtung. Auch RUECKWAERTS verlangt eine Zahleneingabe. Beispiel: RUECKWAERTS 50 RW 50
RECHTS	RE	Der Igel dreht sich nach rechts (also im Uhrzeigersinn). Der Befehl RECHTS verlangt eine Zahleneingabe. Beispiel: RECHTS 90 RE 90
LINKS	LI	Der Igel dreht sich nach links (gegen den Uhrzeigersinn). Auch LINKS verlangt eine Zahleneingabe. Beispiel: LINKS 90 LI 90
LOESCHEBILD	LB	Alle Zeichnungen werden entfernt. Die aktuelle Igelposition und die Blickrichtung werden beibehalten.
MITTE		Der Igel geht in seine Grundposition in der Bildschirmmitte (mit der Blickrichtung nach oben).
BILD		Der Graphik-Bildschirm erscheint. Der Igel ist in seiner Grundposition. Eventuell vorher vorhandene Zeichnungen verschwinden.

WIEDERHOLE	WH	Das Kommando hat zwei Eingaben. Es bewirkt die Wiederholung eines dahinter eingegebenen Befehls oder einer Folge von Befehlen. Die Befehle stehen in eckigen Klammern. Eine Zahleneingabe direkt hinter WIEDERHOLE bestimmt die Anzahl der Wiederholungen. Beispiel: WIEDERHOLE 4 [VORWAERTS 30 RECHTS 90]
.SKALA		Das Kommando hat eine Zahleneingabe. Es bewirkt eine Streckung oder Stauchung der vertikalen Bildschirmskala.

LÖSUNG DER LABYRINTH-AUFGABE

```
VORWAERTS 30  RECHTS 90  VORWAERTS 30  LINKS 90
VORWAERTS 40  LINKS 90   VORWAERTS 50  RECHTS 90
VORWAERTS 10  LINKS 90   VORWAERTS 40  LINKS 90
VORWAERTS 40  RECHTS 90  VORWAERTS 60  LINKS 90
VORWAERTS 50  LINKS 90   VORWAERTS 80  RECHTS 90
VORWAERTS 30  LINKS 90   VORWAERTS 80  LINKS 90
VORWAERTS 40  RECHTS 90  VORWAERTS 40  LINKS 90
VORWAERTS 60  RECHTS 90  VORWAERTS 30  LINKS 90
VORWAERTS 30
```

3 Südsee-Träume

EINFACHE PROZEDUREN MIT LOGO

Erste Prozeduren mit LOGO. Fehlerkorrektur für Fortgeschrittene. Die Verwendung von Variablen. Modulares Arbeiten mit LOGO. Speicherung von Prozeduren auf einer Diskette.

LOGO-Grundwörter: LERNE (PR und TO), EDIT (ED), STIFTHOCH (SH), STIFTAB (SA), VERSTECKIGEL (VI), ZEIGIGEL (ZI), AUFXY, DOS, INHALT (IH), LADE, BEWAHRE (BW), BEWAHREBILD, LADEBILD.

DIREKTMODUS UND LERNMODUS

Wir haben im vorangegangenen Kapitel ausschließlich im sogenannten Direktmodus gearbeitet. Dabei wird eine Kommandozeile in den Rechner eingegeben, anschließend die RETURN-Taste gedrückt und der Igel führt die betreffende Anweisung sofort aus. LOGO funktioniert in diesem Modus ein bißchen wie ein Graphik-Taschenrechner. Natürlich kann man so recht hübsche Zeichnungen auf den Bildschirm bringen. Aber die Methode hat dennoch einen großen Nachteil. Immer wenn man eines der Bilder noch einmal sehen möchte, muß die gesamte Befehlsfolge neu eingegeben werden. Das ist ganz sicher nicht das, was man eigentlich von einem Computer erwartet. Er sollte sich vielmehr die Befehle merken und sie, wann immer man will, erneut ausführen können. Wie das geht, werden Sie in diesem Kapitel erfahren. Sie werden lernen, wie man Befehle zu Prozeduren zusammensetzt, die genau das leisten.

Eine Prozedur ist ein Sprachbaustein ähnlich wie ein LOGO-Grundwort. Unter einem Namen, den Sie selbst wählen können, werden Kommandos zusammengefaßt. Der Name kann fast beliebig aus Buchstaben und Zahlen zusammengestellt werden. Man darf allerdings kein LOGO-Grundwort benutzen. Unter diesem Namen kann eine Prozedur dann auch immer wieder aufgerufen werden, die jeweiligen

Befehle werden dabei ausgeführt. Solche Bausteine wollen wir nun herstellen oder, um es noch einmal mit anderen Worten auszudrücken, Sie werden sehen, wie man kleine Programme schreibt. Das Ziel des Kapitels ist, den folgenden "Südsee-Traum" als Programm zu definieren.

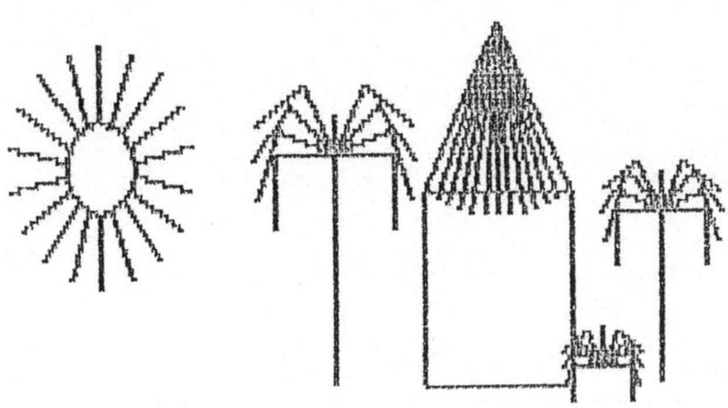

Dazu müssen wir uns allerdings zunächst einmal mit ein paar ganz einfachen Grundlagen des Programmierens in LOGO beschäftigen. Nehmen Sie als Beispiel die Befehlsfolge

```
VORWAERTS 50
RECHTS 120
VORWAERTS 50
RECHTS 120
VORWAERTS 50
RECHTS 120
```

Sie bringt ein Dreieck auf den Bildschirm, was man im Direktmodus leicht nachprüfen kann. Noch übersichtlicher wird diese Folge, wenn man dabei das bereits bekannte Grundwort WIEDERHOLE verwendet.

```
WIEDERHOLE 3 [ VORWAERTS 50 RECHTS 120 ]
```

Wir werden nun festlegen, daß der Igel sich diese Befehle unter dem offensichtlich sinnvollen Namen DREIECK merkt. Dazu gibt man ein

```
LERNE DREIECK
```

und drückt die RETURN-Taste. Der Bildschirm verändert sich, LOGO ist nun im sogenannten Lernmodus. Man sieht eine Kopfzeile

```
PR DREIECK
```

und darunter den blinkenden Cursor. Die Buchstaben "PR" stehen dabei als Abkürzung für das Wort "Prozedur". Am unteren Bildschirmrand kann man die Zeile

```
CTRL-C ZUM LERNEN        CTRL-G ZUM ABBRECHEN
```

lesen. Was das bedeutet, soll etwas später erklärt werden.

In diesem Lernmodus wird nun die Prozedur DREIECK definiert. Man gibt zunächst die Programmschritte ein, die ein Dreieck erzeugen. Dabei wird auch im Lernmodus jede einzelne Zeile durch das Drücken der RETURN-Taste abgeschlossen. Am Schluß einer Prozedur muß das Wort ENDE stehen. Der Bildschirm sollte so aussehen:

```
PR DREIECK
   WIEDERHOLE 3 [ VORWAERTS 50 RECHTS 120 ]
ENDE
```

Es ist nicht unbedingt notwendig, daß der eigentliche Prozedurtext wie hier eingerückt dargestellt wird. Das Verfahren erhöht aber die Übersichtlichkeit sehr, insbesondere wenn ein Programm aus mehreren Zeilen besteht.

Den hauptsächlichen Unterschied zwischen dem Lernmodus und dem Direktmodus haben Sie sicherlich schon bemerkt. Dieses Mal hat das Drücken der RETURN-Taste nicht mehr die sofortige Ausführung der Anweisung bewirkt. Es führt nur zu einem Sprung des Cursors in die nächste Zeile und schließt damit die vorhergehende Zeile ab.

LERNE	PR oder TO	Man ist nach Eingabe dieses Befehls im Bildschirmeditor. Eine Prozedur kann nun definiert oder sie kann korrigiert werden. PR und TO

haben dieselbe Funktion wie LERNE. Der Befehl LERNE hat im allgemeinen eine Eingabe, die der Name der zu definierenden Prozedur ist.

ENDE — Das Wort steht am Ende eines Prozedurtextes. Die Definition wird damit abgeschlossen.

DIE DEFINITION EINER PROZEDUR

Man kann die eingegebene Prozedur jetzt unter dem gewählten Namen DREIECK im Arbeitsspeicher ablegen. Dazu weist man den Rechner an, indem man die Tastenkombination CTRL-C drückt. Ganz langsam: die CONTROL-Taste (abgekürzt CTRL-Taste) drücken, gedrückt lassen, das "C" drücken und dann beide Tasten loslassen. Man sieht jetzt wieder das gewohnte Bild. LOGO ist zurück in den Direktmodus gekommen und gibt die Meldung

```
DREIECK gelernt
```

aus. Darunter sind das Bereitschaftszeichen und der blinkende Cursor. Das System wartet auf neue Eingaben. Man kann auch mit CTRL-G zurück in den Direktmodus kommen. Allerdings wird dann die eingegebene Prozedur nicht gespeichert, sondern die Definition wird einfach abgebrochen. Die Meldung am Bildschirmrand macht darauf aufmerksam.

Falls aber die Prozedur gelernt wurde, so kann man den Begriff DREIECK nun genauso wie eines der LOGO-Grundwörter verwenden. Versuchen Sie es doch gleich und geben Sie

```
DREIECK
```

ein. Der Igel malt ein Dreieck, genauso wie er es bisher bei Eingabe der entsprechenden Folge von Kommandos gemacht hat. Insbesondere kann so eine selbstdefinierte Prozedur auch in Befehlsfolgen oder anderen Prozeduren verwendet werden. Das ist ein großer Unterschied zu Programmiersprachen wie etwa BASIC, wo sich nur ein einziges Programm im Arbeitsspeicher befinden kann. Verschiedene Prozeduren bekommen dabei natürlich verschiedene Namen.

Geben Sie beispielsweise im Direktmodus

```
WIEDERHOLE 8 [ DREIECK RECHTS 45 ]
```

ein. Es erscheint ein hübsches Muster auf den Bildschirm. Will man diese Folge von Kommandos als eigene Prozedur definieren, so schreibt man

LERNE MUSTER oder PR MUSTER oder TO MUSTER

und befindet sich daraufhin wieder im Lernmodus. Nun wird, genauso wie es oben beschrieben wurde, der Prozedurtext eingegeben.

```
PR MUSTER
   WIEDERHOLE 8 [ DREIECK RECHTS 45 ]
ENDE
```

Man schließt die Eingabe mit CTRL-C ab und kann nun die Prozedur MUSTER im Direktmodus aufrufen.

AUFGABE

(1) Sie haben die Prozedur DREIEICK definiert und geben versehentlich LERNE DREIECK ein. Was passiert? Wird jetzt das bereits gelernte DREIECK aus dem Arbeitsspeicher gelöscht? Probieren Sie es aus.

SCHON WIEDER DEBUGGING

Ist es Ihnen auf Anhieb gelungen, fehlerfreie Prozeduren einzugeben? Dann herzlichen Glückwunsch! Aber in vielen Fällen wird das nicht so sein, darum geht es jetzt noch einmal um die Korrekturmöglichkeiten von LOGO. Unser einfacher "Notausstieg", das Drücken der RETURN-Taste, kann im Lernmodus natürlich nicht mehr funktionieren. Wenn man hier RETURN betätigt, dann gibt es nur einen Zeilenwechsel, ganz gleich ob die Eingaben in der Zeile stimmen oder nicht.

Auch wenn eine Prozedur durch die Tastenkombination CTRL-C gelernt wird, also in den Arbeitsspeicher übernommen wird, so prüft LOGO dabei nicht, ob diese Prozedur syntaktisch korrekt eingegeben wurde, also ob die Folge von Kommandos überhaupt so vom Rechner ausgeführt werden könnte. Es wird auch nicht geprüft, ob die verwendeten Ausdrücke wirklich LOGO-Grundwörter oder bereits definierte Prozeduren sind. Zum Beispiel werden Rechtschreibfehler nicht beanstandet. Sie werden erst an einer Fehlermeldung erkannt, wenn man die Prozedur laufen lassen will. Man liest dann etwa auf dem Bildschirm den Text "Prozedur RECTS unbekannt ..." und die Ausführung wird abgebrochen.

Aber auch Fehler in einer Definition können selbstverständlich noch verbessert werden. Schauen wir uns das an einem Beispiel an. Wir definieren

```
PR SECHSECK.FALSCH
   WIEDERHOLE 6 [ VORWAETS 50 RECHTS 60 ]
ENDE
```

und schließen die Eingabe mit CTRL-C ab. LOGO antwortet mit der Meldung "SECHSECK.FALSCH gelernt". Versucht man nun, diese Prozedur im Direktmodus aufzurufen, so kommt die Fehlermeldung "Prozedur VORWAETS unbekannt" und dazu eine Angabe, in welcher Prozedur und an welcher Stelle der Fehler aufgetreten ist:

```
in Zeile  WIEDERHOLE 6 [ VORWAETS 50 RECHTS 60 ]
in Aufruf-Ebene 1 von SECHSECK.FALSCH.
```

Schauen Sie sich diese Fehlermeldungen des Systems immer gut an. Sie sagen sehr genau, was in welcher Zeile einer Prozedur falsch ist. Sie bekommen dadurch, insbesondere bei größeren Programme, wertvolle Hinweise für die Fehlersuche und müssen meist nicht mehr lange schauen, was eigentlich falsch ist.

Um die nötigen Verbesserungen machen zu können, muß man zunächst zurück in den Lernmodus. Auch Änderungen in einer Prozedur können nur in diesem Modus erfolgen. Dies geschieht, indem man

```
EDIT SECHSECK.FALSCH
```

eingibt.

EDIT	ED	Ruft eine Prozedur in den Bildschirm-Editor. Die Eingabe zu EDIT ist ein Prozedurtitel. Ohne Eingabe wird die zuletzt bearbeitete Prozedur aufgerufen.

Der Cursor blinkt wieder in der oberen linken Ecke, man muß also erst einmal an die Stelle mit dem Fehler kommen. Das geht beim Apple IIe und Apple IIc mit Hilfe der Pfeiltasten, die unten rechts auf der Tastatur sind. Der Abwärtspfeil "↓" läßt den Cursor eine Zeile nach unten rutschen, der Aufwärtspfeil "↑" bringt ihn eine Zeile höher. Mit dem Rechtspfeil "→" kommt man zum nächsten Zeichen in einer Zeile, mit dem Linkspfeil "←" geht es ein Zeichen zurück.

Hat Ihr Computer keine Pfeiltasten? Dann können Sie mit Kombinationen von Buchstaben und der CTRL-Taste arbeiten.

CTRL-P	"↑"	Cursor springt um eine Zeile nach oben.
CTRL-N	"↓"	Cursor springt um eine Zeile nach unten.
CTRL-U	"→"	Cursor springt um ein Zeichen nach rechts.
CTRL-H	"←"	Cursor springt um ein Zeichen nach links.

Nun kann der Text korrigiert werden. Fehlt ein Zeichen, so wird es einfach eingefügt. Man bringt dazu den Cursor über das Zeichen, das direkt hinter dem fehlenden Zeichen liegt. Bei

```
PR SECHSECK.FALSCH
   WIEDERHOLE 6 [ VORWAETS 50 RECHTS 60 ]
ENDE
```

also auf das "T" von "VORWAETS". Dann tippt man das "R" und es wird an der richtigen Stelle eingefügt. Wenn erst ein fehlerhaftes Zeichen gelöscht werden muß, so gibt es verschiedene Möglichkeiten.

ESC oder DEL	Man löscht damit das Zeichen links vom Cursor. ESC funkioniert bei allen Apple II - Geräten,

	die Taste DEL oder DELETE kann nur beim Apple IIe und beim Apple IIc verwendet werden.
CTRL-D	Das Zeichen, auf dem der Cursor blinkt, wird gelöscht.
CTRL-X	Ab der Cursorposition werden alle Zeichen in einer Zeile gelöscht.

Insbesondere bei der letzten Tastenkombination ist Vorsicht geboten. Bei einigen Computern haben die Tasten eine automatische Wiederholfunktion. Wird dann eine Taste länger als eine Sekunde lang gedrückt, so wird die jeweilige Funktion mehrmals hintereinander ausgeführt (so lange, bis man den Finger wegnimmt). Mit CTRL-X kann man also leicht ungewollt einen ganzen Prozedurtext löschen.

"BUGS" UND IHRE URSACHEN

Woran kann es liegen, wenn die definierte Prozedur überhaupt nicht läuft oder immer wieder Fehlermeldungen kommen? Gerade im Anfang macht man leicht Fehler und kann die Ursache nicht immer sofort erkennen. Darum ist hier eine Liste möglicher Fehler aufgeführt, die bei vielen LOGO-Anfängern immer wieder zu beobachten sind.

(1) Man muß ganz genau unterscheiden, ob man sich gerade im Direktmodus oder im Lernmodus befindet. Der Lernmodus ist am leichtesten daran zu erkennen, daß am unteren Bildschirmrand

CTRL-C ZUM LERNEN   CTRL-G ZUM ABBRECHEN

steht. Im Lernmodus kann man eine Prozedur definieren oder auch eine Prozedur verbessern. Man kann aber ein Grundwort oder eine Prozedur nicht aufrufen. Zum Beispiel kommen manche Anfänger auf die Idee, LOESCHEBILD einzugeben, um dem Chaos im Editor Herr zu werden, um also in diesem Modus einen fehlerhaften Text auf schnelle Art und Weise zu löschen. Das Kommando bewirkt hier aber nichts. Es wird nur als ein Teil der zu definierenden Prozedur aufgefaßt.

Genauso kann man die Prozedur vom Lernmodus aus nicht aufrufen. Es muß zunächst die Tastenfolge CTRL-C gedrückt werden, um sie zu speichern und den Editor zu verlassen. Dann erst ist man wieder im Direktmodus und kann sie, wenn man möchte, ausführen lassen. Will man eine Prozedur nicht speichern, so ist es möglich, mit CTRL-G aus dem Lernmodus herauszukommen. Diese Tastenkombination bewirkt den Abbruch aller laufenden Aktivitäten.

(2) Im Anfang passiert es leicht, daß fehlerhafte und richtige Zeilen im Editor bunt nebeneinander oder hintereinander stehen. Der Igel kann sich allerdings nicht die richtigen Zeilen herauspicken und die eigentliche Absicht erraten. Ist das Wirrwarr im Lernmodus zu groß geworden, so empfiehlt sich ein systematisches Vorgehen. Gehen Sie an den Beginn der Prozedur zurück. Das kann man mit CTRL-B machen. Man drückt diese beiden Tasten und läßt sie gedrückt, bis es unüberhörbar piept bzw. drückt sie wiederholt. Dann ist man in der ersten Zeile der Prozedur.

Kontrollieren Sie zunächst, ob da oben in der ersten Zeile tatsächlich PR SECHSECK.FALSCH steht. Alles andere ist zuviel und muß gelöscht werden. Auch die Buchstaben PR dürfen an keiner anderen Stelle in diesem Prozedurtext erscheinen. Nun gehen Sie den Text Zeile für Zeile durch und löschen überflüssige Buchstaben, ersetzen sie gegebenenfalls durch die richtigen. Das Löschen erfolgt wie beschrieben mit Hilfe der entsprechenden Tasten oder Tastenkombinationen. Am Ende muß das Wort ENDE stehen und dann darf nichts mehr folgen. Am besten ist es nun, CTRL-X solange zu drücken, bis wieder ein akustisches Signal, der Piepton, anzeigt, daß keine Zeilen, selbst keine Leerzeilen mehr folgen.

CTRL-B	Es wird im Lernmodus eine Bildschirmseite zurückgeblättert.
CTRL-F	Es wird im Lernmodus eine Bildschirmseite vorgeblättert.

(3) Vergewissern Sie sich, daß im Moment einer neuen Eingabe keine Prozedur mehr läuft. Das ist der Fall, wenn Sie sowohl das Bereitschaftszeichen als auch den blinkenden Cursor dahinter sehen. Das System würde andernfalls nicht oder zumindest nicht in der gewünschten Weise reagieren.

Brechen Sie notfalls eine laufende Arbeit von LOGO mit der Tastenkombination CTRL-G ab.

GRAPHIK-BAUSTEINE

Betrachten Sie noch einmal das Bild, das wir mit Hilfe des Igels zeichnen wollen. Man sieht ein Haus, zwei Palmen verschiedener Größe, ebenso zwei solche Blumen, eine Spinne und die Sonne. Es wäre nun hoffnungslos unübersichtlich, diese Zeichnung in einem Zug mit Hilfe der bekannten Kommandos zu zeichnen. Es wäre aber auch kein guter Programmierstil. LOGO unterstützt das sogenannte modulare Arbeiten. Das bedeutet, daß wir einzelne Bausteine getrennt programmieren und erst später zur Gesamtprozedur zusammenfassen. Unser Ziel sollten wir also zunächst einmal in kleinere Unterziele zerlegen. Wir benötigen Prozeduren, die wir aus naheliegenden Gründen HAUS, PALME, SPINNE und SONNE nennen und die genau das auf den Bildschirm bringen, was ihr Name verspricht. Fangen wir beim Haus an. Dazu können wir einen Baustein verwenden, den wir bereits gezeichnet haben, nämlich das QUADRAT.

```
PR QUADRAT
   WIEDERHOLE 4 [ VORWAERTS 50 RECHTS 90 ]
ENDE
```

Das Dach des Hauses hat Ähnlichkeit mit einem Dreieck. Die Prozedur Dreieck ist bereits definiert, wir können sie hier unverändert übernehmen. Das Dach ist aber außerdem mit ein paar Strichen versehen, nennen wir sie Dachlatten, die von der oberen Ecke ausgehen. Wir definieren also zunächst einmal die Dachlatten. Sie beginnen auf der Dachspitze und setzen sich aus einer Rückwärtsbewegung, einer Vorwärtsbewegung und einer kleinen Drehung des Igels zusammen. Alle diese Schritte werden mehrmals wiederholt. Erst später wird dann aus den Latten und dem Dreieck das Dach zusammengesetzt. Man muß dabei selbstverständlich Zwischenschritte definieren, so daß die beiden Teile DREIECK und DACHLATTEN zusammenpassen.

```
PR DACHLATTEN
   WIEDERHOLE 12 [ RUECKWAERTS 50 VORWAERTS 50 LINKS 5 ]
ENDE
```

```
PR DACH
   DREIECK
   VORWAERTS 50
   DACHLATTEN
   RECHTS 60 RUECKWAERTS 50
ENDE
```

Diese Prozeduren werden nun zu einer Prozedur HAUS zusammengesetzt. Auch hier braucht man Verbindungsschritte, damit das Dach am richtigen Platz auf dem Unterbau des Hauses sitzt.

```
PR HAUS
   QUADRAT
   VORWAERTS 50 RECHTS 30
   DACH
ENDE
```

AUFGABE

(2) Wie wäre es, wenn Sie noch eine Tür in das Haus setzen würden? Sie könnte ein kleineres Quadrat oder auch ein kleines Rechteck sein. Eine solche Tür könnte auch einen Türgriff haben, vielleicht sogar ein Fenster. Probieren Sie es!

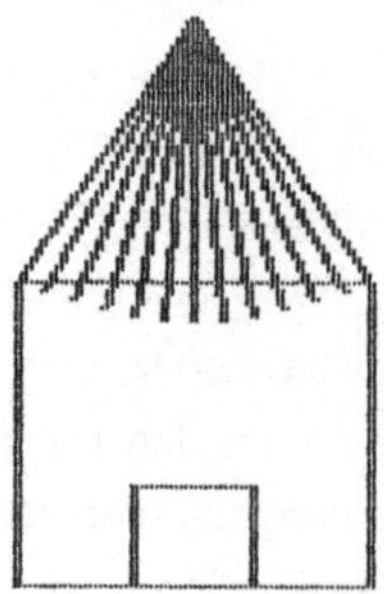

VERWENDUNG VON VARIABLEN IN LOGO

Das nächste Ziel ist eine Definition der Prozeduren PALME und SPINNE. Vergleichen Sie die beiden Bilder doch einmal. Für beide ist die Spinne der Grundbaustein. Bei der Palme kommt dann noch ein Stamm hinzu, auf den die Blätter, die nicht anders aussehen als die Spinne, gesetzt werden. Außerdem unterscheiden sich die beiden Palmen auf dem Bild in ihrer Größe.

Definieren wir also zunächst einmal die SPINNE. Sie besteht aus einer rechten Hälfte und einer linken Hälfte und diese sind wiederum aus rechten und linken Beinen zusammengesetzt. Wir wollen diese Teile getrennt aufschreiben und definieren eine Prozedur RECHTESBEIN.PROBE. Die zweite Zeile dient dabei nur dazu, den Igel wieder an den Ausgangspunkt zurückzubringen.

```
PR RECHTESBEIN.PROBE
   VORWAERTS 20 RECHTS 90 VORWAERTS 20
   RUECKWAERTS 20 LINKS 90 RUECKWAERTS 20
ENDE
```

Dieses rechte Bein wird mehrmals für die Spinne und für die Palme benötigt. Man braucht allerdings jeweils Beine verschiedener Länge. Nun, das ist möglich, ohne daß immer wieder eine neue Prozedur geschrieben werden muß, die sich von der vorhergehenden nur in der Länge des Vorwärtsschrittes oder des Rückwärtsschrittes unterscheidet. Man kann ähnlich wie bei den Grundwörtern VORWAERTS, RUECKWAERTS, RECHTS und LINKS auch selbst Prozeduren mit einer variablen Eingabe schreiben. Diese Variable kann einen fast beliebigen Namen haben. Es ist natürlich gut, wenn man Variablen einen sinnvollen Namen gibt, der einen Bezug zu ihrer Verwendung in der Prozedur hat. Namen wie "X" und "Y" sind deshalb im allgemeinen nicht zu empfehlen. Eine Variable wird durch einen vorangestellten Doppelpunkt gekennzeichnet. Beachten Sie, daß zwischen dem Doppelpunkt und dem Namen keine Leerstelle stehen darf. Die Definition der Variablen geschieht gleich im Prozedurkopf.

```
PR RECHTESBEIN :LAENGE
   VORWAERTS :LAENGE RECHTS 90 VORWAERTS :LAENGE
   RUECKWAERTS :LAENGE LINKS 90 RUECKWAERTS :LAENGE
ENDE
```

Der Aufruf dieser Prozedur erfolgt genauso, wie Sie es von den Grundwörtern kennen, also beispielsweise mit RECHTESBEIN 20 oder RECHTESBEIN 50. Ganz entsprechend definieren wir einen Baustein LINKESBEIN.

```
PR LINKESBEIN :LAENGE
   VORWAERTS :LAENGE LINKS 90 VORWAERTS :LAENGE
   RUECKWAERTS :LAENGE RECHTS 90 RUECKWAERTS :LAENGE
ENDE
```

Prozeduren mit einer Eingabe können genauso wie andere als Baustein in größeren Programmen verwendet werden. Wir nutzen das aus und schreiben Prozeduren für die rechte und die linke Hälfte unserer Spinne und setzen sie aus diesen beiden Hälften zusammen. Die Mitte der Spinne ist ein kleiner Strich, der durch VORWAERTS 10 erzeugt wird. Der sich anschließende Befehl RUECKWAERTS 10 bringt den Igel an den Ausgangspunkt der Zeichnung.

```
PR RECHTESEITE :LAENGE
   RECHTS 90
   WIEDERHOLE 4 [ RECHTESBEIN :LAENGE LINKS 20 ]
   LINKS 10
ENDE

PR LINKESEITE :LAENGE
   LINKS 90
   WIEDERHOLE 4 [ LINKESBEIN :LAENGE RECHTS 20 ]
   RECHTS 10
ENDE

PR SPINNE :LAENGE
   LINKESEITE :LAENGE
   RECHTESEITE :LAENGE
   VORWAERTS 10
   RUECKWAERTS 10
ENDE
```

Sie haben sicher gemerkt, wie praktisch es ist, mit Variablen zu arbeiten. Man kann mit nur einer einzigen Prozedurdefinition eine ganze Klasse von strukturgleichen Aufgaben lösen.

EIN PROBELAUF DER SÜDSEE-PROZEDUR

Wir sind zwar mit den Bausteinen für unser Bild noch nicht fertig, aber es wird dennoch Zeit, die bis hier definierten Prozeduren einmal auszuprobieren. Wir schreiben also eine vorläufige Prozedur

```
PR SUEDSEE.PROBE
   HAUS
   SPINNE 10
ENDE
```

Schauen Sie sich an, was beim Aufruf passiert. Sie merken, daß es so ganz sicher nicht geht. Natürlich soll zwischen beiden Teilen des Bildes ein Abstand sein. Also, zurück in den Lernmodus.

```
PR SUEDSEE.PROBE
   HAUS
   LINKS 30
   RUECKWAERTS 50 RECHTS 90
   VORWAERTS 50
   VORWAERTS 30 LINKS 90
ENDE
```

Aber auch so läuft das Programm noch nicht zur vollsten Zufriedenheit eines Betrachters. Schöner wäre das Bild, wenn der Igel zwischen den beiden Teilen keine Spur zeichnen würde. Das gelingt mit Hilfe von zwei neuen Grundwörtern.

STIFTHOCH	SH	Der Igel nimmt den Zeichenstift hoch. Er geht beispielsweise VORWAERTS, ohne dabei eine Spur zu hinterlassen.
STIFTAB	SA	Der Igel senkt seinen Zeichenstift ab. Es wird wieder eine Spur bei den entsprechenden Igel-Kommandos gemalt.

Mit Hilfe dieser beiden Befehle läßt sich die Prozedur SUEDSEE.PROBE nun wesentlich verbessern.

```
PR SUEDSEE.PROBE
   HAUS
   LINKS 30
   RUECKWAERTS 50
   RECHTS 90
   STIFTHOCH
   VORWAERTS 80
   LINKS 90
   STIFTAB
   SPINNE
ENDE
```

Machen wir mit der Palme weiter. Sie hat einen Stamm, der nichts weiter als eine VORWAERTS-Bewegung ist, und oben sitzt die bereits bekannte Spinne. Auch die Palme soll als Prozedur mit einer Eingabe definiert werden. Auf diese Weise kann man sowohl eine große als auch eine kleine Palme aufrufen, die beide für das Bild gebraucht werden.

```
PR PALME :LAENGE
   VORWAERTS 3 * :LAENGE
   SPINNE :LAENGE
ENDE
```

Die Bäume auf dem Südseebild können mit PALME 15 bzw. PALME 20 auf den Bildschirm gebracht werden. Setzen Sie den Igel vorher auf den gewünschten Punkt und vergessen Sie nicht, dabei die Kommandos STIFTHOCH und STIFTAB zu benutzen, damit Sie ein ansprechendes Bild bekommen.

DER IGEL IM ACHSENKREUZ

Es ist ziemlich mühsam, jedesmal die Ausgangsposition für ein Bildelement mit Hilfe von Bewegungen und Drehungen des Igels zu erreichen. Man muß im allgemeinen dafür den jeweiligen Standpunkt und den Weg, der zu ihm geführt hat, ganz genau kennen. Einfacher ist es, wenn man die betreffenden Punkte direkt anspricht. Dazu kann man ein Achsenkreuz benutzen, das unsichtbar in LOGO für die Igel-Graphik zur Verfügung steht. Es ist folgendermaßen eingeteilt:

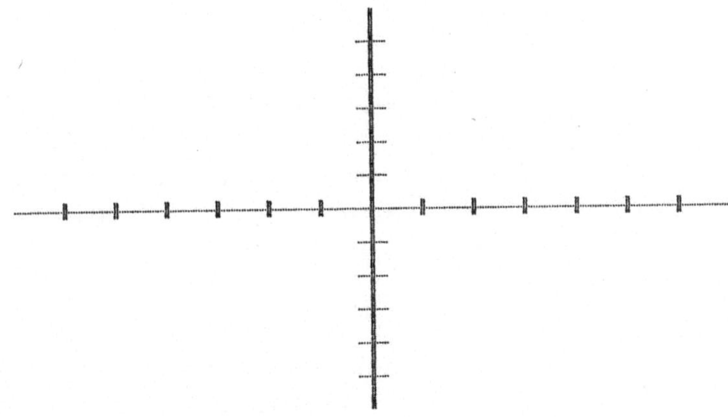

Möchten Sie zumindest die beiden Achsen auf Ihrem Bildschirm sehen, so geben Sie die Prozedur ACHSENKREUZ ein. Bei der Definition wird die Tatsache ausgenutzt, daß der Igel bei einem langen VORWAERTS-Schritt am einen Bildschirmrand verschwindet und am gegenüberliegenden Rand wieder herauskommt.

```
PR ACHSENKREUZ
   .SKALA 0.8
   VORWAERTS 240
   MITTE
   RECHTS 90
   VORWAERTS 280
   MITTE
ENDE
```

Der Ursprung dieses Koordinatensystems befindet sich im Punkt MITTE. Er hat demnach die Koordinaten (0,0) und bildet den Schnittpunkt der x-Achse (das ist die Achse, die in horizontaler Richtung verläuft) mit der y-Achse (die in vertikaler Richtung verläuft). Jeder Punkt auf dem Bildschirm läßt sich nun direkt über seine Koordinaten ansprechen. Auf der x-Achse sind Werte zwischen -140 und 139 möglich, auf der y-Achse Werte zwischen -119 und 120. Beachten Sie bitte, daß diese Größenangaben nur richtig sind, wenn die Bildschirmverzerrung nicht mit .SKALA verändert wurde. Sonst ändern sich die Werte auf der y-Achse.

Die einzelnen Punkte auf dem Schirm kann man mit Hilfe des Kommandos AUFXY ansteuern.

AUFXY

Das Kommando braucht zwei Zahleneingaben. Die erste wird als x-Koordinate, die zweite als y-Koordinate des Punktes gewertet, zu dem der Igel sich dabei bewegt. Die Blickrichtung des Igels bleibt gleich.

Beispiel:
AUFXY 20 30 bewegt den Igel zum Punkt mit den Koordinaten x=20 und y=30, AUFXY (-20) 30 zum Punkt mit den Koordinaten x=-20 und y=30.

AUFGABE

(3) Überlegen Sie sich, welcher Unterschied zwischen den Befehlen AUFXY 0 0 und MITTE besteht.

Für unsere Zeichnung benötigen wir eine etwas komfortablere Möglichkeit, den Igel zu einem bestimmten Punkt zu bringen. Wir schreiben eine Prozedur POS wie Position, die fast das gleiche macht wie AUFXY, allerdings ohne daß der Igel dabei eine sichtbare Spur hinterläßt, und die ihn gleichzeitig auch auf die Standardblickrichtung nach oben ausrichtet. POS ist eine Prozedur mit zwei Eingaben.

```
PR POS :X :Y
   STIFTHOCH
   MITTE
   AUFXY :X :Y
   STIFTAB
ENDE
```

Die erste Zeile setzt den Zeichenstift nach oben. Die zweite Zeile bewirkt, daß der Igel in seine Grundposition geht. Dabei wird gegebenenfalls auch die Blickrichtung korrigiert, was für die Anwendung im Bild wesentlich ist. Man muß dann nicht mehr mühsam ausrechnen, um welchen Winkel der Igel insgesamt im Laufe einer Prozedur gedreht wurde. In der vorletzten Zeile wird er zum gewünschten Punkt geschickt, und die letzte Zeile sorgt dafür, daß wieder sichtbar gezeichnet werden kann.

DER IGEL ZIEHT SEINE KREISE

Kann er das überhaupt? Kreise ziehen? Es muß wohl gehen, denn die Sonne auf dem Südseebild sieht rund aus. Und wie macht man das? Nun, man definiert zuerst einmal einen Baustein VIELECK mit zwei Eingaben, der Vierecke, Fünfecke, Sechsecke, usw. in einer beliebigen Größe auf den Bildschirm bringt.

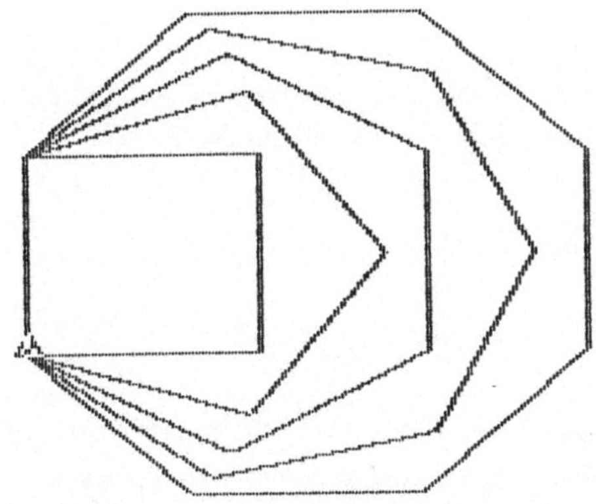

Wir müssen uns dazu vor allem klar machen, daß der Igel bei einem solchen geschlossenen Vieleck insgesamt seine Nase um 360 Grad drehen muß. Bei vier Ecken heißt das, daß er in jedem einzelnen Schritt eine Drehung von 360/4 Grad, also von 90 Grad durchführen muß. Beim Dreieck sind es 360/3 Grad, beim Fünfeck 360/5 Grad. Allgemein kann man ein Vieleck mit n Ecken nach der folgenden Vorschrift zeichnen.

> WIEDERHOLE n-mal die folgenden Schritte:
>
> Gehe ein Stückchen VORWÄRTS.
>
> Drehe dich um 360/n Grad nach RECHTS.

Diesen Algorithmus kann man ohne Schwierigkeiten in eine LOGO-Prozedur übertragen, die zwei Eingaben hat. Mit :N wird die Anzahl der Schritte bezeichnet, mit :GROESSE die Länge eines jeden VORWAERTS-Schrittes.

```
PR VIELECK :N :GROESSE
   WIEDERHOLE :N [ VORWAERTS :GROESSE RECHTS 360/:N ]
ENDE
```

Setzen Sie für :N auch einmal große Werte ein, also 20, 30 oder mehr. Sie sehen (bei einem geeigneten Wert von :GROESSE), daß das Vieleck einem Kreis immer ähnlicher wird.

Ein solcher Kreis steckt auch als Grundprinzip in der SONNE, die noch als Baustein für das Problem fehlt. Hier ist nun die Lösung. Versuchen Sie, die mögliche Wirkung der einzelnen Schritte zunächst mit Hilfe von Papier und Bleistift zu bestimmen. Geben Sie die Prozedur dann in den Rechner ein.

```
PR SONNE
   WIEDERHOLE 18 [ VW 4 RE 10 RE 90 RW 20 VW 20 LI 90 RE 10 ]
ENDE
```

DAS PROGRAMM "SUEDSEE"

Mit diesen Vorbereitungen kann man endlich an die Verwirklichung des Südsee-Traums gehen. Man fügt die vorhandenen Bausteine mit Hilfe geeigneter Zwischenschritte zu einem Programm zusammen. Damit das Zeichnen etwas schneller geht, schreiben wir in die erste Zeile einen Befehl, den Sie bisher noch nicht kennen.

VERSTECKIGEL	VI	Der Befehl hat keine Eingabe. Das Igelsymbol verschwindet vom Bildschirm.
ZEIGIGEL	ZI	Der Befehl hat keine Eingabe. Das Igelsymbol erscheint wieder auf dem Bildschirm.

Der Befehl VERSTECKIGEL wirkt sich spürbar auf die Zeichengeschwindigkeit aus. Sie wird wesentlich schneller, wenn der Igel nicht zu sehen ist. Bei größeren Projekten empfiehlt sich daher die Eingabe des Kommandos. Andererseits sind Fehler aber oft leichter zu erkennen, wenn man die einzelnen Igelbewegungen sehen kann. Beide Befehle kann man übrigens auch im Direktmodus eingeben.

```
PR SUEDSEE
   VERSTECKIGEL
   HAUS
   POS ( - 30 ) 0
   PALME 20
   POS 60 5
   SPINNE 10
   POS 80 0
   PALME 15
   POS ( - 120 ) 55
   SONNE
ENDE
```

VOM UMGANG MIT DISKETTEN

Die Prozeduren, die Sie bisher geschrieben haben, sind nur im Arbeitsspeicher des Computers abgelegt. Wenn Sie das Gerät ausschalten, so sind sie verloren. Wird LOGO später wieder eingelesen, kann sich das System an diese Programme nicht mehr erinnern. Was tun? Nun, man kann seine Prozeduren auch auf einer Diskette abspeichern. Dann können sie immer wieder abgerufen werden, wenn man sie benötigt. Es muß nicht alles noch einmal geschrieben werden. Dazu brauchen Sie nur eine Leerdiskette, auf die diese Informationen kommen können.

Eine solche Diskette ist wirklich leer, so leer, daß sie ohne Vorbereitung noch nicht einmal beschrieben werden kann. Diese Vorbereitung einer Diskette nennt man Initialisierung oder Formatierung. Das Initialisieren können Sie mit Hilfe der DOS-Diskette machen, die Sie mit dem Laufwerk bekommen haben. Schauen Sie im Handbuch nach, welche Einzelschritte dann notwendig sind. Es gibt aber eine zweite Möglichkeit, bei der Sie das LOGO-System nicht verlassen müssen. Nehmen Sie, falls Sie es noch nicht gemacht haben, die LOGO-Systemdiskette aus dem Laufwerk und legen Sie stattdessen eine ganz normale Leerdiskette in der gleichen Größe hinein. Nun geben Sie über die Tastatur

DOS [INIT HELLO]

ein und drücken Sie die RETURN-Taste. Man sieht, daß die Kontroll-Lampe am Laufwerk etwa eine halbe Minute lang aufleuchtet. Wenn das beendet ist, ist die Diskette vorbereitet, Informationen aufzunehmen.

Sie können auch bereits benutzte Disketten neu initialisieren. Beachten Sie aber, daß dabei alle Informationen auf der Diskette gelöscht werden. Insbesondere sollten Sie aufpassen, daß Sie nicht aus Versehen die Systemdiskette im Laufwerk lassen. Wollen Sie ein unbeabsichtigtes Löschen wichtiger Dateien vermeiden, so überkleben Sie die Kerbe am rechten Rand der betreffenden Diskette. Sie ist dann schreibgeschützt, kann also auch nicht versehentlich überschrieben werden. Ganz besonders ist das bei der LOGO-Systemdiskette zu empfehlen.

DOS		Die Eingabe zu diesem Befehl wird als Apple-DOS-Kommando gedeutet, das abgearbeitet wird. Beispiel: DOS [INIT HELLO]

SPEICHERUNG VON LOGO-PROGRAMMEN AUF EINER DISKETTE

Das Grundwort für das Speichern von Prozeduren auf einer Diskette ist der Befehl

BEWAHRE	BW	Der Befehl hat eine Eingabe, die ein Name ist. Unter diesem Namen wird der gesamte Inhalt des Arbeitsspeichers, das sind alle Prozeduren und eventuell definierte Namen, auf einer Diskette gespeichert. Dem Namen wird bei der Eingabe das Zeichen " vorangestellt. Beispiel: BEWAHRE "SUEDSEE

Beachten Sie bitte, daß eine einzelne Prozedur nur dann alleine auf der Diskette ist, wenn sich zum Zeitpunkt der Speicherung keine anderen Prozeduren im Arbeitsspeicher befanden. Der Name für eine Datei ist übrigens frei wählbar und muß insbesondere nicht mit irgendeiner der definierten Prozeduren übereinstimmen. Sie könnten beispielsweise auch BEWAHRE "SONN.20 verwenden, wenn Sie selbst sich später darunter etwas vorstellen können. Das sollten Sie, wenn Sie mit den entsprechenden Dateien noch einmal arbeiten möchten. Die Prozeduren werden in den Arbeitsspeicher eingelesen mit

LADE		Der Befehl hat eine Eingabe, die der Name der einzulesenden Datei ist. Auch hier wird vor den Namen das Zeichen " gesetzt. Beispiel: LADE "SUEDSEE

Falls Sie nicht genau wissen, welche Dateien auf einer Diskette zu finden sind, so können Sie das Inhaltsverzeichnis auf den Bildschirm bekommen.

INHALT	IH	Gibt die Namen aller Dateien auf der Diskette in Laufwerk 1 aus. LOGO-Dateien sind durch den Zusatz .LOGO gekennzeichnet. Der Zusatz wird bei BEWAHRE und LADE nicht mitgeschrieben.

Ein Tip am Rande: Gewöhnen Sie sich an, Ihre Dateien gleich zweimal auf verschiedenen Disketten zu speichern. Geht eine Diskette kaputt, so sind die Informationen nicht verloren.

Man kann übrigens auch Bilder auf einer Diskette abspeichern. Die Voraussetzung dafür ist, daß sich das entsprechende Bild zum Zeitpunkt der Speicherung auf dem Bildschirm befindet. Man wählt auch hier einen beliebigen Namen. Das entsprechende Kommando ist

BEWAHREBILD		Der Befehl hat eine Eingabe, die der Name der zu speichernden Datei ist. Beispiel: BEWAHREBILD "SUEDSEE

Man bekommt das Bild wieder auf den Schirm mit

LADEBILD	Die Eingabe ist ein Name. Die Bilddatei dieses Namens wird von der Diskette eingelesen. Beispiel: LADEBILD "SUEDSEE

Probieren Sie es aus. Es sieht lustig aus, wie das Bild beim Einlesen von der Diskette auf dem Bildschirm aufgebaut wird. Außerdem ist diese Methode bei einem komplexen Bild wesentlich schneller als die Ausführung des entsprechenden LOGO-Programms. Beachten Sie aber, daß Prozeduren, die gegebenenfalls zu seiner Entstehung geführt haben, nicht eingelesen werden. Sie müssen zusätzlich mit BEWAHRE gespeichert werden.

LÖSUNG DER AUFGABEN

(1) Sie konnten es ja selbst sehen. Die Eingabe LERNE DREIECK löscht nichts, sondern das Kommando ruft die bereits vorhandene Prozedur DREIECK in den Editor.

(2) Die Prozedur für ein komfortableres Haus kann aus einer TUER und den entsprechenden Zwischenschritten beim bereits definierten Haus zusammengesetzt werden.

```
PR TUER
   WIEDERHOLE 2 [ VW 25 RE 90 VW 20 RE 90 ]
ENDE

PR KOMFORTHAUS
   QUADRAT RECHTS 90 VORWAERTS 15 LINKS 90
   TUER LINKS 90 VORWAERTS 15 RECHTS 90
   VORWAERTS 50 RECHTS 30 DACH
ENDE
```

(3) MITTE schickt den Igel in seine Grundposition in der Bildschirmmitte und ändert dabei gegebenenfalls auch die Blickrichtung (nach oben).

4 Wie heißt die Hauptstadt von Italien?

TEXTBAUSTEINE IN PROGRAMMEN

Arbeiten mit Text. Definition von Variablen in LOGO. CTRL-Kommandos im Editor. Eingaben des Benutzers in einer Prozedur. Bedingungen im Programm. Textausgabe über einen Drucker.

LOGO-Grundwörter: LOESCHESCHIRM (LS), ADE (TSCHUESS), DRUCKEZEILE (DZ), DRUCKE (DR), SETZE, EINGABE (EG), WERT(:), PRUEFE, WENNFALSCH (WF), WENNWAHR (WW), TEILBILD, VOLLBILD, AUSGANG.

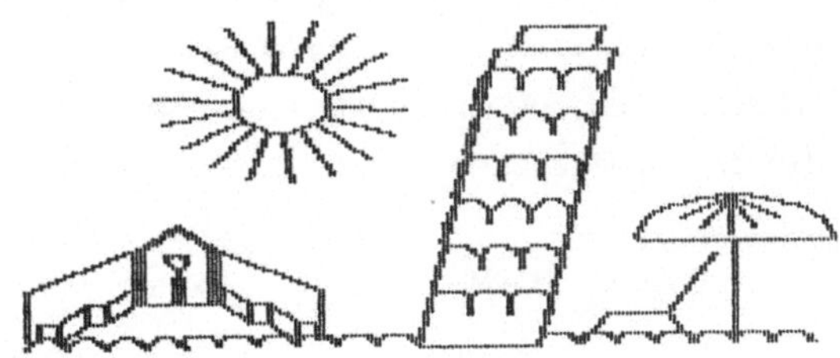

Wir haben uns bisher nur mit den Graphik-Möglichkeiten von LOGO befaßt. Sie sind als Einstieg besonders gut geeignet, da man schon mit einfachen Prozeduren zu sehr schönen Ergebnissen kommen kann. Selbstverständlich können aber auch andere Probleme in LOGO programmiert werden, so zum Beispiel Aufgaben, bei denen Texte benutzt und verarbeitet werden. Damit wollen wir uns nun beschäftigen und im Laufe dieses Kapitels für das folgende Problem ein Programm schreiben:

EIN GEOGRAPHIEQUIZ

Lassen Sie uns ein Quiz entwerfen. Der Computer stellt Fragen aus dem Bereich der Geographie, zum Beispiel die Frage nach der Hauptstadt von Italien. Er gibt drei Antwortmöglichkeiten zur Auswahl vor, wartet auf eine Antwort des Benutzers und sagt ihm dann, ob seine Lösung richtig ist oder nicht.

Für die Lösung dieses Problems sind einige neue Grundwörter notwendig. Sie werden daher zunächst einen Teil des Wortschatzes und der Hilfen kennenlernen, die LOGO für die Arbeit mit Texten bereitstellt.

TEXTAUSGABE AUF DEM BILDSCHIRM

Beim Arbeiten mit Texten empfiehlt es sich, den Teilbild-Modus zu verlassen. Er erlaubt nur vier Textzeilen auf dem Bildschirm. Es gibt mehrere Wege, in einen Modus zu kommen, der Texte auf dem gesamten Bildschirm ermöglicht. Davon sollen drei jetzt aufgeführt werden. Die beiden ersten gehen über LOGO-Grundwörter, der dritte Weg geht über eine CTRL-Tastenkombination und ist nur im Direktmodus anwendbar. Damit Sie gegebenenfalls auch wieder in den Bildmodus zurückkommen, werden noch zwei CTRL-Befehle aufgeführt, die das ermöglichen.

LOESCHESCHIRM	LS	Texte und Igelzeichnungen verschwinden vom Bildschirm. Der Cursor befindet sich danach in der linken oberen Ecke. Alle Bildschirmzeilen sind als Textzeilen zu nutzen. Das Kommando hat keine Eingaben.
TSCHUESS	ADE	Auch TSCHUESS oder ADE hat keine Eingaben. Mit diesem Befehl starten Sie LOGO neu. Es kommt das Bild, das Sie vom Einladen her kennen, Sie befinden sich also im Textmodus. Es ist allerdings Vorsicht geboten, denn gleichzeitig werden alle Prozeduren und Namen aus dem Arbeitsspeicher entfernt.
CTRL-T		Die Tastenkombination CTRL-T bewirkt ein Umschalten in den Textschirm-Modus ("T" wie "Textscreen"). Die Position des Cursors bleibt erhalten. Igel-Zeichnungen, die eventuell auf dem Bildschirm zu sehen waren, werden nicht entfernt. man kann sie erneut aufrufen mit
CTRL-S		Diese Tastenkombination schaltet aus einem anderen Modus in den Teilbild-Modus ("S" wie "Splitscreen").
CTRL-F		LOGO geht in den Vollbild-Modus ("F" wie "Fullscreen"). Es sind weder Textzeilen noch

der Cursor, sondern nur die Igel-Graphiken zu sehen. Der Vollbild-Modus wird bei einer Fehlermeldung automatisch verlassen.

Statt der beiden letzten CTRL-Kommandos kann man auch Grundwörter nehmen, die das gleiche bewirken. Beide Befehle können in einer Prozedurdefinition verwendet werden.

TEILBILD — LOGO geht in den Teilbild-Modus. Das Kommando hat keine Eingabe.

VOLLBILD — LOGO geht in den Vollbild-Modus. Das Kommando hat keine Eingabe.

Beachten Sie, daß zwischen den verschiedenen Modi beliebig gewechselt werden kann, ohne daß Texte oder Graphiken dabei zerstört werden.

DRUCKBEFEHLE IN LOGO

Aber nun wollen wir uns dem eigentlichen Problem zuwenden, dem Arbeiten mit Texten in LOGO und den wichtigsten Grundwörtern für diese Arbeit. Das am häufigsten zu benutzende Kommando ist

DRUCKEZEILE DZ — Der Befehl hat eine Eingabe, die eine beliebige Folge von Zeichen ist. Diese Zeichen werden ausgedruckt. Dann bleibt der Cursor am Anfang der folgenden Zeile stehen. Die Eingabe wird in eckige Klammern gesetzt.

Beispiel:
DRUCKEZEILE [GUTEN MORGEN, ANNA.]
GUTEN MORGEN, ANNA.

Ist die Eingabe nur ein einzelnes Wort, so kann es auch durch das Zeichen " gekennzeichnet werden. Dieses Zeichen steht nicht noch einmal am Ende des Wortes. Wenn es da einmal sein sollte, dann wird es als Teil des Wortes betrachtet.

Beispiele:

DRUCKEZEILE "ANNA
ANNA

DRUCKEZEILE "OSTERHASE"
OSTERHASE"

Nach DRUCKEZEILE oder der abgekürzten Eingabe DZ geht der Cursor also zum Beginn der nächsten Zeile. Soll er das nicht, sondern in der gleichen Zeile weiterdrucken, so kann man stattdessen das LOGO-Kommando DRUCKE benutzen, das ansonsten eine ganz ähnliche Funktion hat.

DRUCKE	DR	Druckt wie DRUCKEZEILE eine Zeichenfolge, zum Beispiel einen Satz oder ein Wort. Der Cursor bleibt nach dem letzten Zeichen dieser Eingabe stehen.

Beispiele:

DRUCKE [CIAO, CARLA!]
CIAO, CARLA!

DRUCKE [CIAO, CARLA!] DRUCKE [COME STAI?]
CIAO, CARLA!COME STAI?

Der Cursor blinkt dann nach dem Fragezeichen. Zwischen den beiden Eingaben wird keine Leerstelle gedruckt. Auch bei DRUCKE kann ein einzelnes zu druckendes Wort durch das Zeichen " markiert werden.

Beispiel:
DRUCKE "DASISTEINWORT
DASISTEINWORT

Mit Hilfe des Befehls DRUCKEZEILE können wir schon einmal eine einfache Prozedur FRAGE entwerfen, die nach der Hauptstadt von Italien fragt und eine Auswahl von Antworten vorgibt.

```
PR FRAGE
   DRUCKEZEILE [ WIE HEISST DIE HAUPTSTADT VON ITALIEN? ]
   DRUCKEZEILE [ PALERMO ROM NEAPEL ]
ENDE
```

Wenn Sie diese Prozedur in den Rechner eingeben, dann werden Sie sehen, daß für die erste Prozedurzeile eine Bildschirmzeile nicht ausreicht. Das macht aber gar nichts. Geben Sie den Text einfach fortlaufend ein, drücken Sie nur nicht RETURN, wenn Sie am Ende der Bildschirmzeile angekommen sind. LOGO springt selbständig in die nächste Zeile. Sie sehen dann am rechten Rand ein Ausrufezeichen, das nicht von Ihnen, sondern vom System gesetzt wurde. Es soll Sie auf die Tatsache aufmerksam machen, daß die Programmzeile noch weitergeht. Es wird später, also beim Aufruf des Programms, nicht zu sehen sein. Wenn Sie zwischendurch RETURN drücken, hat das natürlich eine Fehlermeldung zur Folge.

VARIABLEN BRAUCHT MAN AUCH BEI TEXTEN

Das Ziel dieses Kapitels ist allerdings etwas anspruchsvoller. Es sollen verschiedene Fragen formuliert werden und die entsprechenden Antworten sollen ausgedruckt werden, ohne daß aber die ganze Prozedur neu geschrieben werden muß. Die Prozedur FRAGE sollte also auch offener gestaltet werden. Dazu kann man hier, wie Sie es schon bei den Graphikanwendungen kennengelernt haben, mit Variablen arbeiten.

Man schreibt die Prozedur so um, daß sowohl eine Variable für die Frage als auch eine Variable für die Antwortmöglichkeiten im Prozedurkopf erscheinen, genauso wie es im letzten Kapitel gemacht wurde. Geben Sie dazu

```
EDIT "FRAGE
```

ein. Sie sind dann im LOGO-Editor und können an der aufgerufenen Prozedur beliebige Änderungen vornehmen. Die erste notwendige Änderung betrifft den

Prozedurkopf. Hier müssen die Variablen eingefügt werden. Weitere Verbesserungen der Prozedur sind in den beiden folgenden Zeilen notwendig. Beim Kommando DRUCKEZEILE werden sowohl die konkrete Frage als auch die Antwortmöglichkeiten durch diese Variablen ersetzt.

```
PR FRAGE :FRAGE :AUSWAHL
   DRUCKEZEILE :FRAGE
   DRUCKEZEILE :AUSWAHL
ENDE
```

Sie sehen, daß hier die Prozedur und eine der Variablen den gleichen Namen haben. Das ist ohne weiteres möglich. LOGO kann zwischen den beiden Verwendungen unterscheiden.

Verlassen Sie nun mit CTRL-C den Editor. Unter dem Namen FRAGE ist jetzt der neue Text gespeichert, der alte wurde überschrieben. Auch die Prozedur FRAGE wird, wie Sie es von den Graphikprogrammen her bereits kennen, mit zwei Eingaben aufgerufen. Wir müssen also jeweils den Fragetext und die Auswahlmöglichkeiten mit eingeben, die beide in eckige Klammern gesetzt werden. Schauen Sie sich anhand der folgenden Beispiele an, wie ein Probelauf von FRAGE aussehen könnte.

```
FRAGE [ DIE HAUPTSTADT VON ITALIEN? ] [ PALERMO ROM NEAPEL ]

DIE HAUPTSTADT VON ITALIEN?
PALERMO ROM NEAPEL

FRAGE [ WELCHER FLUSS FLIESST IN DEN RHEIN? ] [ NECKAR JAGST DONAU ]

WELCHER FLUSS FLIESST IN DEN RHEIN?
NECKAR JAGST DONAU
```

Bei dieser neuen Prozedur sind Ihrer Phantasie beim Ausdenken der Fragen keine Grenzen mehr gesetzt. Jede andere Frage ist genauso möglich wie jede andere Antwort, ohne daß die Prozedur selbst vorher geändert werden muß.

CONTROL-KOMMANDOS NICHT NUR FÜR DIE ARBEIT IM EDITOR

Bei den Prozeduren, die wir jetzt entwerfen, wird es häufiger als bisher der Fall sein, daß sie geändert und verbessert werden müssen. Es ist also sicher nützlich, wenn Sie die Hilfen kennenlernen, die LOGO für die Arbeit im Editor bereitstellt. Es handelt sich dabei vor allem um Kombinationen aus Buchstabentasten und der CONTROL-Taste, die den Cursor schnell an einen gewünschten Punkt bewegen. Einige dieser Kombinationen sind auch im Direktmodus zu gebrauchen, was bei der Eingabe von längeren Zeilen sehr praktisch sein kann.

CTRL-A	Die Kombination bringt den Cursor zum Anfang der Zeile, in der er sich momentan befindet. CTRL-A kann man auch im Direktmodus verwenden.
CTRL-E	Die Kombination bringt den Cursor zum Ende der Zeile, in der er sich gerade befindet. CTRL-E kann ebenfalls im Direktmodus verwendet werden.
CTRL-F	Mit diesem Kommando kommt man im Editor eine Bildschirmseite weiter nach vorne. Man kann also bei wiederholter Verwendung auch einen langen Prozedurtext in größeren Schritten durchlaufen.
CTRL-B	Man kommt eine Bildschirmseite weiter nach hinten. Bei wiederholter Verwendung von CTRL-B ist man so auf schnelle Art und Weise bei der ersten Prozedur im Editor.
CTRL-L	Die Tastenkombination rollt den Text im Editor so, daß sich die Zeile, in der der Cursor gerade blinkt, in etwa in der Mitte des Bildschirms befindet. Man kann also beispielsweise gut lesen, was vor und hinter einer kritischen Zeile steht.

CTRL-O	Es wird eine neue Zeile am Standort des Cursors geschaffen. CTRL-O (der Buchstabe, nicht die Zahl Null!) hat fast die gleiche Funktion wie RETURN.

TEXTGESTALTUNG

Die Befehle DRUCKE und DRUCKEZEILE haben jeweils eine Eingabe. Allerdings gibt es eine Möglichkeit, auch mehrere Wörter oder Sätze hinter diese Befehle zu schreiben, wenn wir den ganzen Ausdruck in runde Klammern setzen. Nehmen wir als Beispiel eine Prozedur HALLO, mit der Sie LOGO freundlich begrüßen kann.

```
PR HALLO :NAME
   ( DRUCKEZEILE [ GUTEN MORGEN, ] :NAME )
   DRUCKEZEILE [ WIE GEHT ES DIR? ]
ENDE
```

Ruft man HALLO "MARIANNE auf, so bekommt man das folgende Resultat auf den Bildschirm.

```
GUTEN MORGEN, MARIANNE
WIE GEHT ES DIR?
```

Bei der Verwendung von zwei DRUCKEZEILE-Befehlen hätte man den Gruß und den Namen des Adressaten in zwei verschiedene Zeilen gedruckt bekommen. Bei der Verwendung des Befehls DRUCKE vor der Grußformel GUTEN MORGEN, hätte die Leerstelle vor dem Namen gefehlt, die den Ausdruck doch hübscher gestaltet.

AUFGABEN

(1) Schreiben Sie eine Prozedur

```
VISITENKARTE :NAME :STRASSE :ORT
```

die, es ist ganz offensichtlich, eine Visitenkarte ausdrucken soll.

Eine Lösung dieser Aufgabe finden Sie am Ende des Kapitels. Haben Sie einen Drucker zur Verfügung? Es findet sich dort auch ein Hinweis, wie Sie eine solche Karte schwarz auf weiß ausdrucken lassen können.

(2) Entwerfen Sie eine Prozedur SCHICKSAL mit drei Eingaben. Der Aufruf SCHICKSAL "ARTUR "BABETTE "CARL soll den folgenden Text ausdrucken:

```
ARTUR LIEBT BABETTE
BABETTE ERWIDERT DIE LIEBE NICHT
BABETTE SCHWAERMT FUER CARL
KEIN WUNDER, DASS ARTUR CARL NICHT MAG
```

Würden Sie diese Ausführungen lieber mit Satzzeichen lesen? Nun, da gibt es Schwierigkeiten in der ersten und dritten Zeile, die mit den im Moment zur Verfügung stehenden LOGO-Befehlen noch nicht behoben werden können. Wir werden uns mit diesen Feinheiten später noch beschäftigen.

VARIABLEN KÖNNEN VERSCHIEDEN DEFINIERT WERDEN

Die Definition im Prozedurkopf ist eine Möglichkeit, Variablen zu bestimmen. Wir nennen eine solche Variable lokal, denn sie steht nur für diese eine Prozedur zur Verfügung. Eine weitere Möglichkeit gibt es, wenn man das Grundwort SETZE verwendet.

SETZE

Das Kommando hat zwei Eingaben. Die erste bezeichnet den Namen einer Variablen, die zweite den Wert, der ihr zugeordnet werden soll. Der Name wird gekennzeichnet durch ein vorangestelltes " .

Beispiel:

```
SETZE "ANTWORT [ PALERMO ROM NEAPEL ]
SETZE "ZAHL 25
```

Den Wert einer Variablen kann man, nach ihrer Definition mit SETZE, auf zwei Arten bekommen. Insbesondere ist dieser Wert auch im Direktmodus zu bekommen, wie das folgende Beispiel zeigt.

```
DRUCKEZEILE :ANTWORT
PALERMO ROM NEAPEL

DRUCKEZEILE :ZAHL
25
```

Sie sehen, daß der vorangestellte Doppelpunkt einen Zugriff auf den Wert der Variablen ermöglicht, deren Name durch ein Anführungszeichen gekennzeichnet wird. Mit :ANTWORT bekommt man also das, was in einem Speicherplatz mit Namen ANTWORT abgelegt ist. Das gleiche erreichen wir mit dem LOGO-Grundwort

WERT	:	Der Befehl hat eine Eingabe, die der Name einer Variablen ist. Es wird ihr Wert ausgegeben. WERT hat dieselbe Funktion wie der vorangestellte Doppelpunkt. Beispiel: WERT "ANTWORT Ergebnis: [PALERMO ROM NEAPEL] WERT "ZAHL Ergebnis: 25 :ANTWORT Ergebnis: [PALERMO ROM NEAPEL]

LOGO ARBEITET MIT LISTEN

Vielleicht waren Sie erstaunt, daß beim Aufruf der Prozeduren und auch bei der Definition von Variablen mit SETZE die Eingaben in eckige Klammern gesetzt wurden. Nun, Sie haben da so ganz nebenbei einen ersten Kontakt mit einem wichtigen Datentyp von LOGO gehabt. Sie haben die Liste kennengelernt. Der Begriff der Liste ist ganz wesentlich bei der Arbeit mit LOGO. Eine Liste besteht aus einer Anzahl von Elementen, die durch Leerzeichen getrennt und durch die eckigen Klammern zu dieser Struktur zusammengefaßt werden. Die Elemente können ganz beliebig sein, also Zahlen, Buchstaben, Wörter oder sogar wieder Listen. Betrachten Sie dazu zunächst einmal die folgenden Beispiele für Listen in LOGO.

```
[ DIES IST EINE LISTE ]
[ FREITAG, DER 13. MAI ]
[ VORWAERTS 20 RECHTS 90 VORWAERTS 20 ]
[ DIES [ IST AUCH ] EINE LISTE ]
[ ]
```

Im ersten Beispiel hat die Liste vier Elemente, nämlich die vier Wörter, aus denen der Satz gebildet wird. Auch im zweiten Beispiel gehören vier Elemente zur Liste. Es sind dies "FREITAG," (also das Wort einschließlich des Kommas), "DER", "13." und "MAI". Im dritten Beispiel haben wir es mit sechs Elementen zu tun, die sogar, wenn sie paarweise zusammengefaßt werden, als LOGO-Kommandos interpretierbar sind. Im vierten Beispiel hat die Liste wiederum vier Elemente, von denen eines, nämlich das zweite, eine eigene Liste ist. Die anderen Elemente sind "DIES", "EINE" und "LISTE". Beim letzten Beispiel schließlich handelt es sich um die sogenannte leere Liste. Sie enthält keine Elemente. Trotzdem oder gerade deswegen spielt diese Liste bei vielen Anwendungen eine wichtige Rolle, was Sie später noch oft sehen werden.

BENUTZEREINGABEN BEIM ABLAUF EINER PROZEDUR

Aber kommen wir zurück zum Quizprogramm, das ja in diesem Kapitel realisiert werden soll. Der nächste Schritt ist hier der Entwurf eines Bausteins, der zum einen eine Antwort einlesen kann und der zum anderen prüft, ob diese Antwort korrekt ist. Dazu braucht man ein Kommando, daß solche Benutzereingaben überhaupt möglich macht. Es ist das Grundwort

EINGABE	EG	Auf diesen Befehl hin wird der Prozedurablauf unterbrochen. Das System wartet auf eine Eingabe des Benutzers, die mit RETURN abgeschlossen wurde. Diese Eingabe wird als Liste interpretiert und ausgegeben.

EINGABE funktioniert auch im Direktmodus. Probieren Sie es aus. Sie sehen, daß in der nächsten Zeile nach dem Befehl der Cursor blinkt, aber das Fragezeichen, also das Bereitschaftszeichen von LOGO, fehlt. Der Rechner wartet auf eine Eingabe, die mit RETURN abgeschlossen werden muß. Sie wird ausgedruckt und erst dann kann mit LOGO weitergearbeitet werden.

Der Befehl EINGABE ist vor allem sinnvoll, wenn man ihn im Zusammenhang mit SETZE verwendet, wenn also eine Variable mit dem Wert der Eingabe belegt wird. Man kann so Daten einlesen und für eine spätere Verarbeitung speichern. Dies ist für eine Prozedur ANTWORT wichtig, die nicht nur auf eine Benutzerantwort warten soll, sondern diese Antwort auch auswertet. Wir definieren den Baustein zunächst vorläufig.

```
PR ANTWORT
   DRUCKEZEILE [ GEBEN SIE IHRE ANTWORT EIN: ]
   SETZE "ANTWORT EINGABE
ENDE
```

Diese Prozedur macht natürlich noch nicht viel. Die erste Zeile bewirkt, daß der Benutzer des Programms zu einer Eingabe aufgefordert wird. In der zweiten Zeile wird auf diese Eingabe gewartet, und sie wird in einem Speicher mit Namen "ANTWORT abgelegt. Es wird noch nicht geprüft, ob diese Antwort auch richtig ist.

Mit Hilfe von EINGABE kann man übrigens nette Dialoge programmieren. Probieren Sie einmal die folgende Prozedur aus.

```
PR HALLO
   DRUCKEZEILE [ HALLO, WIE HEISSEN SIE? ]
   ( DRUCKEZEILE [ WIE GEHT ES IHNEN, ] EINGABE )
ENDE
```

Diese Prozedur hat einen Ablauf, der Ihnen zunächst ungewöhnlich erscheinen mag. Beim Abarbeiten der zweiten Zeile wird nicht etwa zuerst der Text gedruckt und dann eine Eingabe gefordert. Vielmehr wartet das System zuerst auf die Eingabe und druckt dann den ganzen Satz aus.

```
HALLO
HALLO, WIE HEISSEN SIE?
JOSEF
WIE GEHT ES IHNEN, JOSEF
```

Dahinter verbirgt sich eine prinzipielle Arbeitsweise von LOGO, der Sie noch oft begegnen werden. Der Befehl DRUCKEZEILE hat mit Hilfe der runden Klammern zwei Eingaben bekommen. Die erste der beiden ist klar, sie besteht aus den Worten "WIE GEHT ES IHNEN,". Die zweite ist allerdings noch nicht bekannt, denn sie ist das Ergebnis des Befehls EINGABE. Deswegen wird zunächst auf diese Eingabe gewartet und dann die komplette Zeile gedruckt.

WAS TUN WENN ... ? DAS ARBEITEN MIT BEDINGUNGEN

Es fehlt für das Quizprogramm noch eine Prozedur, mit der die Eingabe auf ihre Korrektheit überprüft werden kann. Antwortet der Benutzer ROM, wenn er nach der Hauptstadt von Italien gefragt wird, so soll eine Bestätigung kommen. Gibt er etwas anderes ein, dann soll seine Aussage berichtigt werden. Man hat es hier also mit zwei Alternativen zu tun:

```
PRÜFE, ob die Aussage richtig ist.
     WENN JA, so gib aus  <PRIMA. DAS STIMMT!>.
     WENN NEIN, so gib aus  <LEIDER FALSCH. DIE HAUPTSTADT VON ITALIEN
                             IST ROM.>.
```

So ähnlich wie wir das hier in der Umgangssprache aufgeschrieben haben, kann man den Sachverhalt auch in LOGO formulieren. PRUEFE ist ein Grundwort, mit dessen Hilfe man den Programmablauf steuern kann. Es wird getestet, ob eine Bedingung erfüllt ist oder nicht. Das Ergebnis dieser Prüfung ist entweder WAHR oder FALSCH. Entsprechend wird PRUEFE im Zusammenhang mit den LOGO-Befehlen WENNWAHR und WENNFALSCH verwendet. Hinter WENNWAHR steht die eine Möglichkeit. Es ist die Handlung, die ausgeführt wird, wenn die Bedingung erfüllt ist. Hinter WENNFALSCH steht die zweite Möglichkeit. Das ist wiederum eine Handlung, die ausgeführt wird, wenn die Bedingung nicht erfüllt ist.

```
PRUEFE  < Bedingung >
   WENNWAHR     < Handlung 1 >
   WENNFALSCH   < Handlung 2 >
```

Diese drei LOGO-Befehle sollen gleich in die Prozedur ANTWORT eingebaut werden. Hier ist die erweiterte Fassung.

```
PR ANTWORT
   DRUCKEZEILE [ GEBEN SIE IHRE ANTWORT EIN: ]
   SETZE "ANTWORT EINGABE
   PRUEFE :ANTWORT = [ ROM ]
   WENNWAHR DRUCKEZEILE [ PRIMA, DAS STIMMT. ]
   WENNFALSCH DRUCKEZEILE [ LEIDER NICHT. DIE HAUPTSTADT IST ROM. ]
ENDE
```

Die letzte Zeile in dieser Prozedur ist übrigens auch wieder länger als eine Bildschirmzeile. Gerade bei Textanwendungen kann das recht häufig passieren. Beachten Sie, daß zwischendurch bei der Eingabe der Definition im Lernmodus die RETURN-Taste nicht gedrückt werden darf. Und noch eine weitere Besonderheit ist bei ANTWORT zu beachten. Sie sehen, daß in der dritten Zeile das Wort ROM in Listenklammern steht. Das heißt aber nicht, daß auch der Benutzer bei der Eingabe diese Klammern setzen muß. EINGABE liest jeden beliebigen Term als Liste ein, die Listenklammern werden also vom System um die Eingabe gesetzt. Da ein Beispiel manchmal besser wirkt als viele Worte, schauen Sie sich die beiden folgenden Probeläufe von ANTWORT an.

```
ANTWORT

GEBEN SIE IHRE ANTWORT EIN:
ROM
PRIMA, DAS STIMMT.

ANTWORT

GEBEN SIE IHRE ANTWORT EIN:
[ ROM ]
LEIDER NICHT. DIE HAUPTSTADT IST ROM.
```

Im zweiten Beispiellauf vergleicht LOGO in der dritten Zeile die eigentliche Lösung [ROM] mit der Benutzereingabe [[ROM]] und stellt eben fest, daß diese beiden nicht gleich sind. Es gibt ein paar Listenklammern zuviel.

Fassen wir noch einmal die Arbeitsweise und die Wirkung der drei zueinandergehörenden Kommandos PRUEFE, WENNWAHR und WENNFALSCH zusammen.

PRUEFE		PRUEFE wird im Zusammenhang mit WENNWAHR und WENNFALSCH verwendet. Der Befehl hat eine Eingabe, die eine Bedingung ist, also eine Aussage, die entweder wahr oder falsch sein kann. Ist sie wahr, so wird der Programmablauf in der Zeile fortgesetzt, die mit WENNWAHR beginnt. Im anderen Fall wird bei WENNFALSCH weitergemacht.
WENNWAHR	WW	Die Eingabe ist eine Handlung. Sie wird abgearbeitet, wenn PRUEFE das Ergebnis WAHR ergeben hat.
WENNFALSCH	WF	Die Eingabe ist eine Handlung. Sie wird abgearbeitet, wenn PRUEFE das Ergebnis FALSCH hatte.

Auch die Prozedur ANTWORT kann noch verbessert werden, indem sie mit einer Variablen im Prozedurkopf gestaltet wird. Sie kann damit bei verschiedenen Fragen für die Lösungskontrolle verwendet werden. Die endgültige Fassung für diesen Baustein sieht dann so aus:

```
PR ANTWORT :LOESUNG
   DRUCKEZEILE [ GEBEN SIE IHRE ANTWORT EIN: ]
   SETZE "ANTWORT EINGABE
   PRUEFE :ANTWORT = :LOESUNG
   WENNWAHR DRUCKEZEILE [ PRIMA. DAS STIMMT ]
   WENNFALSCH DRUCKEZEILE [ LEIDER FALSCH. DIE ANTWORT IST ]
                                          DRUCKEZEILE :LOESUNG
ENDE
```

Hinter WENNFALSCH sind in diesem Fall zwei Kommandos eingefügt. Es sind in diesem Fall beides DRUCKEZEILE-Befehle. Beide werden sie nur ausgeführt, wenn die Werte :ANTWORT und :LOESUNG nicht gleich sind. Allerdings darf zwischen den beiden Teilen nicht die RETURN-Taste gedrückt werden. Das wird hier, wie auch in einigen folgenden Prozeduren, durch ein starkes Einrücken der Textzeile dargestellt. LOGO-Befehlszeilen können eben nicht nur länger als eine Bildschirmzeile sein, sie können auch länger als eine Buchzeile sein.

DAS GEOGRAPHIEQUIZ

Die bisher definierten Prozeduren FRAGE und ANTWORT kann man zu einer Prozedur QUIZ zusammenfassen. QUIZ hat drei Eingaben, nämlich die Frage, die Auswahlmöglichkeiten, die in FRAGE gebraucht werden, und die richtige Lösung der Aufgabe, die die Eingabe zu ANTWORT ist.

```
PR QUIZ :FRAGE :AUSWAHL :LOESUNG
   FRAGE :FRAGE :AUSWAHL
   ANTWORT :LOESUNG
ENDE
```

Ein Probelauf von QUIZ könnte so aussehen:

```
QUIZ [ WO STEHT DAS HOECHSTE HAUS DER WELT? ] [ TOKIO
                        NEW YORK CHICAGO ] [ CHICAGO ]

WO STEHT DAS HOECHSTE HAUS DER WELT?
TOKIO NEW YORK CHICAGO
GEBEN SIE IHRE ANTWORT EIN:
TOKIO
LEIDER FALSCH. DIE ANTWORT IST
CHICAGO

QUIZ [ WELCHE INSELGRUPPE LIEGT IM PAZIFIK? ] [ SEYCHELLEN
                   OSTERINSELN MALEDIVEN ] [ OSTERINSELN ]

WELCHE INSELGRUPPE LIEGT IM PAZIFIK?
SEYCHELLEN OSTERINSELN MALEDIVEN
GEBEN SIE IHRE ANTWORT EIN:
OSTERINSELN
PRIMA. DAS STIMMT
```

Eine Besonderheit von LOGO ist, daß eine Eingabe ohne größere Schwierigkeiten auch aus mehr als einem Wort bestehen kann. Sie sehen das im obigen Beispiel an der Auswahlmöglichkeit NEW YORK. Eine solche Zusammensetzung von Wörtern könnte, natürlich bei einer passenden Frage, auch die richtige Lösung sein.

Sollten Sie jemanden gefunden haben, der die Fragen beantworten will, so ist es allerdings nicht sehr spannend, wenn alle Eingaben in Anwesenheit dieser Person gemacht werden müssen. Nun, definieren wir die Namen doch einfach vorher. Auch hier hilft der Befehl SETZE, mit dem man Variablen einen Wert zuordnen kann. Diese Belegungen kleiden wir gleich ein in eine Prozedur INIT, die vor dem eigentlichen Quiz aufgerufen wird.

```
PR INIT
   SETZE "F1 [ WIE HEISST DIE HAUPTSTADT VON ITALIEN? ]
   SETZE "A1 [ ROM PALERMO NEAPEL ]
   SETZE "L1 [ ROM ]
   SETZE "F2 [ AN WELCHEM FLUSS LIEGT HEIDELBERG? ]
   SETZE "A2 [ RHEIN MAIN NECKAR ]
   SETZE "L2 [ NECKAR ]
   SETZE "F3 [ WO IST DER AMAZONAS? ]
   SETZE "A3 [ SUEDAMERIKA ASIEN AFRIKA ]
   SETZE "L3 [ SUEDAMERIKA ]
ENDE
```

Mit diesem Baustein kann man nun ein GEOQUIZ entwerfen, das die zu Beginn aufgestellten Anforderungen erfüllt. Diese Prozedur hat keine Eingaben im Prozedurkopf mehr, da die notwendigen Variablen über INIT definiert werden und dann in jeder weiteren Prozedur oder auch im Direktmodus abgerufen werden können.

```
PR GEOQUIZ
   LOESCHESCHIRM
   DZ [ ] DZ [ ]
   DZ [ GEOGRAPHIEQUIZ ]
   DZ [ ************** ]
   DZ [ ] DZ [ ]
```

```
   INIT
   QUIZ :F1 :A1 :L1
   QUIZ :F2 :A2 :L2
   QUIZ :F3 :A3 :L3
ENDE
```

Diese Lösung stellt nicht die eleganteste Art und Weise dar, wie das Problem in LOGO beschrieben werden kann. Es gibt zum Beispiel eine Möglichkeit der Formulierung, bei der die letzten drei Zeilen zusammengefaßt werden, die Prozedur QUIZ also nicht dreimal hingeschrieben werden muß. Aber dazu gehört die Kenntnis weiterer LOGO-Befehle, die die Listenverarbeitung betreffen. Haben Sie noch ein wenig Geduld, Sie haben auch bis zu diesem Punkt schon einiges beim Programmieren in LOGO erreicht.

LÖSUNG DER AUFGABEN

(1) VISITENKARTE

Eine mögliche Lösung ist

```
PR VISITENKARTE :NAME :STRASSE :ORT
   DRUCKEZEILE :NAME
   DRUCKEZEILE [ ]
   DRUCKEZEILE :STRASSE
   DRUCKEZEILE :ORT
ENDE
```

Die zweite Zeile dient dabei nur dem Zweck einer übersichtlicheren Darstellung. Der Befehl erzeugt eine Leerzeile auf dem Bildschirm zwischen dem Namen und der Straße. Diese Prozedur wird mit drei Eingaben aufgerufen, die Listen sind.

```
VISITENKARTE [ Donald Duck ] [ 1233 Goose St ] [ ORLANDO, FL. ]
```

Das Ergebnis dieses Probeaufrufs der Prozedur VISITENKARTE sieht dann so aus:

Donald Duck

1233 Goose St
ORLANDO, FL.

Sie sehen, daß hier Kleinbuchstaben eingegeben wurden. Das ist möglich, wenn Sie einen Apple IIe oder IIc haben. Bei diesen Geräten können auch Prozedurnamen oder Namen von Variablen aus Groß- und Kleinbuchstaben oder auch nur aus Kleinbuchstaben bestehen. Allerdings sind dann beispielsweise GEOQUIZ und Geoquiz auch zwei verschiedene Prozeduren. Auch wird die Eingabe "Rom" eines Benutzers als nicht richtig gewertet, wenn man "ROM" als Lösung definiert hatte. Bei den meisten Anwendungen ist es daher sicher unkomplizierter nur mit Großbuchstaben zu arbeiten.

Wenn Sie über einen Drucker verfügen, egal ob Matrix- oder Typenraddrucker, so können Sie sich das Ergebnis auch ausdrucken lassen. Prüfen Sie, in welchem Slot des Computers die Druckerkarte steckt, d.h. über welchen Computerausgang der Drucker angesprochen wird. Im allgemeinen ist das Slot 1. Geben Sie nun

AUSGANG 1

ein (oder die Nummer des Slots, in dem bei Ihrem Gerät die Druckerkarte ist). Die Ausgabe erfolgt nun über den Drucker. Aber Vorsicht. Falls die Prozedur nicht richtig läuft, so erscheinen auch Fehlermeldungen auf dem Papier. Sie kommen mit

AUSGANG 0

wieder zurück zur Bildschirmausgabe.

AUSGANG	Das Kommando hat eine Zahleneingabe. Bei Zahlen zwischen 1 und 7 wird die Ausgabe auf den entsprechenden Steckplatz des Computers geleitet. AUSGANG 0 schaltet zum Bildschirm.

(2) Bei der Prozedur SCHICKSAL kommt es nur auf die richtige Kombination von DRUCKEZEILE-Befehlen und Klammern an.

```
PR SCHICKSAL :NAME1 :NAME2 :NAME3
   ( DZ :NAME1 "LIEBT :NAME2 )
   ( DZ :NAME2 [ ERWIDERT DIE LIEBE NICHT ] )
   ( DZ :NAME2 [ SCHWAERMT FUER ] :NAME3 )
   ( DZ [ KEIN WUNDER, DASS ] :NAME1 :NAME3 [ NICHT MAG ] )
ENDE
```

5 Wechselstube

VOM UMGANG MIT ZAHLEN, WÖRTERN UND LISTEN

Einige Datentypen von LOGO. LOGO als Taschenrechner. Befehle und Prozeduren mit einer Wertrückgabe. Utilities.

LOGO-Grundwörter: WORT, WORT?, ZAHL?, LISTE, LISTE?, RUECKGABE (RG), RUNDE, LETZTES (LZ), ERSTES (ER).

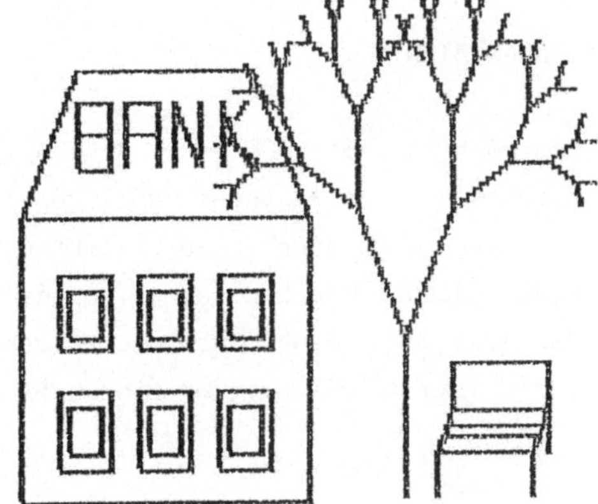

Auch in diesem Kapitel soll wieder ein größeres Programmierproblem im Vordergrund stehen, mit dessen Hilfe einige neue Grundwörter und Arbeitsprinzipien von LOGO demonstriert werden können.

DIE AUFGABE

Es wird eine Prozedur WECHSELSTUBE geschrieben, die ausländische Währungen in Deutsche Mark umrechnet. Der Benutzer gibt die betreffende Währung, den Geldbetrag und den Tageskurs ein. Es wird ausgedruckt, wieviel Mark dieser Betrag entspricht. Die Prozedur soll drei Hauptbausteine umfassen. Der erste ist EINGEBEN, mit dem die Benutzereingaben vom Rechner eingelesen werden. Eine Prozedur UMTAUSCH führt die entsprechende Berechnung aus. Die dritte Prozedur heißt AUSGEBEN. Sie ist für den kommentierten Ausdruck des Ergebnisses zuständig.

Das Problem soll allerdings nicht ganz zielstrebig in Angriff genommen werden. Sie werden im Laufe des Kapitels einiges über den Umgang mit Daten in LOGO erfahren, auch anhand von Beispielen, die mit der Aufgabe nicht direkt etwas zu tun haben. Es soll etwas systematischer auf die Datentypen von LOGO eingegangen werden, mit denen Sie in den vorangegangenen Kapiteln bereits gearbeitet haben. Es sind dies die Listen, die Wörter und die Zahlen. Die Begriffe sollen präzisiert und mit Leben gefüllt werden. Uns interessiert dabei vor allem, was man mit den Datentypen machen kann und wie man die verschiedenen Strukturen für die Erfordernisse einer Problemlösung ausnutzen kann.

LOGO-WÖRTER

Ein Wort ist in LOGO eine fast beliebige Folge von Zeichen. Die meisten Zeichen auf der Tastatur sind zugelassen, nur ganz wenige sind es nicht. Ein Wort wird durch ein Anführungszeichen markiert, das nur einmal zu Beginn steht. Das Ende eines Wortes wird durch ein Leerzeichen festgelegt, das deshalb in einem Wort nicht vorkommen darf, oder aber durch das Zeilenende, also RETURN. Wörter sind beispielsweise

```
"WORT
"RAT&TAT
"AbCdEfG!
"A(1/2)
"PROGRAMM.1
"12345
"
```

Sie sehen, daß ein LOGO-Wort nicht unbedingt einen Sinn haben muß und daß auch andere Zeichen als Buchstaben enthalten sein können. Beim letzten Beispiel sehen Sie nur das Anführungszeichen. Wo ist hier das Wort? Nun, das ist es schon. Wir haben es hier mit dem sogenannten leeren Wort zu tun, das überhaupt keine Zeichen enthält. Eine solche Konstruktion mag auf den ersten Blick reichlich seltsam erscheinen, und dennoch spielt dieses Wort bei verschiedenen Prozeduren eine Rolle. Sie werden dazu später genügend Beispiele kennenlernen.

Betrachten wir noch ein paar Gegenbeispiele zum Datentyp "Wort". Keine Wörter im Sinne von LOGO sind

```
"BAD REICHENHALL
[WINTERSCHLAF]
```

Der Ausdruck BAD REICHENHALL enthält eine Leerstelle, so daß nur der erste Teil als ein Wort akzeptiert wird. In einer LOGO-Prozedur würde diese

Eingabe im allgemeinen eine Fehlermeldung provozieren: Prozedur REICHENHALL unbekannt. Das kommt daher, daß "BAD als ein Wort gekennzeichnet ist, REICHENHALL allerdings ohne einen für das LOGO-System ersichtlichen Sinn daneben steht. Wörter ohne eine Markierung werden immer als Prozeduren gedeutet. Probieren Sie das aus, indem Sie DRUCKEZEILE "BAD REICHENHALL eingeben. Im zweiten Beispiel WINTERSCHLAF hingegen wurden eckige Klammern verwendet, die nicht, oder besser gesagt nicht ohne weiteres, in einem Wort verwendet werden dürfen.

Falls Sie Probleme haben sollten, einen Ausdruck als Wort zu identifizieren, können Sie dafür ein Grundwort zu Hilfe nehmen.

WORT? — Der Befehl hat eine Eingabe. Es wird WAHR ausgegeben, wenn diese Eingabe ein Wort ist, sonst ist die Ausgabe FALSCH.

Beispiel:
WORT? "KINKERLITZCHEN
Ergebnis: WAHR

Allerdings müssen Sie bei der Verwendung von WORT? ein bißchen vorsichtig sein. Auch WORT? "BAD REICHENHALL bringt das Ergebnis WAHR. In diesem Fall ignoriert LOGO den zweiten Teil einfach und bestätigt somit nur, daß "BAD ein Wort ist.

Verschiedene Wörter können auch zu einem neuen Wort zusammengefaßt werden. Sie kennen das aus der deutschen Sprache ja bestens. Denken Sie nur an den "Donaudampfschiffahrtskapitän". Der entsprechende LOGO-Begriff für das Zusammenziehen ist

WORT — Es werden zwei Eingaben verlangt, die beide ein Wort sind. Sie werden zu einem einzigen Wort zusammengesetzt.

Beispiele:

WORT "KLAVIER "SPIELER
Ergebnis: KLAVIERSPIELER

```
WORT "12 "34
Ergebnis: 1234
```

Bei mehr oder weniger als zwei Eingaben sind runde Klammern notwendig. Dann steht zwischen der letzten Eingabe und der Klammer immer ein Leerzeichen. Achten Sie darauf, denn sonst wird die Klammer von LOGO als Teil des Wortes betrachtet. Eine Fehlermeldung ist im allgemeinen die Folge.

Beispiele:

```
( WORT "SOMMER "NACHTS "TRAUM )
Ergebnis: SOMMERNACHTSTRAUM

( WORT "123 "* "456 )
Ergebnis: 123*456
```

AUFGABE

(1) Erinnern Sie sich noch an die Prozedur SCHICKSAL? Mit Hilfe von WORT können Sie nun auch die Satzzeichen an die passenden Stellen setzen.

LOGO-LISTEN KÖNNEN DATEN ZUSAMMENFASSEN

Den Datentyp LISTE haben wir bereits etwas ausführlicher im vorigen Kapitel besprochen. Eine Liste kann Wörter, die dann übrigens nicht durch ein Anführungszeichen markiert werden, oder auch wiederum Listen enthalten. Listen sind daher besonders nützlich, wenn verschiedene Daten zusammengefaßt werden sollen, wie etwa bei der folgenden Prozedur GEBURTSTAG.

```
PR GEBURTSTAG :NAME :DATUM
   ( DZ :NAME [ HAT AM ] )
   ( DZ :DATUM "GEBURTSTAG. )
```

```
    DZ [ HERZLICHEN GLUECKWUNSCH! ]
ENDE
```

Der Aufruf kann auf zwei Arten erfolgen, denn man kann als zweite Eingabe im Prozedurkopf entweder eine Liste oder ein Wort wählen.

```
GEBURTSTAG [ DOROTHEA MEIER ] "20.9.

GEBURTSTAG [ DOROTHEA MEIER ] [ 20.9. ]
```

In beiden Fällen bekommt man als Ergebnis den Ausdruck

```
DOROTHEA MEIER HAT AM
20.9.GEBURTSTAG.
HERZLICHEN GLUECKWUNSCH!
```

Während man das Datum in dieser abgekürzten Form, wenn man also 20.9. statt 20. September schreibt, auch als Wort eingeben kann, geht das bei einem Namen nicht, wenn er aus einem Vornamen und einem Nachnamen bestehen soll. Die erste Eingabe muß deswegen in jedem Fall eine Liste sein.

Eine Liste wird in eckige Klammern gesetzt, die ihren Anfang bzw. ihr Ende kennzeichnen. Die einzelnen Elemente werden durch Leerzeichen getrennt. Dabei wird mehr als ein Leerzeichen vom System ignoriert. Auch hier kann man mit Hilfe eines Grundwortes prüfen, ob eine Eingabe eine Liste ist oder nicht.

LISTE?	Der Befehl hat eine Eingabe. Die Ausgabe ist WAHR, wenn es sich dabei um eine Liste handelt, und FALSCH, wenn es keine ist. Beispiele: LISTE? [1 UND 2 UND 3 IST 6] Ergebnis: WAHR LISTE? "DASISTDOCHEINWORT Ergebnis: FALSCH

Ebenso können auch, wie Sie es bei den Wörtern schon gesehen haben, mehrere Listen oder Wörter zu einer neuen Liste zusammengefaßt werden. Dafür gibt es das Grundwort

LISTE — Es werden zwei Eingaben erwartet. Jede dieser Eingaben kann eine Liste oder auch ein Wort sein. Sie werden zu einer einzigen Liste zusammengenommen. Bei mehr oder weniger als zwei Eingaben sind auch hier runde Klammern zur Kennzeichnung notwendig. Achten Sie dann ganz besonders auf die Leerstelle vor der hinteren runden Klammer.

Beispiele:

```
LISTE "OMA "OPA
Ergebnis: [ OMA OPA ]

LISTE [ LISTE.1 ] [ LISTE.2 ]
Ergebnis: [ [ LISTE.1 ] [ LISTE.2 ] ]

( LISTE [ SIE ] "ER "ES )
Ergebnis: [ [ SIE ] ER ES ]
```

DAS EINLESEN VON DATEN ALS LISTE IN EINE PROZEDUR

Wenden wir uns dem ersten Teil des Wechselstubenproblems zu. Erinnern Sie sich noch? Es ging um den Geldumtausch. Es sollte zuerst eine Prozedur geschrieben werden, die Eingaben des Benutzers einliest. Der Befehl, der dabei benutzt wird, ist EINGABE. Der Programmablauf wird daraufhin unterbrochen, und man kann eine Eingabe machen, die als Liste interpretiert wird. Diese Prozedur sollte EINGEBEN heißen. Sie soll nach der umzutauschenden Währung fragen, denn diese Angabe verwendet man im Text, der auf dem Bildschirm ausgedruckt wird. Die Prozedur soll außerdem den Tageskurs einlesen und fragen, wieviel Geld man umtauschen möchte. Hier ist nun eine erste Fassung, die später noch leicht ergänzt werden muß. Sie enthält vor allem Zeilen mit dem Kommando DRUCKEZEILE. Der Benutzer soll schließlich darüber informiert werden, welche Eingaben von ihm an einer bestimmten Stelle im Programm erwartet werden. In diesem Problem sind das ja einige Zahlen und Wörter.

```
PR EINGEBEN
   LOESCHESCHIRM
   DRUCKEZEILE [ ]
   DRUCKEZEILE [ ]
   DRUCKEZEILE [ DIESES PROGRAMM RECHNET WAEHRUNGEN UM. ]
   DRUCKEZEILE [ ] DRUCKEZEILE [ ]
   DRUCKEZEILE [ WELCHE WAEHRUNG WOLLEN SIE UMTAUSCHEN? ]
   SETZE "WAEHRUNG EINGABE
   DRUCKEZEILE [ GEBEN SIE DEN TAGESKURS EIN: ]
   SETZE "KURS EINGABE
   DRUCKEZEILE [ WIEVIEL GELD WOLLEN SIE VERKAUFEN? ]
   SETZE "GELD EINGABE
   DRUCKEZEILE [ ]
   DRUCKEZEILE [ ]
ENDE
```

Wenn EINGEBEN aufgerufen und ausgeführt wird, so sind anschließend die drei Variablen WAEHRUNG, KURS und GELD belegt. Ihr Inhalt ist jeweils eine Liste, denn EINGABE liest Listen ein. Dieser Inhalt wird allerdings nicht ein zweites Mal auf dem Bildschirm ausgedruckt, sondern er wird nur abgelegt in einem passenden Speicher. Vergleichen Sie dazu den folgenden Beispielaufruf von EINGEBEN.

```
EINGEBEN

DIESES PROGRAMM RECHNET WAEHRUNGEN UM.


WELCHE WAEHRUNG WOLLEN SIE UMTAUSCHEN?
HOLLAENDISCHE GULDEN
GEBEN SIE DEN TAGESKURS EIN:
0.85
WIEVIEL GELD WOLLEN SIE VERKAUFEN?
220
```

ZAHLEN UND IHRE DARSTELLUNG

Als eine weitere Möglichkeit für das Arbeiten mit Daten in LOGO gibt es die Zahl. Eine Zahl ist das, was man üblicherweise darunter versteht, also etwa

1 2 3 -6 3.5 0.27 8E4 5N3

Die ersten Beispiele dürften Ihnen bekannt sein. Zahlen sind demnach ganze Zahlen sowie positive und negative Dezimalzahlen. Sie dürfen nicht beliebig groß oder klein sein. Insbesondere können Dezimalzahlen nur eine begrenzte Anzahl von Stellen nach dem Komma haben. Die beiden letzten der oben angeführten Beispiele haben eine besondere Form der Darstellung. Es handelt sich hier nicht etwa um andere Zahlentypen, sondern nur um eine andere Schreibweise. "8E4" bedeutet "$8*10^{4}$", also "8*10000" oder "80000". "5N3" ist eine Abkürzung für "$5*10^{-3}$", also für "5*0.001" und somit "0.005". Beachten Sie bitte, daß das Dezimalkomma in LOGO durch einen Dezimalpunkt dargestellt wird. Die Zahl 0,5 muß als 0.5 geschrieben werden.

Wenn Sie es LOGO überlassen wollen, eine Zahl als solche zu erkennen, so geht das mit Hilfe von

ZAHL? Der Befehl hat eine Eingabe. Wenn sie eine Zahl ist, so wird WAHR ausgegeben, wenn nicht, dann ist die Ausgabe FALSCH.

Beispiele:

ZAHL? 12345
Ergebnis: WAHR

ZAHL? 3*9
Ergebnis: WAHR

ZAHL? "1.7
Ergebnis: WAHR

ZAHL? "1,7
Ergebnis:FALSCH

Ist Ihnen klar, warum im letzten Beispiel FALSCH zurückgegeben wird? Zwischen 1 und 7 steht ein Komma und somit handelt es sich hier nicht um eine Zahl. Interessant ist auch noch das zweite Beispiel ZAHL? 3*9. Hier wird WAHR zurückgegeben, da die Multiplikation von 3 und 9 eine Zahl als Ergebnis hat.

AUFGABE

(2) Welches Ergebnis bekommen Sie, wenn Sie WORT? 123 oder WORT? "1,7 eingeben? Versuchen Sie eine Vorhersage und prüfen Sie dann Ihre Vermutung mit Hilfe des Computers.

DIE GRUNDRECHENARTEN IN LOGO

Sie haben bereits im vorigen Abschnitt gesehen, daß man mit LOGO auch rechnen kann. Es gibt die Grundrechenarten, also die Addition, die Subtraktion, die Multiplikation und die Division. Diese Operationen kann man im Gegensatz zu vielen anderen Programmiersprachen direkt ausprobieren und somit LOGO wie einen Taschenrechner gebrauchen. Dabei sind Kommandos wie DRUCKE oder DRUCKEZEILE vor der Rechenanweisung nicht notwendig. Die Zeichen für die Addition (+) und die Subtraktion (-) sind die üblichen. Bei der Multiplikation nimmt man ein Sternchen (*), bei der Division den Schrägstrich (/).

```
3 + 4
Ergebnis: 7

8 - 6
Ergebnis: 2

3 * 3 * 3
Ergebnis: 27

35 / 7
Ergebnis: 5
```

Es gilt die Regel der "Punktrechnung vor Strichrechnung", was bedeutet, daß die Multiplikation und die Division von Zahlen Vorrang haben vor der Addition und der Subtraktion. Ansonsten werden Zahlen in der Reihenfolge ihrer Eingabe abgearbeitet. Runde Klammern dürfen wie gewohnt verwendet werden. Sie können auch geschrieben werden, wenn sie nicht unbedingt notwendig sind, etwa wenn dadurch die Darstellung übersichtlicher wird.

```
( 3 + 4 ) * 5
Ergebnis: 35

3 + 4 * 5
Ergebnis: 23

6 * 7 / 2 + 4
Ergebnis: 25

( 6 * 7 / 2 ) + 4
Ergebnis: 25
```

AUFGABE

(3) In Amerika wird die Temperatur in Grad Fahrenheit gemessen. Null Grad Celsius entsprechen 32 Grad Fahrenheit, 100 Grad Celsius entsprechen 212 Grad Fahrenheit. Schreiben Sie eine Prozedur FAHRENHEIT :CELS.TEMP, die die Umrechnung von Celsius in Fahrenheit erledigt. Denken Sie auch daran, daß gute Prozeduren ein Ergebnis für den Benutzer kommentieren.

OPERATIONEN HABEN EINE WERTRÜCKGABE

Bei den Beispielen zum Rechnen ist Ihnen sicher aufgefallen, daß die Eingabe "3*4" nicht nur einen einfachen Ausdruck von 12 bewirkt, sondern daß dieser Zahl das Wort "Ergebnis:" vorangestellt wird. Das ist ein Unterschied zu einigen Kommandos, die wir bisher kennengelernt haben, wie zum Beispiel DRUCKEZEILE, VORWAERTS oder RECHTS. Diese Befehle haben eine Wirkung, die Multiplikation ist hingegen genau wie die anderen Grundrechenarten eine Operation, die einen Wert ausgibt. Ein solcher Wert kann in anderen Grundwörtern oder Prozeduren weiterverarbeitet werden. Man kann etwa DRUCKEZEILE 3*4 eingeben und LOGO antwortet mit 12.

Was heißt das nun praktisch? Überlegen wir uns das an einem Beispiel. Zur Demonstration dient die folgende Prozedur QUADRIERE. Sie druckt das Quadrat einer Zahl aus. QUADRIERE hat eine Eingabe :ZAHL. Das ist übrigens auch ein wichtiger Unterschied zu anderen Programmiersprachen. In LOGO muß bei Bezeichnungen für Variable nicht beachtet werden, ob es sich um eine Textvariable oder um eine Zahlenvariable handelt. Beide Arten können prinzipiell die gleichen Namen haben. Aber nun zu QUADRIERE:

```
PR QUADRIERE :ZAHL
   DRUCKEZEILE :ZAHL * :ZAHL
ENDE
```

Wenn QUADRIERE 5 aufgerufen wird, so druckt der Rechner die Zahl 25 aus. Ist das alles, was man will, dann ist die Prozedur völlig in Ordnung. Nun ist es oftmals aber so, daß man das Quadrat einer Zahl in einem anderen Zusammenhang benötigt. Vielleicht will man eine weitere Zahl zum Ergebnis addieren. Versuchen Sie es und geben Sie

```
5 + QUADRIERE 5
```

ein. Es kommt die Fehlermeldung "Keine Rueckgabe von QUADRIERE". LOGO ist also nicht fähig, die Ausgabe von QUADRIERE zu verarbeiten. Die Prozedur hat keine Rückgabe, wie es in der Meldung heißt. QUADRIERE macht etwas, nämlich das Ausdrucken der Zahl, und dann müßte eine völlig neue Aufgabe kommen, die mit diesem Ausdrucken logisch nichts zu tun hat.

Grundwörter mit einer Rückgabe haben Sie bereits mehrere kennengelernt. Denken Sie etwa an WORT? oder ZAHL? oder an die Rechenoperationen. Bei diesen Befehlen ist es durchaus möglich, mit dem Ergebnis weiterzuarbeiten. DRUCKZEILE 3*4 ist ein Beispiel dafür. Aber ganz entsprechend kann man auch eigene Prozeduren definieren, sie also mit einer Wertrückgabe ausstatten. Man verwendet dazu

RUECKGABE	RG	Der Befehl hat eine Eingabe. RUECKGABE beendet die laufende Prozedur und gibt die Eingabe als

Wert an die aufrufende Prozedur aus. Die Eingabe kann eine Liste, ein Wort, eine Zahl oder einer der Wahrheitswerte WAHR und FALSCH ein.

Als Beispiel für die Anwendung des Befehls kann man die Prozedur QUADRIERE nehmen. Man ersetzt das Kommando DRUCKEZEILE durch RUECKGABE. Die Eingabe in dieser Zeile bleibt unverändert, also :ZAHL * :ZAHL. Bringen Sie die Prozedur in den Editor und verbessern Sie sie folgendermaßen:

```
PR QUADRIERE :ZAHL
   RUECKGABE :ZAHL * :ZAHL
ENDE
```

Geben Sie nach der Definition wiederum 5 + QUADRIERE 5 ein. Dieses Mal klappt es. Auf dem Bildschirm erscheint 30 als das Ergebnis der Rechnung. In diesem Fall ist es die Operation "+", die von QUADRIERE eine Wertrückgabe braucht. Für die Addition werden zwei Zahlen als Eingabe verlangt. Deshalb wird zunächst QUADRIERE gerufen, um den einen der beiden Werte zu liefern. Vor der eigentlichen Addition muß dieser Term ausgewertet werden. In der alten Form von QUADRIERE konnte hingegen mit der ausgedruckten Zahl nicht weitergearbeitet werden. Sie war ein Zeichen auf dem Bildschirm und nicht mehr.

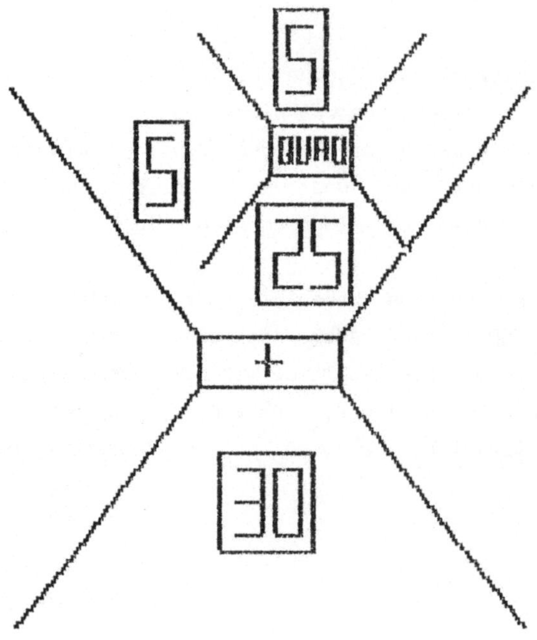

Mit Hilfe von RUECKGABE kann man nun den nächsten Baustein für die Prozedur WECHSELSTUBE entwerfen. Wir wollten ihn UMTAUSCH nennen. UMTAUSCH hat zwei Eingaben, zum einen den Tageskurs und zum anderen die Geldmenge, die umgetauscht werden soll. UMTAUSCH hat als Ausgabe das Produkt dieser Zahlen.

```
PR UMTAUSCH :KURS :GELD
   RUECKGABE :KURS * :GELD
ENDE
```

Testen Sie den Baustein UMTAUSCH. Er funktioniert, aber es gibt da noch einen Schönheitsfehler, den Sie beim zweiten der folgenden Beipielaufrufe der Prozedur sehen können.

```
UMTAUSCH 0.85 100
Ergebnis: 85

UMTAUSCH 0.85 100.12
Ergebnis: 85.102
```

Bei Eingabe von zwei Dezimalzahlen mit einer entsprechenden Anzahl von Nachkommastellen kann die Ausgabe eine Zahl mit mehr als zwei Stellen hinter dem Komma sein. Es wäre also gut, wenn ein solcher Wert aufgerundet oder abgerundet werden könnte. Auch dafür stellt LOGO ein Grundwort bereit.

RUNDE — Der Befehl hat eine Zahleneingabe. Die Ausgabe ist die auf die Einerstelle gerundete Zahl.

Beispiele:

```
RUNDE 3.5
Ergebnis: 4

RUNDE 12.2
Ergebnis: 12

RUNDE ( - 8.7 )
Ergebnis: 9
```

RUNDE dient als Grundbaustein für eine Prozedur RUNDE.GELD, die eine Zahl auf zwei Kommastellen genau ausgibt. Dabei wird ein einfacher Trick benutzt. Man multipliziert zunächst die Zahl mit 100, rundet die so entstandene Zahl mit Hilfe des Grundworts RUNDE und dividiert anschließend wieder durch 100.

```
PR RUNDE.GELD :BETRAG
   RG ( RUNDE 100 * :BETRAG ) / 100
ENDE
```

So würde der Aufruf von RUNDE.GELD 2.3435 folgendes bewirken:

(1) 2.3435 wird mit 100 multipliziert. Das Ergebnis ist 234.35;

(2) RUNDE 234.35 wird ausgeführt. Da die erste Ziffer nach dem Komma kleiner als 5 ist, wird abgerundet. Das Ergebnis ist 234;

(3) 234 wird durch 100 geteilt, die Zahl 2.34 wird zurückgegeben.

AUFGABE

(4) Schreiben Sie eine Prozedur MWST, die einen Geldbetrag als Eingabe hat und diesen Betrag einschließlich der Mehrwertsteuer ausgibt. Verwenden Sie dabei das Grundwort RUECKGABE.

ZAHLEN EINLESEN IN LOGO-PROZEDUREN

Die Prozedur EINGEBEN, die weiter vorne definiert wurde, benutzt mehrmals den Befehl EINGABE. Einmal wird ein Wort oder eine Liste eingelesen, nämlich der Name der ausländischen Währung, die der Benutzer umtauschen will. Ansonsten sind es Zahlen, zum einen der Tageskurs und zum anderen der Geldbetrag. Lassen Sie die Prozedur einmal zur Probe laufen. Dann sind unter den Namen WAEHRUNG, KURS und GELD Werte abgelegt, die man sich im Direktmodus ausdrucken lassen kann.

```
DRUCKEZEILE :WAEHRUNG
DRUCKEZEILE :KURS
DRUCKEZEILE :GELD
```

Sie sehen, daß es hierbei noch keine Schwierigkeiten gibt. Sie treten allerdings auf, wenn man versucht mit :KURS und :GELD wie mit normalen Zahlen zu rechnen. Probieren Sie es aus und geben Sie DRUCKEZEILE :KURS * :GELD ein. Warum kommt dann eine Fehlermeldung? Nun, Sie erinnern sich sicher, daß auf den Befehl EINGABE hin eine Liste eingelesen wird. Mit Listen kann man aber nicht rechnen, höchstens mit ihren Elementen. Man braucht also eine Zugriffsmöglichkeit auf die in der Liste enthaltene Zahl. Sie muß herausgenommen werden, damit man mit ihr in einer Rechnung etwas anfangen kann. Einen solchen Zugriff ermöglichen zwei Grundwörter.

ERSTES ER Der Befehl hat eine Liste oder ein Wort als Eingabe. Es wird das erste Element der Liste oder das erste Zeichen des Wortes ausgegeben.

Beispiele:

ERSTES [MUTTER'VATER KIND]
Ergebnis: MUTTER

ERSTES [12]
Ergebnis: 12

ERSTES "AUSTRALIEN
Ergebnis: A

LETZTES LZ Auch hier ist die Eingabe eine Liste oder ein Wort. Das letzte Element bzw. der letzte Buchstabe wird ausgegeben.

Beispiele:

LETZTES [DAS IST DER SCHLUSS]
Ergebnis: SCHLUSS

```
LETZTES "NEUSEELAND
Ergebnis: D
```

Liest man mit EINGABE eine Zahl ein, dann muß also beim weiteren Arbeiten mit ihr jeweils das erste Element der Eingabeliste aufgerufen werden. Wir schreiben diesen Zugriff auf die Liste gleich als eine Prozedur, da die Eingabe von Zahlen immer wieder in vielen Programmen gebraucht wird.

```
PR LIESZAHL
   RUECKGABE ERSTES EINGABE
ENDE
```

Der Baustein LIESZAHL macht also mehrere Dinge, die in einer einzigen Prozedurzeile formuliert werden. Er wartet zunächst auf eine Eingabe des Benutzers. Das geschieht mit dem Grundwort EINGABE. Diese Eingabe ist eine Liste, deren erstes Element durch ERSTES herausgenommen wird. RUECKGABE sorgt dann dafür, daß das Element an eine aufrufende Prozedur zurückgegeben wird und dort weiterverarbeitet werden kann. Die Arbeitsweise von LOGO in dieser Prozedur kann in etwas lockerer Formulierung so beschrieben werden:

LOGO sieht RUECKGABE und fragt
 WAS soll zurückgegeben werden?
 Die Antwort ist ERSTES EINGABE.
 LOGO sieht ERSTES und fragt
  WOVON soll das erste Element genommen werden?
  Die Antwort ist EINGABE.
  Also wird zunächst EINGABE ausgeführt.
  Das Ergebnis ist eine Liste.
 DANN wird das erste Element der Liste bestimmt.
ZUM SCHLUSS wird dieses erste Element zurückgegeben.

WECHSELSTUBE - EIN INTERAKTIVES PROGRAMM

So, nun wird es Zeit, das Wechselstuben-Problem abzuschließen. Dazu müssen nur ein paar kleine Korrekturen an der Prozedur EINGEBEN vorgenommen werden. Man verwendet gleich hier den Baustein LIESZAHL, legt also in den entsprechenden Speichern Zahlen und keine Listen ab.

```
PR EINGEBEN
   LOESCHESCHIRM
   DRUCKEZEILE [ ]
   DRUCKEZEILE [ ]
   DRUCKEZEILE [ DIESES PROGRAMM RECHNET WAEHRUNGEN UM. ]
   DRUCKEZEILE [ ]
   DRUCKEZEILE [ ]
   DRUCKEZEILE [ WELCHE WAEHRUNG WOLLEN SIE UMTAUSCHEN? ]
   SETZE "WAEHRUNG EINGABE
   DRUCKEZEILE [ GEBEN SIE DEN TAGESKURS EIN: ]
   SETZE "KURS LIESZAHL
   DRUCKEZEILE [ WIEVIEL GELD WOLLEN SIE VERKAUFEN? ]
   SETZE "GELD LIESZAHL
   DRUCKEZEILE [ ]
   DRUCKEZEILE [ ]
ENDE
```

Für die Ausgabe haben wir die beiden wichtigen Prozeduren schon definiert. Man belegt hier noch eine Variable AUSZAHLUNG, die den DM-Betrag aufnehmen soll. Das macht die letzte Zeile kürzer und das Programm übersichtlicher.

```
PR AUSGEBEN
   SETZE "AUSZAHLUNG UMTAUSCH :KURS :GELD
   ( DRUCKEZEILE [ SIE BEKOMMEN FUER ] :GELD :WAEHRUNG )
   ( DRUCKEZEILE RUNDE.GELD :AUSZAHLUNG "DM. )
ENDE
```

Das Programm WECHSELSTUBE wird nun aus diesen beiden Prozeduren zusammengesetzt und ist dann ganz kurz. Es besteht nur aus zwei Zeilen, da alle nötigen Funktionen in EINGEBEN und AUSGEBEN untergebracht sind.

```
PR WECHSELSTUBE
   EINGEBEN
   AUSGEBEN
ENDE
```

Ein vollständiger Probelauf der Prozedur WECHSELSTUBE könnte folgendermaßen aussehen.

```
WECHSELSTUBE

DIESES PROGRAMM RECHNET WAEHRUNGEN UM.


WELCHE WAEHRUNG WOLLEN SIE UMTAUSCHEN?
SCHILLING
GEBEN SIE DEN TAGESKURS EIN:
0.14
WIEVIEL GELD WOLLEN SIE VERKAUFEN?
300


SIE BEKOMMEN FUER 300 SCHILLING
42 DM.
```

AUFGABE

(5) Bei Währungen wie der italienischen Lira bezieht sich der Tageskurs auf 1000 Einheiten. Schreiben Sie die Prozedur WECHSELSTUBE so um, daß der Benutzer gefragt wird, auf wie viele Einheiten sich der Kurs bezieht. Dies soll dann in der Ausgabe berücksichtigt werden.

LÖSUNG DER AUFGABEN

(1)
```
PR SCHICKSAL :NAME1 :NAME2 :NAME3
    ( DZ :NAME1 "LIEBT WORT :NAME2 ". )
    ( DZ :NAME2 [ ERWIDERT DIE LIEBE NICHT. ] )
    ( DZ :NAME2 [ SCHWAERMT FUER ] WORT :NAME3 ". )
    ( DZ [ KEIN WUNDER, DASS ] :NAME1 :NAME3 [ NICHT MAG. ] )
ENDE
```

(2) Die Eingabe von WORT? 123 ergibt die Rückgabe WAHR. Auch eine Zahl ist ein Wort. Mit Zahlen kann man noch zusätzliche Dinge machen, rechnen zum Beispiel (wer hätte das gedacht?). Auch WORT? "1,7 hat als Ergebnis WAHR. Zwar haben wir es hier nicht mit einer Zahl im Sinne von LOGO zu

tun. Es handelt sich ganz einfach um eine gültige Aneinanderreihung von Zeichen und das ist dann natürlich nichts anderes als ein Wort.

(3) Wenn zwischen zwei Temperaturen ein Unterschied von 100 Grad Celsius besteht, so entspricht das einem Unterschied von 212-32 = 180 Grad Fahrenheit. Also bedeutet eine Differenz von einem Grad Celsius eine Differenz von 180/100 = 9/5 Grad Fahrenheit. Mit dieser Zahl wird also multipliziert und dann müssen noch 32 Grad (der Unterschied zwischen den beiden Gefrierpunkten) addiert werden. Die Lösung der Aufgabe sieht damit folgendermaßen aus:

```
PR FAHRENHEIT :CELS.TEMP
   ( DZ :CELS.TEMP [ GRAD CELSIUS SIND ] )
   ( DZ ( 32 + :CELS.TEMP * 9/5 ) [ GRAD FAHRENHEIT. ] )
ENDE
```

(4) Eine einfache Version von MWST ist

```
PR MWST :BETRAG
   RUECKGABE 1.14 * :BETRAG
ENDE
```

Diese Version hat allerdings den Nachteil, daß auch Zahlen mit mehr als zwei Stellen hinter dem Komma ausgegeben werden könnten. Besser wird es, wenn wir auch hier RUNDE.GELD anwenden.

```
PR MWST :BETRAG
   RUECKGABE RUNDE.GELD 1.14 * :BETRAG
ENDE
```

(5) Wenn sich der Tageskurs auf eine bestimmt Einheit bezieht, so muß diese auch vom Benutzer abgefragt werden. Es ergibt sich also eine erste Änderung in der Prozedur EINGEBEN. Sie wird um drei Zeilen erweitert und bekommt dann auch gleich einen neuen Namen.

```
PR EINGEBEN.2
   LOESCHESCHIRM DRUCKEZEILE [ ] DRUCKEZEILE [ ]
   DRUCKEZEILE [ DIESES PROGRAMM RECHNET WAEHRUNGEN UM. ]
```

```
   DRUCKEZEILE [ ] DRUCKEZEILE [ ]
   DRUCKEZEILE [ WELCHE WAEHRUNG WOLLEN SIE UMTAUSCHEN? ]
   SETZE "WAEHRUNG EINGABE
   DRUCKEZEILE [ GEBEN SIE DEN TAGESKURS EIN: ]
   SETZE "KURS LIESZAHL
   DRUCKEZEILE [ AUF WIEVIEL EINHEITEN BEZIEHT ]
   DRUCKEZEILE [ SICH DIESER KURS? ]
   SETZE "EINHEIT LIESZAHL
   DRUCKEZEILE [ WIEVIEL GELD WOLLEN SIE VERKAUFEN? ]
   SETZE "GELD LIESZAHL
   DRUCKEZEILE [ ] DRUCKEZEILE [ ]
ENDE
```

Auch AUSGEBEN muß dann entsprechend geändert werden, denn UMTAUSCH muß nun mit den beiden Eingaben :KURS/:EINHEIT und :GELD aufgerufen werden.

```
PR AUSGEBEN.2
   SETZE "AUSZAHLUNG UMTAUSCH :KURS / :EINHEIT :GELD
   ( DRUCKEZEILE [ SIE BEKOMMEN FUER ] :GELD :WAEHRUNG )
   ( DRUCKEZEILE RUNDE.GELD :AUSZAHLUNG "DM. )
ENDE
```

Damit es nicht zu Verwechslungen kommt, erhält auch noch die Hauptprozedur einen neuen Namen. Prinzipiell ändert sie sich nicht.

```
PR GELDUMTAUSCH
   EINGEBEN.2
   AUSGEBEN.2
ENDE
```

6 Wie die Orgelpfeifen

REKURSIVE STRUKTUREN IN LOGO

Rekursion im Alltag. Erste rekursive LOGO-Prozeduren. Abbruchbedingungen in Prozeduren. Rekursive Aufrufe am Ende oder in der Mitte einer LOGO-Prozedur.

LOGO-Grundwörter: PAUSE, WEITER (WT), PROTOKOLLEIN (PE), PROTOKOLLAUS (PA), WENN .... DANN .... SONST, AUSSTIEG, RUECKKEHR (RK), BLINKER, ZEICHEN, ASC, OHNELETZTES (OL), OHNEERSTES (OE).

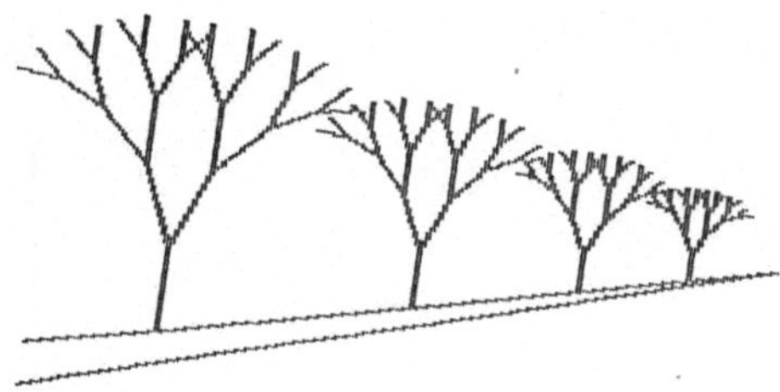

REKURSION IM ALLTAG

Kennen Sie "Matrioschka" die russische Holzpuppe? Man kann sie öffnen und findet in ihrem Inneren eine ähnliche Puppe, die ein bißchen kleiner ist als die erste. Auch diese kleinere Puppe kann auseinander genommen werden. Darin ist eine weitere Puppe, die ähnlich aussieht wie die erste und die zweite, die aber noch einmal ein Stückchen kleiner ist. Und diese? Nun, auch sie enthält meist eine kleinere Kopie von sich selbst. Es gibt Ausführungen, bei denen fünf oder sechs dieser Puppen ineinander verschachtelt sind.

Hinter "Matrioschka" versteckt sich ein mathematisches Prinzip, das auch in der Informatik eine wichtige Rolle spielt. Es ist das Prinzip der Rekursion, mit dem wir uns in diesem Kapitel beschäftigen wollen. Wir werden LOGO-Prozeduren entwerfen, die nach diesem Prinzip aufgebaut sind. Man spricht von einer rekursiven Prozedur, wenn sich diese während ihres Ablaufes selbst aufruft, oder, anders ausgedrückt, wenn die Prozedurdefinition sich selbst als einen Baustein enthält. Da rekursive Prozeduren in LOGO eine ganz wichtige Rolle spielen, sollen sie sehr ausführlich behandelt werden.

Es gibt auch in diesem Kapitel wieder eine Aufgabe, die gelöst werden soll. Dieses Mal geht es dabei um ein Beispiel, das die Igel-Graphik benutzt. Das folgende verschachtelte "i" (wie "Informatik") soll auf dem Bildschirm erscheinen.

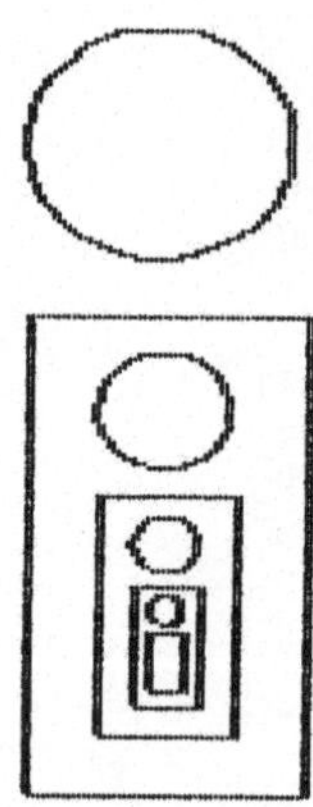

EINE PROZEDUR RUFT SICH SELBST AUF

Es ist sicher am besten, wenn wir zunächst ein einfaches Beispiel für eine rekursive Prozedur genauer betrachten. Geben Sie dazu den Baustein

```
PR SPIRALE :LAENGE
   VORWAERTS :LAENGE RECHTS 120
   SPIRALE :LAENGE + 5
ENDE
```

in den Rechner ein. Rufen Sie dann SPIRALE 10 auf und beobachten Sie, wie auf dem Bildschirm eine Dreiecksspirale entsteht. SPIRALE 10 zeichnet einen Strich der Länge 10, dreht den Igel um 120 Grad im Uhrzeigersinn und ruft SPIRALE 15. Diese Prozedur zeichnet einen Strich der Länge 15, dreht den Igel um 120 Grad und ruft SPIRALE 20. Entsprechend geht es weiter. Immer neue Kopien der Prozedur SPIRALE werden aufgerufen, wobei sich der Eingabeparameter mit jedem Aufruf um 5 erhöht. Beachten Sie bitte, daß es sich hier nicht um eine einfache Wiederholung handelt. Die Prozedur SPIRALE 10 ist nach den ersten beiden Befehlen nicht etwa beendet. Sie braucht SPIRALE 15, um ihre Arbeit ganz erledigen zu können. SPIRALE 15 hat für SPIRALE 10 eine Helferfunktion. SPIRALE 15 benötigt wiederum SPIRALE 20, so daß auch SPIRALE 20 ein indirekter Helfer von SPIRALE 10 ist.

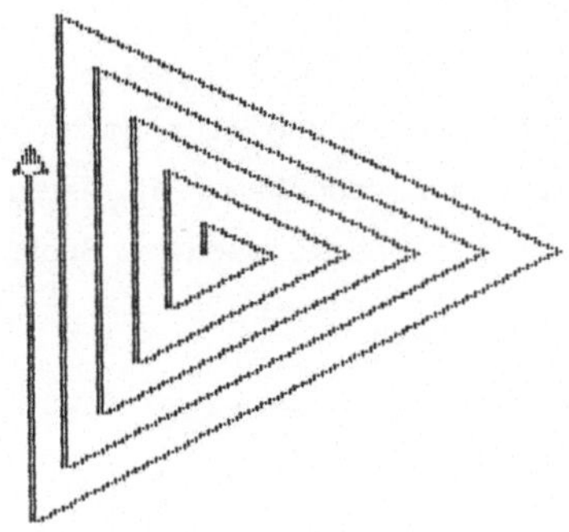

Falls die Prozedur auf Ihrem Rechner immer noch läuft, ist die anfängliche Dreieicksspirale wohl kaum noch zu erkennen. Sie können den Ablauf durch das Drücken der Tastenkombination CTRL-G abbrechen oder aber mit CTRL-Z unterbrechen. Bei der zweiten Möglichkeit geht es weiter mit

WEITER	WT	Das Kommando wird im Direktmodus eingegeben. Es setzt den Ablauf einer Prozedur fort, die unterbrochen wurde mit CTRL-Z oder aber mit dem LOGO-Befehl
PAUSE		Das Kommando kann in der Definition einer Prozedur verwendet werden. Es hat die gleiche Wirkung wie CTRL-Z und unterbricht den Ablauf der Prozedur. In einer solchen Pause kann man andere Befehle eingeben, also etwa 276*1811 ausrechnen. Auch nach PAUSE wird der Ablauf der wartenden Prozedur mit WEITER fortgesetzt.

Genauso unterbricht die Tastenkombination CTRL-W eine laufende Prozedur. In diesem Fall geht es allerdings sofort weiter, wenn Sie irgendeine beliebige Taste drücken. CTRL-W können Sie also zum Beispiel benutzen, wenn Sie einen Teil einer Zeichnung in Ruhe betrachten wollen oder wenn vielleicht einmal in einem spannenden Moment während des Ablaufs das Telefon klingeln sollte, nicht aber, wenn Sie in der Pause andere Befehle eingeben möchten.

EIN "i" AUF DEM BILDSCHIRM

Betrachten Sie die folgende Zeichnung, für deren Realisierung auf dem Bildschirm eine Prozedur mit dem kurzen Namen I geschrieben werden soll. Dieses "i" ist der Grundbaustein für das komplexere Problem, das zu Beginn des Kapitels formuliert wurde.

Das "i" ist aus zwei Bausteinen zusammengesetzt, die Ihnen bereits bekannt sind. Es sind die Prozeduren RECHTECK und KREIS, die schon im dritten Kapitel besprochen wurden.

```
PR RECHTECK :LAENGE :BREITE
   WIEDERHOLE 2 [ VORWAERTS :LAENGE RECHTS 90 VORWAERTS
                                    :BREITE RECHTS 90 ]
ENDE

PR KREIS :GROESSE
   WIEDERHOLE 36 [ VORWAERTS :GROESSE RECHTS 10 ]
ENDE
```

Man bringt zuerst ein Rechteck auf den Bildschirm. Dann wird, unter anderem auch mit Hilfe von STIFTHOCH und STIFTAB, der Igel in die passende Position geschickt, um darüber einen Kreis zu zeichnen. Wir ergänzen die zu definierende Prozedur noch um den Befehl VERSTECKIGEL. Wenn der Igel nicht zu sehen ist, beschleunigt das die Geschwindigkeit, mit der gezeichnet wird.

Praktisch ist es auch, wenn man bestimmen kann, an welcher Stelle des Monitors der Igel mit seiner Zeichnung beginnen soll. Die nun folgende Prozedur I hat darum drei Eingaben. Die erste bestimmt die Größe des Buchstabens "i", die zweite und dritte geben den Ausgangspunkt für die Zeichnung auf dem Bildschirm an. Erinnern Sie sich noch an die Prozedur POS, die wir im dritten Kapitel definiert haben? Sie kann hier wieder verwendet werden, um den Igel an jedem gewünschten Punkt zu schicken. Er hinterläßt dabei keine Spur.

```
PR POS :X :Y
   STIFTHOCH
   MITTE
   AUFXY :X :Y
   STIFTAB
ENDE

PR I :GROESSE :XPOS :YPOS
   VERSTECKIGEL
   POS :XPOS :YPOS
   RECHTECK :GROESSE :GROESSE / 2
   POS ( :XPOS + :GROESSE/4 ) ( :YPOS + 9*:GROESSE/8 )
   LINKS 90
   KREIS :GROESSE / 24
ENDE
```

Die Werte in der vierten Zeile ergeben sich aus recht einfachen Überlegungen. Stellen Sie sich dazu erst einmal vor, daß der Igel mit dem Zeichnen im Punkt (0/0) beginnt und das Rechteck auf dem Bildschirm ist. Der Kreis über diesem Rechteck soll natürlich in der Mitte sein, man muß deshalb die x-Koordinate des Anfangspunktes entsprechend wählen. Da die Breite des Rechtecks :GROESSE/2 ist, liegt die Mitte bei :GROESSE/4. Die Länge des Rechtecks ist durch :GROESSE bestimmt, man muß also die y-Koordinate für den Beginn der Kreis-Zeichnung ein wenig höher wählen. Der hier gewählte Wert (9/8 * :GROESSE) ist gerade ein kleines bißchen mehr als :GROESSE.

Zu diesen beiden Werten müssen dann noch die Koordinatenwerte der Ausgangsposition addiert werden, wenn man nicht im Punkt MITTE beginnen will.

WAS MACHT EIN REKURSIVER AUFRUF?

Wir wollen nun zunächst einen Teil dieses Buchstaben "i" als Ausgangspunkt für eine komplexere Zeichnung nehmen. Dieser Teil ist das Rechteck. Ähnlich wie bei der "Matrioschka" sollen dabei die einzelnen Bilder ineinander verschachtelt werden, also jedes Rechteck eine kleinere Kopie von sich selbst enthalten.

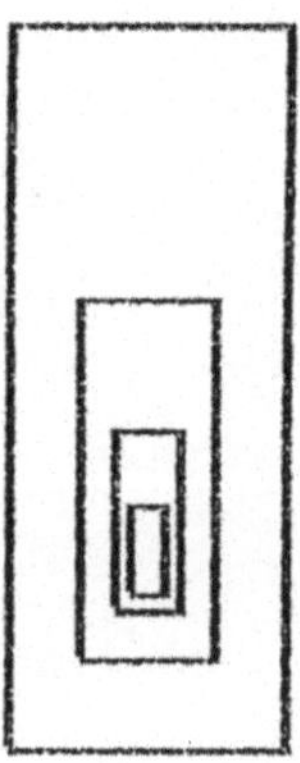

Wie kann man eine solche Prozedur in LOGO realisieren? Nun, hier hilft uns die Möglichkeit, daß eine LOGO-Prozedur sich selbst als Baustein enthalten kann. Wir werden, genau wie bei der SPIRALE, die Prozedur RECHTECK so ändern, daß erst ein Rechteck in einer bestimmten Größe gezeichnet wird und es dann eine Kopie von sich selbst aufruft. Diese Kopie soll allerdings eine kleinere Eingabe für die Variablen :LAENGE und :BREITE haben und entsprechend auch andere Werte für die Ausgangsposition der Igelzeichnung bekommen.

Eine Prozedur, die das Bild auf den Monitor bringt, soll RECHT.REK heißen (als Abkürzung für RECHTECK.MIT.REKURSIVEM.AUFRUF) und auch gleich mit drei Eingaben definiert werden. Die erste ist :XPOS, die die x-Koordinate des Anfangspunktes bestimmt. Die zweite Eingabe heißt :YPOS und gibt die y-Koordinate an. Die dritte ist schließlich :GROESSE und beschreibt die Länge einer Seite. Die ersten Zeilen von RECHT.REK sehen genauso aus wie die ersten Zeilen von I. Beachten Sie aber die letzte Zeile.

```
PR RECHT.REK :XPOS :YPOS :GROESSE
   POS :XPOS :YPOS
   RECHTECK :GROESSE :GROESSE/2
   RECHT.REK ( :XPOS + :GROESSE/8 ) ( :YPOS + :GROESSE/8 ) :GROESSE/2
ENDE
```

In der letzten Zeile der Prozedur wird diese selbst noch einmal aufgerufen. Die Eingaben werden dabei geändert. Das nächste Rechteck soll nur noch jeweils die halbe Seitenlänge haben. Außerdem soll es im Inneren des vorher gezeichneten Rechtecks an geeigneter Stelle plaziert werden. Da die Breite des Rechtecks :GROESSE/2 ist, bleibt an jeder Seite ein Stück der Breite :GROESSE/8 frei. Die y-Koordinate wird auch nur um dieses kleine Stück verschoben, denn später soll ja darüber noch der i-Punkt kommen.

So ähnlich kann man nun auch mit der Prozedur I verfahren. Gehen Sie also mit EDIT I in den Editor und ergänzen Sie die bereits definierte Prozedur. Die letzte Zeile soll den rekursiven Selbstaufruf enthalten.

```
PR I :GROESSE :XPOS :YPOS
   VERSTECKIGEL
   POS :XPOS :YPOS
   RECHTECK :GROESSE :GROESSE / 2
   POS ( :XPOS + :GROESSE/4 ) ( :YPOS + 9*:GROESSE/8 )
   LINKS 90
   KREIS :GROESSE / 24
   I ( :GROESSE/2 ) ( :XPOS + :GROESSE/8 ) ( :YPOS + :GROESSE/8 )
ENDE
```

Geben Sie anschließend I 80 0 0 ein und beobachten Sie, was passiert. Die erweiterte Prozedur I setzt den Igel in seine Position in der Mitte, bringt ein "i" mit dem Eingabeparameter 80 auf den Bildschirm, ruft dann I 40 5 5 und führt die zugehörige Zeichnung aus. I 40 5 5 ruft wiederum I mit der Eingabe 20 und entsprechend anderen Koordinaten auf. Genauso geht es dann weiter. Jede Prozedur I ruft eine Kopie von I auf, allerdings mit jeweils halbierter Größe und geänderten Werten für den Anfangspunkt. Diese neuen Eingaben beeinflussen die Größe des Rechtecks, die Größe des Kreises und natürlich auch die Position dieser beiden Teile im Bild.

NOTBREMSE UND KONTROLLIERTER ABBRUCH EINER PROZEDUR

Die Prozedur I bricht in der eben definierten Version nicht ab. Sie können den Ablauf nur mit CTRL-G beenden. Man kann aber auch eine Abbruchbedingung bereits in die Definition einbauen. Die Grundidee dabei ist, daß in jedem neuen Aufruf geprüft wird, welchen Wert die Variable :GROESSE hat. Wenn dieser Wert hinreichend klein geworden ist, kann man ohnehin kein einzelnes "i" mehr erkennen. Also soll die weitere Ausführung der Prozedur dann gestoppt werden. Diese Bedingung steht am besten gleich in der ersten Zeile. Auf jeden Fall muß sie aber vor dem Aufruf von RECHTECK in die Prozedurdefinition eingefügt werden. Eine solche Bedingung ist natürlich nur sinnvoll, wenn vor dem Zeichnen des RECHTECKS seine Größe geprüft wird.

Sie haben bereits das Grundwort PRUEFE kennengelernt, das man zusammen mit WENNWAHR und WENNFALSCH für eine solche Aufgabe verwenden kann. Selbstverständlich könnten wir mit diesen Befehlen hier arbeiten.

```
PRUEFE :GROESSE < 10
   WENNWAHR    ...
   WENNFALSCH  ...
```

Die Punkte ... stehen für Anweisungen, die wir uns noch genauer überlegen müssen. Es gibt aber noch eine zweite Möglichkeit für die Formulierung der Abbruchbedingung, die zum einen etwas kürzer ist und Ihnen zum anderen von der deutschen Sprache her vertraut ist. Das folgende Ablaufschema, das in Bezug auf unser spezielles Problem formuliert ist, steckt dahinter:

```
WENN :GROESSE klein genug ist
     DANN wird die Ausführung abgebrochen
     SONST wird in der nächsten Zeile weitergemacht.
```

Die hier wesentlichen Begriffe WENN, DANN und SONST sind genauso als Grundwörter in LOGO verfügbar.

WENN — Der Befehl hat eine Bedingung als Eingabe. Er wird in Zusammenhang mit DANN, gegebenenfalls auch mit SONST benutzt. Fehlt SONST, so wird in der folgenden Zeile weitergearbeitet, wenn die Bedingung nicht die Ausgabe WAHR hat.

DANN — Der Befehl hat eine Handlung als Eingabe. Sie wird abgearbeitet, wenn die auf WENN folgende Bedingung die Ausgabe WAHR ergibt. Die Verwendung des Grundwortes DANN nach WENN ist nicht unbedingt notwendig. So hat zum Beispiel die Befehlszeile WENN :ZAHL = 0 DRUCKEZEILE "NULL die gleiche Wirkung wie WENN :ZAHL = 0 DANN DRUCKEZEILE "NULL.

SONST — Der Befehl hat eine Handlung als Eingabe, die abgearbeitet wird, falls die Bedingung nach WENN die Ausgabe FALSCH hat.

Beispiel:

```
PR GRUESSEN :ZEIT
   WENN :ZEIT > 12 DANN DZ [ GUTEN TAG ]
                SONST DZ [ GUTEN MORGEN ]
ENDE
```

Die Prozedur GRUESSEN besteht nur aus einer einzelnen Zeile. Sie wurde hier wegen des mangelnden Platzes auf zwei Zeilen verteilt. Zwischen [GUTEN TAG] und SONST darf kein RETURN stehen.

Als Problem bleibt allerdings noch, den eigentlichen Befehl zum Abbruch der Prozedur in LOGO zu formulieren. Bisher haben wir uns nur darüber Gedanken gemacht, zu welchem Zeitpunkt das sein soll. Die Frage, wie es gemacht wird, ist ungeklärt. Man braucht dazu ein Grundwort, das eine Prozedurausführung unterbricht. Es gibt hier verschiedene Möglichkeiten. Eine davon, nämlich den Befehl RUECKGABE, haben Sie bereits kennengelernt. RUECKGABE beendet unter anderem den Ablauf einer Prozedur. Dabei wird allerdings ein Wert zurückgegeben, was bei unseren Igelzeichnungen nicht gegeben ist. Man kann in diesem Fall aber zwei andere Befehle benutzen.

AUSSTIEG		Das Kommando bricht den Ablauf einer Prozedur ab und auch den Ablauf aller Prozeduren, die vorher aufgerufen haben.
RUECKKEHR	RK	Das Kommando bricht die laufende Prozedur ab und gibt die Kontrolle wieder an die aufrufende Prozedur.

Beide Grundwörter haben recht aussagekräftige Namen in der englischen Originalversion von LOGO. AUSSTIEG heißt dort TOPLEVEL. Der Name deutet an, daß die Kontrolle an die höchste Ebene zurückgegeben wird. Man ist also wieder im Direktmodus, in dem man ja ursprünglich die jeweilige Prozedur aufgerufen hatte. Das englische Wort für RUECKKEHR ist STOP. In diesem Wort steckt stärker der Aspekt, daß die Ausführung einer Prozedur abgebrochen wird. Es suggeriert allerdings auch eher, daß wirklich alle laufenden Aktivitäten unterbrochen werden. Das ist nicht der Fall. Bei verschachtelten Prozeduren bedeutet RUECKKEHR die Rückkehr zur aufrufenden Prozedur.

Wir formulieren die Abbruchbedingung in der Prozedur I mit Hilfe von WENN, DANN und RUECKKEHR. In die erste Zeile der Prozedur I schreiben wir also: WENN :GROESSE < 10 DANN RUECKKEHR. Das Grundwort SONST wird hier nicht gebraucht, da ohnehin in der folgenden Zeile weitergearbeitet wird, wenn die Abbruchbedingung nicht erfüllt ist. Im Grunde müßte man noch nicht einmal das Wort DANN schreiben. Probieren Sie es aus!

```
PR I :GROESSE :XPOS :YPOS
   WENN :GROESSE < 10 DANN RUECKKEHR
   VERSTECKIGEL
   POS :XPOS :YPOS
   RECHTECK :GROESSE :GROESSE / 2
   POS ( :XPOS + :GROESSE/4 ) ( :YPOS + 9*:GROESSE/8 )
   LINKS 90 KREIS :GROESSE / 24
   I ( :GROESSE/2 ) ( :XPOS + :GROESSE/8 ) ( :YPOS + :GROESSE/8 )
ENDE
```

Ein gutes Ergebnis bekommt man mit dem Aufruf von I 80 (-50) (-50) auf den Bildschirm. Übrigens könnten Sie in der ersten Zeile genauso AUSSTIEG statt RUECKKEHR verwenden. Der Effekt auf dem Bildschirm ist in beiden Fällen der gleiche.

AUFGABE

(1) Schreiben Sie eine Prozedur ORGELPFEIFEN, die die folgende Zeichnung auf dem Bildschirm erzeugt.

Die Lösung finden Sie, wie gewohnt, am Ende des Kapitels. Dort bekommen Sie auch einen Hinweis, wie Sie diese und natürlich auch andere Igel-Zeichnungen mit Hilfe eines geeigneten Matrixdruckers ausdrucken lassen können.

EINE REKURSIVE BEGRÜßUNG

Das Problem dieses Kapitels ist gelöst und trotzdem sehen Sie nicht gleich auf der nächsten Seite den Beginn eines neuen Kapitels. Das liegt, wie schon einmal gesagt, an der besonderen Bedeutung, die rekursive Prozeduren in der Sprache LOGO haben. Schauen Sie sich also noch ein paar Beispiele an, die Ihnen unter anderem auch zeigen werden, daß dieses Prinzip durchaus nicht auf Anwendungen in der Igel-Graphik beschränkt ist.

In rekursiven Prozeduren kann man nicht nur Zahlenwerte mit jedem Aufruf verändern, sondern man kann ähnliches auch mit Listen und Wörtern machen. Wir wollen ein Beispiel für eine solche Prozedur betrachten, bei dem mit einer Worteingabe gearbeitet wird. Die Prozedur heißt ABBAU, und ABBAU "HALLO bringt die folgenden Zeilen auf den Monitor.

```
HALLO
HALL
HAL
HA
H
```

Formulieren wir den Plan für die Lösung des Problems zunächst einmal in natürlicher Sprache: Man schreibt das Wort HALLO, streicht den letzten Buchstaben, schreibt das neue Wort HALL, streicht den letzten Buchstaben, schreibt HAL, verfährt mit diesem Wort genauso, und macht das so lange, bis kein Buchstabe mehr vorhanden ist. Etwas formaler sieht der Plan so aus:

```
Baustein ABBAU (Wort)

GIB ein Wort ein.
SOLANGE noch Buchstaben vorhanden sind, mache folgendes:
    SCHREIBE das Wort.
    STREICHE den letzten Buchstaben und erzeuge so ein neues Wort als
      Eingabe zu ABBAU.
```

Für das Streichen des letzten Buchstabens in einem Wort oder des letzten Elements in einer Liste gibt es eine passende LOGO-Operation, nämlich das Grundwort OHNELETZTES.

OHNELETZTES	OL	Der Befehl hat als Eingabe ein Wort oder eine Liste. Es wird das Wort bzw. die Liste ohne das letzte Element ausgegeben.

Beispiele:

OHNELETZTES "SPINNEN
Ergebnis: SPINNE

OHNELETZTES [TOM DOOLEY]
Ergebnis: [TOM]

Ganz entsprechend gibt es auch einen Befehl, der dasselbe mit dem ersten Buchstaben eines Wortes oder dem ersten Element einer Liste macht.

OHNEERSTES	OE	Die Eingabe ist ein Wort oder eine Liste. Es wird das Wort oder die Liste ohne das erste Element ausgegeben.

Beipiele:

OHNEERSTES "LOTTO
Ergebnis: OTTO

OHNEERSTES [SCHWARZ WEISS ROT]
Ergebnis: [WEISS ROT]

So, damit kann man die Beschreibung der Lösung ohne Schwierigkeiten in eine Prozedur übertragen. In der Abbruchbedingung wird dabei geprüft, ob die Eingabe im Prozedurkopf leer ist, also keine Zeichen mehr enthält. Es steht " , also nur das Anführungszeichen, für dieses Wort ohne Buchstaben.

```
PR ABBAU :WORT
   WENN :WORT = " DANN RUECKKEHR
   DRUCKEZEILE :WORT
   ABBAU OHNELETZTES :WORT
ENDE
```

Vertauschen Sie in dieser Prozedur doch einmal die beiden letzten Zeilen. Können Sie sich vorstellen, was die Prozedur dann macht? Versuchen Sie, mit Hilfe von Papier und Bleistift die Wirkung zu bestimmen und lesen Sie erst dann weiter.

So, schreiben wir doch diese geänderte Prozedur auf und geben ihr gleich einen neuen Namen. Er verrät auf den ersten Blick, was der neue Baustein bewirkt.

```
PR AUFBAU :WORT
   WENN :WORT = " DANN RUECKKEHR
   AUFBAU OHNELETZTES :WORT
   DRUCKEZEILE :WORT
ENDE
```

Der Aufruf von AUFBAU "HALLO hat als Ausgabe

```
H
HA
HAL
HALL
HALLO
```

AUFBAU "HALLO vergleicht zunächst die Eingabe HALLO mit dem leeren Wort. Die beiden sind nicht gleich, also wird in der nächsten Zeile weitergemacht und AUFBAU "HALL aufgerufen. Beachten Sie, daß AUFBAU "HALLO zu diesem Zeitpunkt noch nichts Spektakuläres gemacht hat. Wobei mit spektakulären Aktivitäten solche gemeint sind, die etwas auf dem Bildschirm hinterlassen. Genau das gleiche passiert auch bei AUFBAU "HALL. Die Eingabe HALL hat noch Buchstaben, also wird AUFBAU "HAL gerufen, dann AUFBAU "HA, AUFBAU "H und schließlich AUFBAU " , also die Prozedur mit dem leeren Wort als Eingabe.

Die Prüfung in der ersten Zeile fällt in diesem Fall positiv aus und somit wird RUECKKEHR ausgeführt, d.h. AUFBAU " gibt die Kontrolle an AUFBAU "H zurück, die Prozedur, die aufgerufen hatte. Nun wird hier im Prozedurverlauf weitergemacht, also der Buchstabe H gedruckt. Damit ist die rekursive Prozedur allerdings nicht beendet. Das Grundwort ENDE bewirkt, daß die Kontrolle zurückgeht an AUFBAU "HA. ENDE ist da vergleichbar mit RUECKKEHR. Entsprechend wird HA ausgedruckt, so wie es in der letzten Zeile steht.

Betrachten wir explizit den Unterschied zwischen ABBAU und AUFBAU. In ABBAU wird ein Wort gedruckt, dann wird der letzte Buchstabe gestrichen. Diese beiden Schritte werden erneut ausgeführt, bis kein Buchstabe mehr vorhanden ist. Im Programm AUFBAU hingegen wird zunächst überhaupt nichts gedruckt. Es wird nur ein Element nach dem anderen aus dem Eingabewort gestrichen und auf diese Weise eine Liste von Wörtern aufgebaut und auf einen Stapel gelegt. Beim Aufruf von AUFBAU "HALLO ist das zuerst HALLO, dann HALL, dann HAL, dann HA und schließlich H. HALLO liegt ganz unten auf diesem Stapel und H liegt ganz oben.

Sind keine Buchstaben mehr da, dann erinnert sich AUFBAU, daß es da noch etwas zu tun gab. Das Programm druckt nun, wobei es mit dem letzten Element in seiner Wörterliste beginnt, also mit dem Wort, das nur aus einem einzigen Buchstaben besteht. Sie können sich vorstellen, daß die Wörter so ähnlich liegen wie Tabletts auf einem Stapel. Auch da wird im allgemeinen das Tablett zuerst wieder heruntergenommen, das als letztes auf den Stapel gelegt wurde.

REKURSIVE PROZEDUREN FOLGEN EINER HIERARCHIE

Ist Ihnen AUFBAU völlig klar geworden? Wenn nicht, so gibt es dennoch keinen Grund zur Verzweiflung. Das Prinzip der Rekursion ist nicht ganz einfach zu verstehen und bereitet den meisten LOGO-Anfängern und teilweise selbst den Fortgeschrittenen Schwierigkeiten. Das Prinzip ist allerdings so vielfältig anwendbar und führt oft zu so eleganten Formulierungen, daß es schade wäre, beim Schreiben von Prozeduren darauf zu verzichten. Machen wir also einen weiteren Versuch, etwas tiefer in diese Struktur einzudringen. Verbinden wir die beiden Prozeduren in einer ähnlichen Prozedur AB.UND.AUF und überlegen uns dann noch einmal die Wirkung eines rekursiven Aufrufs.

```
PR AB.UND.AUF :WORT
   WENN :WORT = " RUECKKEHR
   DRUCKEZEILE :WORT
   AB.UND.AUF OHNELETZTES :WORT
   DRUCKZEILE :WORT
ENDE
```

Als Probelauf wählen wir AB.UND.AUF mit der Eingabe "CIAO. Das Ergebnis sind Folgen von Buchstaben, bei denen das Wort CIAO erst abgebaut und dann aufgebaut wird.

```
AB.UND.AUF "CIAO

CIAO
CIA
CI
C
C
CI
CIA
CIAO
```

Wie sieht nun der Ablauf von AB.UND.AUF "CIAO in einer ausführlichen Form aus? Schauen Sie sich dazu die folgende Darstellung an, in der alle einzelnen Schritte beschrieben sind. Immer wenn eine Prozedur gerufen wird, werden dabei die entsprechenden Aktionen eingerückt dargestellt. Wird an eine Prozedur zurückgegeben, so kommt man wieder in die ursprüngliche Ebene der Darstellung.

```
AB.UND.AUF "CIAO
   prüft "CIAO = "
   druckt CIAO
   ruft AB.UND.AUF "CIA

      AB.UND.AUF "CIA
         prüft "CIA = "
         druckt CIA
         ruft AB.UND.AUF "CI
```

```
            AB.UND.AUF "CI
               prüft "CI = "
               druckt CI
               ruft AB.UND.AUF "C

                  AB.UND.AUF "C
                     prüft "C = "
                     druckt C
                     ruft AB.UND.AUF "

                        AB.UND.AUF "
                           prüft " = "
                           gibt zurück an AB.UND.AUF "C

                     druckt C
                     gibt zurück an AB.UND.AUF "CI

               druckt CI
               gibt zurück an AB.UND.AUF "CIA

         druckt CIA
         gibt zurück an AB.UND.AUF "CIAO

   druckt CIAO
```

AUFGABE

(2) Tippen Sie die folgende Prozedur ein. Versuchen Sie zu analysieren, was diese Prozedur beim Aufruf von REKURSION 1 macht. Überprüfen Sie Ihre Vermutung mit Hilfe des Rechners. Übrigens wird in der Prozedur ein Grundwort verwendet, mit dem Sie bisher noch nicht gearbeitet haben.

BLINKER	Das Kommando hat zwei Eingaben. Die erste wird als Spaltennummer, die zweite als Zeilennummer auf dem Textschirm gedeutet. Die Spaltennummern gehen von 0 bis 39, die Zeilennummern von 0 bis 23. Das bedeutet,

daß man 40 Zeichen nebeneinander und 24 Zeichen untereinander schreiben kann.

Beispiele:

BLINKER 0 11
Der Cursor befindet sich am Anfang einer Zeile in der Mitte des Bildschirms.

BLINKER 19 0
Der Cursor blinkt in der Mitte der obersten Bildschirmzeile.

```
PR REKURSION :EBENE
   WENN :EBENE > 10 RUECKKEHR
   BLINKER :EBENE :EBENE
   ( DRUCKZEILE [ ARBEIT AUF EBENE ]  :EBENE )
   REKURSION :EBENE + 1
   BLINKER :EBENE ( 20 - :EBENE )
   ( DRUCKZEILE :EBENE "BEENDET )
ENDE
```

LÖSUNG DER AUFGABEN

(1) ORGELPFEIFEN

Die Lösung der Aufgabe läßt sich direkt aus der beschriebenen Prozedur I ableiten. Sie benötigen als Grundbausteine ein Dreieck und einen Kreis, wie er auch für das "i" benutzt wurde. Das Dreieck definieren wir dabei ausnahmsweise so, daß der Igel gleich in die gewünschte Richtung zeigt, also im Vergleich zu seiner Ausgangsposition um einen Winkel von 30 Grad gedreht.

```
PR DREIECK :GROESSE
   RECHTS 30
   WIEDERHOLE 3 [ VORWAERTS :GROESSE RECHTS 120 ]
ENDE
```

Die Prozedur ORGELPFEIFEN besteht dann aus diesem Dreieck, einem Kreis an der passenden Stelle über dem Dreieck und einem rekursiven Selbstaufruf, der ORGELPFEIFEN mit kleinerer Größe und veränderter Ausgangsposition aufruft.

```
PR ORGELPFEIFEN :GROESSE :XPOS :YPOS
   WENN :GROESSE < 10 DANN RUECKKEHR
   VERSTECKIGEL POS :XPOS :YPOS
   DREIECK :GROESSE
   VORWAERTS :GROESSE
   STIFTHOCH
   LINKS 90 VORWAERTS :GROESSE / 8
   LINKS 90
   STIFTAB
   KREIS :GROESSE / 24
   ORGELPFEIFEN :GROESSE/2 (:XPOS + :GROESSE + 10 ) :YPOS
ENDE
```

Haben Sie einen Matrixdrucker, so können Sie diese Zeichnung auf den meisten Geräten auch drucken lassen. Dazu muß sie allerdings zunächst auf dem Bildschirm sein. Wir schreiben die entsprechenden Befehle für den Ausdruck, die natürlich auch im Direktmodus eingegeben werden könnten, gleich als Prozedur HARDCOPY. Sie finden hier zwei Alternativen. Probieren Sie aus, mit welcher Ihr Drucker arbeiten kann. Es ist allerdings auch möglich, daß er mit beiden gar nichts ausdruckt, obwohl er durchaus graphikfähig ist.

```
PR HARDCOPY
   AUSGANG 1
   DRUCKEZEILE ( WORT ZEICHEN 9 "G ZEICHEN 13 )
   AUSGANG 0
ENDE
```

```
PR HARDCOPY
   AUSGANG 1
   DRUCKE ZEICHEN 17
   AUSGANG 0
ENDE
```

Rufen Sie HARDCOPY auf. Jedes Bild, das sich in diesem Augenblick auf dem Bildschirm befindet, wird auf dem Drucker ausgegeben. Gegebenenfalls kann das auch nur der Igel sein. Es wird übrigens durch die Kommandos der Inhalt so ausgegeben, als hätten Sie in den Vollbild-Modus geschaltet.

Die Prozedur HARDCOPY benutzt ein neues Grundwort, nämlich ZEICHEN. Sie wissen vielleicht, daß allen Zeichen auf der Tastatur Zahlen zugeordnet sind. Dem Buchstaben A entspricht beispielsweise der Wert 65, dem Buchstaben Z der Wert 90. Diese Zahl ist der sogenannte ASCII-Wert des Zeichens. ASCII ist die Abkürzung für "American Standard Code for Information Interchange". Es handelt sich also um eine standardisierte Zuordnung. Man bekommt diese Zahlen mit Hilfe des Befehls

ASC	Der Befehl hat eine Eingabe, die ein Zeichen ist. Es wird der ASCII-Code dieses Zeichens, also eine ganze Zahl, ausgegeben. Beispiel: ASC "A Ergebnis: 65
ZEICHEN	Der Befehl hat eine Zahleneingabe. Es wird das Zeichen ausgegeben, dessen ASCII-Code diese Zahl ist. ZEICHEN ist also eine Art Umkehrung von ASC. Beispiel: ZEICHEN 65 Ergebnis: A

ZEICHEN 9 steht für CTRL-I, ZEICHEN 17 für CTRL-Q. ZEICHEN 13 schließlich ist CTRL-M und das bedeutet nichts anderes als RETURN. Letzteres können Sie übrigens gleich einmal im Direktmodus ausprobieren. Auch da hat die Tastenkombination diese Wirkung.

(2) Die Prozedur "REKURSION"

REKURSION 1 erzeugt folgende Textdarstellung auf dem Bildschirm:

```
ARBEIT AUF EBENE 1
 ARBEIT AUF EBENE 2
  ARBEIT AUF EBENE 3
   ARBEIT AUF EBENE 4
    ARBEIT AUF EBENE 5
     ARBEIT AUF EBENE 6
      ARBEIT AUF EBENE 7
       ARBEIT AUF EBENE 8
        ARBEIT AUF EBENE 9
         ARBEIT AUF EBENE 10
         10 BEENDET
        9 BEENDET
       8 BEENDET
      7 BEENDET
     6 BEENDET
    5 BEENDET
   4 BEENDET
  3 BEENDET
 2 BEENDET
1 BEENDET
```

Die Prozedur sollte Ihnen noch einmal einen Eindruck geben, wie bei einem rekursiven Aufruf gearbeitet wird.

7 Dem Zufall auf der Spur

ZAHLENOPERATIONEN IN PROGRAMMEN

Das Arbeiten mit Zufallszahlen. Ein Kommentar im Prozedurtext. Prozeduren erzeugen Variablen. Simulationen mit Computerhilfe.

LOGO-Grundwörter: ZUFALLSZAHL (ZZ), STARTEZUFALL (SZ), TASTE, MITLETZTEM (ML).

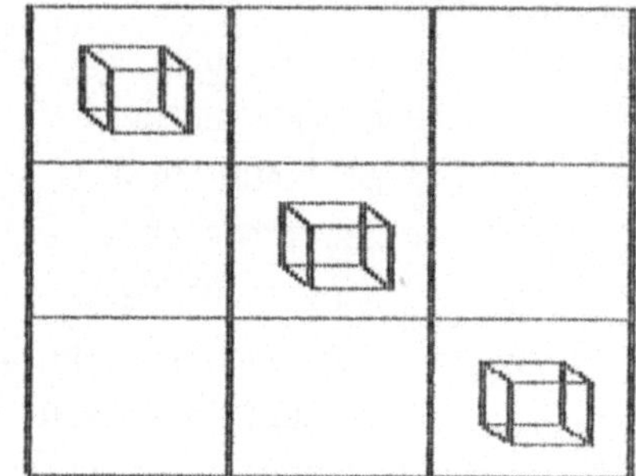

EIN PROGRAMM FÜR EIN GLÜCKSSPIEL

CHUCK-A-LUCK ist ein Glücksspiel, bei dem mit drei Würfeln gespielt wird. Dieses Spiel wird manchmal auf Jahrmärkten angeboten. Der Einsatz ist dabei gewöhnlich eine Mark.

> CHUCK-A-LUCK
>
> Die Regeln des Spiels sind einfach. Der Spieler gibt zuerst seinen Tip ab, das heißt er wählt eine Zahl zwischen 1 und 6. Anschließend werden die Würfel geworfen. Zeigt ein Würfel seine Zahl, so bekommt er den Einsatz zurück und gewinnt zusätzlich eine Mark. Wenn die Zahl zweimal kommt, so werden zusätzlich zum Einsatz zwei Mark ausgezahlt. Entsprechend gewinnt der Spieler drei Mark, wenn alle drei Würfel mit dem abgegebenen Tip übereinstimmen, und er bekommt seinen Einsatz zurück.

Das erste Ziel in diesem Kapitel ist es, ein Programm zu schreiben, das die Rolle des Budenbesitzers übernimmt. Es soll nach dem Tip des Spielers fragen, "würfeln" und den Gewinn oder Verlust anzeigen. Wir wollen hier ein benutzerfreundliches Programm herstellen. Der Benutzer eines solchen Programms muß nichts über die Programmiersprache wissen. Er wird zu allen Eingaben aufgefordert, sie werden im Idealfall sogar auf Zulässigkeit geprüft. In unserem Beispiel heißt das etwa, daß der Computer die Eingabe "7" des

Spielers nicht akzeptieren sollte. Eine "7" kann mit einem handelsüblichen Würfel nicht geworfen werden.

Nun interessiert man sich bei Glücksspielen im allgemeinen nicht nur für das Spiel selbst. Wichtig sind natürlich auch die Gewinnchancen. Ist das Spiel für den Spieler aussichtsreich? (Es ist es natürlich nicht, obwohl die Chancen zunächst gar nicht schlecht erscheinen. Alle Wettspiele sind so konstruiert, daß auf lange Sicht der Betreiber das Geschäft macht, nicht der Spieler.) Wir werden deshalb zusätzlich eine abgeänderte Version von "CHUCK-A-LUCK" erstellen, die darüber genauer Aufschluß gibt. Allerdings werden keine Wahrscheinlichkeitsberechnungen angestellt, sondern das Spiel wird simuliert. Der Computer übernimmt zusätzlich die Rolle des Spielers. Er kann in einer akzeptablen Zeit hundertmal, tausendmal oder auch öfter spielen. Die Gewinne und Verluste werden jeweils vermerkt, und am Ende des Durchgangs erfolgt eine Auswertung dieser Daten. Wird ein solcher Versuch sehr oft wiederholt, kann man relativ gute Aussagen über die Spielchancen machen.

EIN ERSTER PROGRAMMIERPLAN

Die Spielversion von CHUCK-A-LUCK, mit der wir uns zunächst beschäftigen wollen, wird aus drei Komponenten zusammengesetzt. Dies sind zuerst eine ANLEITUNG, in der der Benutzer erfahren soll, worum es geht und was er zu tun hat, dann das eigentliche SPIEL und zuletzt der SCHLUSS, in dem mitgeteilt wird, daß der Einsatz verspielt ist. Wir gehen dabei von einem generellen Einsatz von 10 DM aus und spielen so lange, bis davon nichts mehr übrig ist. Die einzelnen Bausteine werden für das Programm genau in der aufgeführten Reihenfolge gebraucht.

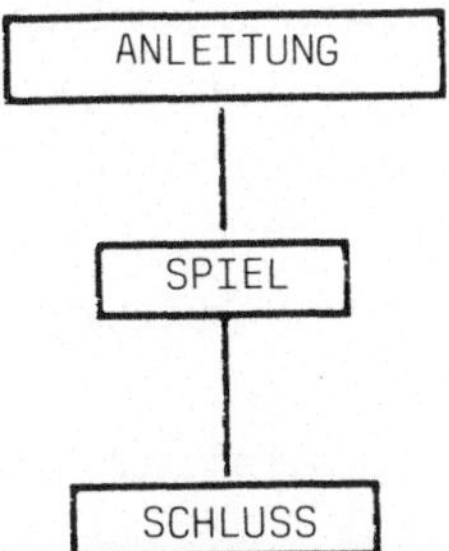

Die Teile ANLEITUNG und SCHLUSS sind nicht besonders schwierig, denn bei ihnen geht es vor allem darum, einen Text einzugeben, der auf dem Bildschirm ausgedruckt wird. Wir wenden uns daher zunächst der Komponente SPIEL zu. Hier muß der Spielertip eingegeben werden, der Computer würfelt und vergleicht, ob eine oder mehrere seiner Zahlen mit dem Tip übereinstimmen. Außerdem muß das Guthaben des Spielers korrigiert werden. Es wird mehr, wenn er richtig geraten hat und weniger, wenn seine Zahl nicht geworfen wurde.

ZUFALLSZAHLEN MIT COMPUTERHILFE

Wenn man einen Würfel wirft, so bekommt man als Ergebnis eine der Zahlen zwischen 1 und 6. Man kann nicht vorhersagen, welche Zahl auftritt, das bleibt ganz dem Zufall überlassen. In ähnlicher Weise kann man auch den Computer würfeln lassen. Man spricht dann von einer Simulation des Zufallsexperiments "Wurf mit einem Würfel". LOGO hat für diesen und ähnliche Zwecke einen eingebauten Zufallszahlengenerator, der Zahlen in einem vom Benutzer bestimmten Bereich ausgibt. Er wird mit dem Grundwort ZUFALLSZAHL angesprochen.

ZUFALLSZAHL ZZ

Der Befehl hat als Eingabe eine positive ganze Zahl n. Die Ausgabe ist eine ganze Zahl zwischen 0 und n-1.

Beispiel:
ZUFALLSZAHL 4
Ergebnis: 2

Die Eingabe von ZUFALLSZAHL 4 kann vier verschiedene Ergebnisse haben: 0, 1, 2, oder 3. Es wird allerdings nach jedem neuen Start von LOGO bei gleichem n die gleiche Folge von Zufallszahlen erzeugt. Will man das nicht, so gibt man vorher ein

STARTEZUFALL SZ

Der Zufallsgenerator wird auf einen Startwert gesetzt, der durch Zufall erzeugt wurde. Das

Kommando STARTEZUFALL oder SZ hat selbst keine Eingaben.

Mit Hilfe des Befehls ZUFALLSZAHL kann man somit Zahlen bekommen, die zufällig ausgewählt erscheinen. Dieser Sachverhalt muß so vorsichtig ausgedrückt werden, da diese Zahlen auch durch einen gewissen Algorithmus, also eine Rechenvorschrift, erzeugt werden. Das ist auch der Grund, warum man bei jedem Einlesen von LOGO gleiche Zufallszahlen bekommt. Der Anfangswert dieser Folge ist immer gleich, der Algorithmus natürlich auch. Dieser gesteuerte Zufall hat aber keinen Einfluß auf die Anwendungen, die hier betrachtet werden.

ZUFALLSZAHL ist eine Operation, der Befehl hat also eine Ausgabe, die man in Verbindung mit anderen Grundwörtern verwenden kann. So könnte man eine Liste von Zufallszahlen ausdrucken lassen. Wir formulieren das gleich als Prozedur mit zwei Eingaben. Die erste ist :ANZAHL und bestimmt die Anzahl der Zahlen, :BEREICH ist in der Prozedur die Eingabe zu ZUFALLSZAHL und gibt an, aus welchem Zahlenbereich Zufallszahlen ausgewählt werden.

```
PR ZAHLENLISTE :ANZAHL :BEREICH
   WIEDERHOLE :ANZAHL [ DR ZUFALLSZAHL :BEREICH DR ZEICHEN 32 ]
ENDE
```

ZEICHEN 32 bedeutet übrigens ein Leerzeichen, DR ist die Abkürzung für das Kommando DRUCKE. Man kann somit die Zahlen in einer Reihe ausdrucken lassen und zwischen ihnen jeweils eine Leerstelle bekommen, die sie optisch voneinander trennt. Ein Aufruf der Prozedur könnte folgendermaßen aussehen:

```
ZAHLENLISTE 6 49
27 6 27 0 3 16
```

Ein weiteres Beispiel für eine Anwendung von ZUFALLSZAHL ist die folgende Prozedur ZUFALLSWEG, die den Igel wirre Linien auf den Bildschirm bringen läßt. Er geht dabei vorwärts um ein Stück, dessen Länge zwischen 0 und 49 zufällig ausgewählt wurde. Dann dreht er sich um einen ebenfalls zufällig bestimmten Winkel, der zwischen 0 Grad und 359 Grad liegt. ZUFALLSWEG hat eine Eingabe :N, die bestimmt, wie oft diese beiden Schritte wiederholt werden.

```
PR ZUFALLSWEG :N
   WIEDERHOLE :N [ VORWAERTS ZUFALLSZAHL 50 RECHTS ZUFALLSZAHL 360 ]
ENDE
```

Hier ist das Ergebnis eines Probelaufes von ZUFALLSWEG 100.

AUFGABE

(1) ZUFALLSZAHL ist eine Operation, der Befehl hat also eine Rückgabe, mit der man weiterarbeiten kann. Zum Beispiel kann man mit diesen Zufallszahlen auch rechnen. Schreiben Sie eine Prozedur MATHEQUIZ. Es sollen dabei Rechenaufgaben zur Multiplikation der Zahlen zwischen 1 und 10 gestellt werden. Die jeweiligen Zahlen für die Aufgabe werden zufällig ausgewählt. Ein Benutzer des Programms versucht eine Antwort und LOGO gibt Rückmeldung, ob diese Antwort richtig oder falsch ist.

EINE LISTE VON ZUFALLSZAHLEN

Für das Problem "CHUCK-A-LUCK" benötigt man eine zufällig ausgewählte Zahl zwischen 1 und 6. Arbeitet man mit ZUFALLSZAHL 6, so bekommt man zwar eine von sechs möglichen Zahlen, aber sie liegt zwischen 0 und 5. Nun kann man das Ergebnis "0" dabei nicht gebrauchen und genauso sollte das Ergebnis "6" natürlich nicht ausgeschlossen sein. Was tun? Ganz einfach, man addiert jeweils 1 und macht so aus einer solchen Zahl eine Zahl in dem gewünschten Bereich. Probieren Sie einmal aus, welche Ergebnisse (1 + ZUFALLSZAHL 6) haben kann. Überlegen Sie sich auch, warum die Eingabe ZUFALLSZAHL 7 nicht zum richtigen Ergebnis führt.

Man könnte nun die Prozedur ZUFALLSLISTE so abändern, daß sie Zahlen in dem gewünschten Bereich erzeugt. Aber diese Prozedur hat wiederum den Nachteil, daß mit den Zahlen nicht weitergearbeitet werden kann. ZUFALLSLISTE hat nämlich keine Rückgabe. Es muß also eine Prozedur geschrieben werden, die vielseitiger anwendbar ist. Nicht eines der beiden Kommandos DRUCKE (DR) oder DRUCKEZEILE (DZ) soll zur Ausgabe benutzt werden, sondern es wird wieder einmal RUECKGABE verwendet. Wir nennen die Prozedur ERZEUGE.ZUFALL und definieren sie mit zwei Eingaben. Die erste ist :BEREICH und bestimmt das Intervall, aus dem die Zahlen ausgewählt werden. Die zweite ist :ANZAHL und bestimmt die Anzahl dieser Zahlen. ERZEUGE.ZUFALL faßt die Zahlen in einer Liste zusammen und gibt diese Liste zurück. Es wird so gearbeitet, daß jede einzelne neue Zahl an eine bestehende Liste angefügt wird. Dazu benötigt man das Grundwort

MITLETZTEM	ML	Der Befehl hat zwei Eingaben. Die erste kann ein Wort oder eine Liste sein, die zweite ist eine Liste. Zu dieser Liste kommt die erste Eingabe hinzu, und es entsteht so eine neue Liste.

Beispiele:

MITLETZTEM "ANNA [OTTO FRANZ]
Ergebnis: [OTTO FRANZ ANNA]

MITLETZTEM [4 5] [1 2 3]
Ergebnis: [1 2 3 [4 5]]

MITLETZTEM ermöglicht es, neue Listen aus Listen und Wörtern zusammenzusetzen. Auch eine Zahl ist im Sinne von LOGO ein Wort. Man kann also mit Hilfe dieses Befehls neue Zahlen an eine bereits bestehende Liste von Zahlen anfügen. Genau das braucht man in der Prozedur ERZEUGE.ZUFALL, die jetzt definiert werden kann.

Man könnte nun auch hier mit dem Kommando WIEDERHOLE arbeiten. Durch SETZE würde dann jeweils ein Speicher mit den Zufallszahlen belegt werden. Fassen wir diese möglichen Programmschritte einmal zu einer Prozedur ERZEUGE.PROBE zusammen.

```
PR ERZEUGE.PROBE :BEREICH :ANZAHL
   SETZE "LISTE [ ]
   WIEDERHOLE :ANZAHL [ SETZE "LISTE  MITLETZTEM
       ( 1 + ZUFALLSZAHL :BEREICH ) ( :LISTE ) ]
   RUECKGABE :LISTE
ENDE
```

Aber eine solche Fassung ist nicht besonders elegant. Einfacher und klarer in der Formulierung wird sie, wenn man einen rekursiven Selbstaufruf verwendet. Es muß allerdings zugegeben werden, daß diese Fassung für den Anfänger in Bezug auf die Verständlichkeit nicht unbedingt einfacher ist. Versuchen Sie trotzdem, sich da hineinzudenken.

```
PR ERZEUGE.ZUFALL :BEREICH :ANZAHL
   WENN :ANZAHL = 0 RUECKGABE [ ]
   RUECKGABE MITLETZTEM (1 + ZUFALLSZAHL :BEREICH) ERZEUGE.ZUFALL
                                         :BEREICH ( :ANZAHL - 1 )
ENDE
```

Schauen Sie sich zunächst die zweite Zeile von ERZEUGE.ZUFALL an. Die Prozedur enthält hier den rekursiven Aufruf. Die Idee ist, daß eine Zufallszahl im gewünschten Bereich erzeugt wird und mit Hilfe von MITLETZTEM an eine bereits bestehende Liste angehängt wird. Diese Liste wird wiederum von ERZEUGE.ZUFALL geliefert. Wie kann das gehen? Haben wir es hier nicht mit einer Definition zu tun, die sich im Kreis dreht wie etwa "Eine Katze ist eine Katze ist eine Katze ..."? Nein, denn in der ersten Zeile steht eine konkrete Anweisung, was in einem ganz bestimmten Fall zu tun ist. Ist nämlich :ANZAHL = 0, will man also gar keine Zahlen haben, dann ist alles ganz einfach. Es wird die leere Liste zurückgegeben, die keine Elemente enthält. Ist :ANZAHL = 1, so wird eine Zahl zu dieser leeren Liste hinzugefügt. Ist :ANZAHL = 2, so geht man wieder zurück zur leeren Liste und erweitert sie zweimal um ein gewünschtes Element.

Betrachten wir als Beispiel für den Ablauf die Prozedur ERZEUGE.ZUFALL 5 2, wobei zwei Zahlen zwischen 1 und 5 erzeugt werden. Es werden alle Schritte aufgeführt, die durch die Programmkommandos bewirkt werden. Die eingerückte Schreibweise soll dabei wieder deutlich machen, daß bei rekursiven Prozeduren auf verschiedenen Ebenen gearbeitet wird.

```
ERZEUGE.ZUFALL 5 2
    prüft ob :ANZAHL = 0 ist;
    die Antwort ist FALSCH. Also
    geht das Programm in die nächste Zeile.
    Dort steht der Befehl MITLETZTEM,
    also wird gesucht WAS an WELCHE LISTE angehängt wird.
    WAS? Eine Zufallszahl zwischen 1 und 5.
    WELCHE LISTE? Sie wird geliefert von ERZEUGE.ZUFALL 5 1
    ERZEUGE.ZUFALL 5 2 ruft ERZEUGE.ZUFALL 5 1

    ERZEUGE.ZUFALL 5 1
        prüft, ob :ANZAHL = 0 ist;
        die Antwort ist FALSCH. Also
        geht das Programm in die nächste Zeile.
        Dort steht der Befehl MITLETZTEM,
        also wird gesucht WAS an WELCHE LISTE angehängt wird.
        WAS? Eine Zufallszahl zwischen 1 und 5.
        WELCHE LISTE? Sie wird geliefert von ERZEUGE.ZUFALL 5 0
        ERZEUGE.ZUFALL 5 1 ruft ERZEUGE.ZUFALL 5 0

        ERZEUGE.ZUFALL 5 0
            prüft, ob :ANZAHL = 0 ist;
            die Antwort ist WAHR. Also
            gibt das Programm die leere Liste ab an

    ERZEUGE.ZUFALL 5 1
        schreibt eine Zufallszahl in die leere Liste
        und gibt diese einelementige Liste ab an

ERZEUGE.ZUFALL 5 2
    schreibt eine Zufallszahl in die einelementige Liste
    und gibt diese Liste mit zwei Elementen aus.
```

Für das Problem CHUCK-A-LUCK werden nun drei Zahlen zwischen 1 und 6 benötigt. Diese Zahlen bekommt man mit ERZEUGE.ZUFALL 6 3. Sie müssen für einen Vergleich mit dem Tip des Spielers zur Verfügung stehen, also von der Prozedur ausgegeben werden. Außerdem ist es gut, wenn sie auch ausgedruckt werden, damit der Spieler selbst nachschauen kann, ob er richtig geraten hatte. Diese Aufgaben werden in einem Baustein ERGEBNIS zusammengefaßt, der natürlich ERZEUGE.ZUFALL benutzt. Zunächst werden die ausgewählten Zahlen in einem Speicher mit Namen LISTE abgelegt. Dazu wird der Befehl SETZE verwendet. Beachten Sie, daß bei SETZE zwar ein Speicher belegt wird, sein Inhalt aber nicht ausgedruckt auf dem Bildschirm erscheint. SETZE ist ein Befehl, der kein direkt sichtbares Ergebnis hat. Der Ausdruck geschieht daher in der zweiten Zeile der Prozedur mit Hilfe von DRUCKEZEILE. Die dritte Zeile gibt die Zahlenliste zurück an eine aufrufende Prozedur.

```
PR ERGEBNIS
   SETZE "LISTE ERZEUGE.ZUFALL 6 3
   DRUCKEZEILE [ ] DRUCKEZEILE [ Meine Zahlen sind: ]
   DRUCKEZEILE :LISTE RUECKGABE :LISTE
ENDE
```

Damit der Programmierplan nicht allzu unübersichtlich wird, fassen wir kurz zusammen, wie die bisher definierten Bausteine zueinander in Beziehung stehen. Für die noch nicht zusammengestellte Prozedur SPIEL braucht man die Prozedur ERGEBNIS, die den Computer Zufallszahlen zwischen 1 und 6 erzeugen läßt. ERGEBNIS nimmt dabei die Hilfe von ERZEUGE.ZUFALL in Anspruch. Lesen Sie den Pfeil im nächsten und in den folgenden Diagrammen als "wird benutzt von".

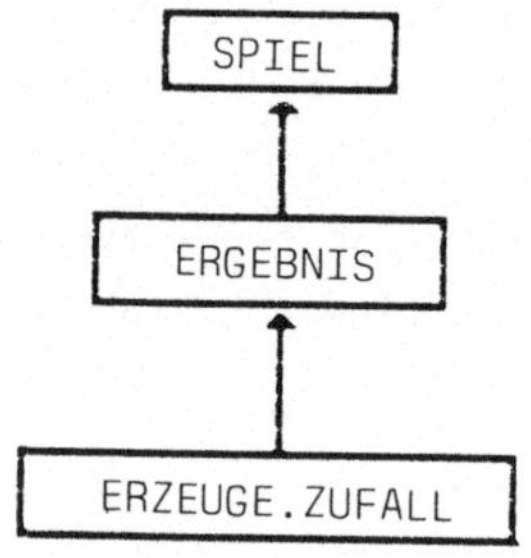

BENUTZEREINGABEN AUF EINE NEUE ART

Als nächstes wird zur Lösung des Problems eine Prozedur TIP benötigt, die einen Tip des Benutzers einliest und ausgibt. TIP soll auch gleichzeitig ein paar Kommentare ausdrucken, die die Eingabe erläutern. Darüber hinaus wird geprüft, ob der eingegebene Tip zulässig ist, also tatsächlich eine Zahl zwischen 1 und 6 ist. Auch TIP ist eine Komponente in der Prozedur SPIEL.

Falls Sie schon einmal mit kommerzieller Software gearbeitet haben, wissen Sie sicher, daß der Computer häufig schon auf einen einzelnen Tastendruck reagiert und daraufhin eine gewünschte Anweisung ausführt. Es ist nicht immer nötig, auch noch die RETURN-Taste zur Bestätigung zu drücken. Solche kurzen Eingaben sind auch in LOGO möglich, allerdings nur, wenn ein einzelnes Zeichen getippt werden muß. Der Befehl dafür ist

TASTE	LOGO wartet auf die Eingabe eines Zeichens. Das Zeichen erscheint nicht auf dem Bildschirm, es kann aber zum Beispiel mit Hilfe von SETZE als Wert in einem Speicherplatz abgelegt werden. TASTE hat keine Eingabe.

Mit Hilfe von TASTE kann also eine Zahl zwischen 1 und 6 eingelesen werden. Die einzige Schwierigkeit dabei ist es zu prüfen, ob die Eingabe zulässig ist. Alle anderen Zeichen, also etwas Buchstaben oder falsche Zahlen, müssen abgefangen werden, der Spieler soll in diesem Fall zu einer Korrektur aufgefordert werden. Dafür wird nun ein spezieller Baustein ELEMENT? definiert, der zwei Eingaben hat. Die erste ist ein einzelnes Wort oder eine Liste, die zweite Eingabe ist in jedem Fall eine Liste. ELEMENT? gibt WAHR zurück, wenn das Element in dieser Liste enthalten ist, andernfalls wird FALSCH zurückgegeben. Im Problem ist die erste Eingabe dann der Benutzertip, also eine der Zahlen von 1 bis 6. Die zweite Eingabe ist eine Liste der Zahlen von 1 bis 6.

Die Prozedur ELEMENT? wird rekursiv definiert. Der Gedankengang dabei ist der folgende: Man prüft, ob die erste Eingabe zu ELEMENT? mit dem ersten Listenelement, also dem ersten Element der zweiten Eingabe, übereinstimmt. Ist das der Fall, so kann WAHR ausgeben werden und man ist fertig. Ist das nicht der Fall, probiert man es mit dem zweiten Element der Liste. In LOGO heißt das, man streicht das erste Element, wendet also den Algorithmus auf die Liste ohne ihr erstes Element an. Das geht so lange, bis man entweder mit der Ausgabe WAHR zur aufrufenden Prozedur zurückkommt oder bis alle

Elemente in der Liste geprüft sind. Die Rückgabe ist dann FALSCH, denn es wurde kein gleiches Element gefunden.

```
PR ELEMENT? :X :LISTE ; prueft, ob das Element X in der Liste LISTE
                                                        enthalten ist
   WENN :LISTE = [ ] DANN RUECKGABE "FALSCH
   PRUEFE :X = ERSTES :LISTE
   WENNWAHR RUECKGABE "WAHR
   WENNFALSCH RUECKGABE ELEMENT? :X OHNEERSTES :LISTE
ENDE
```

Schauen Sie sich den Prozedurkopf an. Hinter dem Namen der Prozedur und den Eingaben zu ELEMENT? steht ein Semikolon und anschließend ein Kommentar. Er wird vom Rechner ignoriert und dient nur dazu, die Wirkung der Prozedur für einen Leser des Textes zu erläutern. Sie können auf diese Weise jede Prozedur mit Erklärungen versehen. Eingaben hinter einem Semikolon werden nicht beachtet, der Rechner arbeitet erst in der nächsten Zeile weiter. Für die Ausgabe der Prozedur ELEMENT? betrachten wir zwei Beispiele, die im Direktmodus eingegeben werden können.

```
ELEMENT? "VATER [ MUTTER VATER TOCHTER SOHN ]
Ergebnis: WAHR

ELEMENT? 4  [ 1 2 3 ]
Ergebnis: FALSCH
```

Nun kann man den Baustein TIP formulieren, der den Benutzer zur Eingabe einer Zahl zwischen 1 und 6 auffordern soll. Dabei ist natürlich auch die zweite Eingabe zu ELEMENT? die Liste der Zahlen von 1 bis 6.

```
PR TIP
   DRUCKEZEILE [ ] DRUCKEZEILE [ Geben Sie einen Tip ein: ]
   SETZE "TIP TASTE
   PRUEFE ELEMENT? :TIP [ 1 2 3 4 5 6 ]
   WENNWAHR ( DRUCKEZEILE "TIP: :TIP ) RUECKGABE :TIP
   WENNFALSCH DRUCKEZEILE [ Der Tip muss zwischen 1 und 6 sein. ]
                                                      RUECKGABE TIP
ENDE
```

Die erste Zeile besteht aus zwei Teilen, bei denen DRUCKEZEILE benutzt wird. Im ersten dieser Teile wird eine Leerzeile erzeugt, im zweiten wird der Benutzer zur Eingabe aufgefordert. Diese Eingabe wird in einem Speicher abgelegt, der auch den Namen TIP hat. Nun wird geprüft, ob dieser Tip des Benutzers, also die von ihm gewählte Zahl, tatsächlich eine der zulässigen Zahlen ist. Wenn das der Fall sein sollte, wird sie ausgedruckt und dann an eine aufrufende Prozedur zurückgegeben. Wir brauchen hier beide Möglichkeiten, also den Ausdruck und die Rückgabe. Einerseits soll der Spieler eine Kontrolle über seine Eingabe haben, andererseits muß mit dieser Eingabe aber auch gearbeitet werden. Sie wird später mit den Zahlen verglichen, die der Rechner erzeugt. War die eingegebene Zahl hingegen nicht zulässig, so wird sie nicht mehr benötigt. Das soll nur dem Benutzer mitgeteilt werden. Anschließend wird TIP noch einmal gerufen, damit die Eingabe wiederholt werden kann.

Machen Sie sich bei der Analyse der Prozedur TIP den Unterschied zwischen RUECKGABE :TIP in der vorletzten Zeile und RUECKGABE TIP in der letzten Zeile klar. Im ersten Fall wird ein Wert zurückgegeben, der dann in einer anderen Prozedur benutzt werden kann. Im zweiten Fall ist die Rückgabe die Prozedur TIP, die erneut aufgerufen wird. Wenn man nun wieder ein Diagramm zeichnet, wie die einzelnen Bausteine miteinander verbunden sind, dann sieht es jetzt so aus.

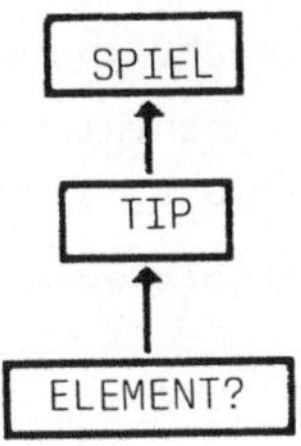

DER VERGLEICH VON BENUTZERTIP UND COMPUTERZAHLEN

Die Eingabe des Benutzers soll nun mit den Zufallszahlen des Computers verglichen werden, wobei die Anzahl der übereinstimmenden Zahlen gezählt werden muß. Eine Prozedur, die das macht, arbeitet im Grunde genau wie ein menschlicher Beobachter. Der Tip wird mit jedem Element der Zahlenliste verglichen. Stimmen beide überein, dann wird das als ein Punkt gezählt. Stimmen sie nicht überein, so bleibt der Punktestand unverändert. Wir nennen die entsprechende Prozedur VERGLEICH und weisen ihr drei Eingabevariablen zu. Die erste ist :TIP, also der Tip des Benutzers. Die zweite ist :ERGEBNIS, die vom Computer erzeugte Liste von Zufallszahlen. Die dritte ist :ZAHL, eine Variable, die die Anzahl der Würfel mit der getippten Augenzahl zählt. Zu Beginn des Vergleichs muß also :ZAHL = 0 gelten. Diese :ZAHL soll zum Schluß des Vergleichs an die aufrufende Prozedur, die wir allerdings noch nicht definiert haben, zurückgegeben werden. :ZAHL bestimmt schließlich, ob und wieviel der Spieler gewonnen hat.

```
PR VERGLEICH :TIP :ERGEBNIS :ZAHL
   WENN :ERGEBNIS = [ ] DANN RUECKGABE :ZAHL
   PRUEFE :TIP = ERSTES :ERGEBNIS
   WENNWAHR RG VERGLEICH :TIP ( OHNEERSTES :ERGEBNIS ) ( :ZAHL + 1 )
   WENNFALSCH RG VERGLEICH :TIP ( OHNEERSTES :ERGEBNIS ) :ZAHL
ENDE
```

Betrachten Sie zunächst die zweite Zeile der Prozedur. Mit Hilfe von PRUEFE werden der Tip und das erste Element der Computerliste verglichen. In der dritten und vierten Zeile steht dann, was zu tun ist, je nachdem, ob beide gleich sind oder nicht. Stimmen Sie überein, dann wird der Zähler :ZAHL um eins erhöht, wenn nicht, bleibt er gleich. In beiden Fällen bleibt hingegen die Benutzereingabe :TIP unverändert. Ebenfalls in beiden Fällen vergleicht man ihn nun mit dem zweiten Listenelement. In LOGO ausgedrückt heißt das, daß man die Prozedur auf OHNEERSTES :LISTE anwenden muß, also auf die Liste ohne ihr erstes Element.

Die erste Zeile der Prozedur enthält die Abbruchbedingung, die man braucht, um nicht einen unendlichen rekursiven Aufruf zu bekommen. Sind nämlich alle Elemente der Liste :ERGEBNIS mit dem Tip verglichen worden, dann kann der Wert :ZAHL zurückgegeben werden. Wenn Sie diesen Sachverhalt nun in LOGO beschreiben wollen, so heißt die entsprechende Formulierung, daß :ERGEBNIS keine Elemente mehr hat, also identisch ist mit der leeren Liste. Schließlich wurde die Eingabe :LISTE mit jedem neuen Aufruf der Prozedur um ein Element verkleinert.

DER WICHTIGSTE BAUSTEIN - DAS SPIEL

Mittlerweile sind alle entscheidenden Komponenten im Programm CHUCK-A-LUCK definiert. Man braucht jetzt nur noch eine Prozedur, die das Zusammenwirken kontrolliert und den Stand des Guthabens verfolgt. Diese Prozedur heißt SPIEL. Sie benutzt VERGLEICH, um die Gewinnhöhe oder den Verlust festzustellen. Entsprechend wird ein Betrag zum Guthaben des Spielers hinzugefügt oder davon abgezogen. Ist kein Geld mehr zur Verfügung, so muß SPIEL das Spiel abbrechen. Betrachten Sie zunächst die Definition, die eine ganz wichtige Besonderheit aufweist.

```
PR SPIEL
   SETZE "GELD VERGLEICH TIP ERGEBNIS 0
   PRUEFE :GELD = 0
   WENNWAHR SETZE "GUTHABEN :GUTHABEN - 1
   WENNFALSCH SETZE "GUTHABEN :GUTHABEN + :GELD
   ( DRUCKEZEILE [ Ihr Guthaben: ] :GUTHABEN "DM )
   DRUCKEZEILE [ ]
   WENN :GUTHABEN > 0 DANN SPIEL
ENDE
```

In der ersten Zeile wird eine Variable :GELD mit der Ausgabe der Prozedur VERGLEICH belegt. Wir hatten ja festgelegt, daß diese Ausgabe eine Zahl ist. Interessant sind allerdings die Eingaben zu VERGLEICH. Es werden hier in zwei Fällen nicht bereits definierte Variablen benutzt, sondern Prozeduren mit einer Ausgabe. Sowohl TIP als auch ERGEBNIS schließen mit RUECKGABE ab, geben also einen Wert aus, mit dem gearbeitet werden kann. Im ersten Fall ist diese Rückgabe eine Zahl, im zweiten Fall eine Liste. Sie sehen also, daß es durchaus möglich ist, ganze Prozeduren zu benutzen, wenn Variablen ein Wert zugeordnet werden soll. Probieren Sie das gegebenfalls noch einmal mit Hilfe der folgenden Beispiele aus.

```
SETZE "PROBE ERZEUGE.ZUFALL 6 4
DRUCKEZEILE :PROBE
5 6 2 2
```

Das Zusammenwirken der einzelnen Prozedurbausteine in SPIEL läßt sich auch wieder durch ein Diagramm veranschaulichen.

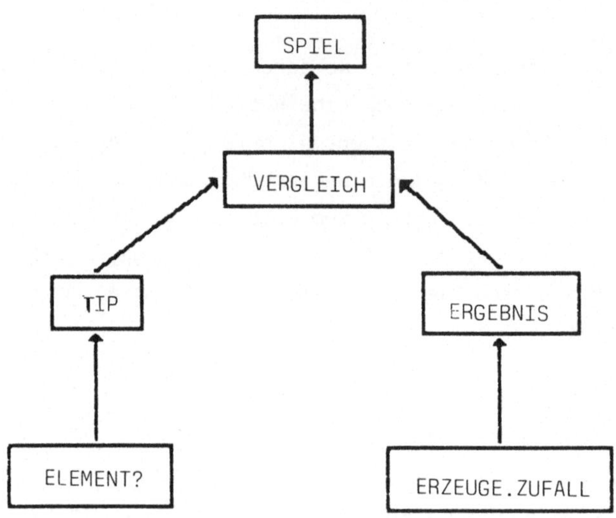

Die dritte Eingabe zu VERGLEICH ist übrigens die Zahl Null. Das hat praktische Vorteile. Sie erhöht sich bei jedem Treffer um eins, so daß der Gewinn direkt abgelesen werden kann. Bleibt sie hingegen unverändert, so bedeutet das einen Verlust von einer Mark. Dies ist in den beiden Zeilen nach PRUEFE berücksichtigt.

CHUCK-A-LUCK - DER VOLLSTÄNDIGE ALGORITHMUS

Der Rest, oder besser gesagt der Anfang und das Ende von CHUCK-A-LUCK, sind nun relativ einfach, wenn auch etwas mühsam in der Eingabe. Es handelt sich dabei nämlich vorwiegend um das Schreiben des Begleittextes, der den Benutzer mit dem Spiel vertraut macht. Wir definieren zunächst die ANLEITUNG.

```
PR ANLEITUNG
   LOESCHESCHIRM
   DRUCKEZEILE [ CHUCK-A-LUCK ]
   DRUCKEZEILE [ ************ ]
   SETZE "GUTHABEN 10
   DRUCKEZEILE [ ] DRUCKEZEILE [ ]
   DRUCKEZEILE [ Bei diesem Spiel wird mit drei ]
```

```
    DRUCKEZEILE [ Wuerfeln geworfen. ]
    DRUCKEZEILE [ Sie geben vorher einen Tip ab, welche ]
    DRUCKEZEILE [ Zahl geworfen wird. ]
    DRUCKEZEILE [ ]
    DRUCKEZEILE [ Ist sie nicht dabei, verlieren Sie ]
    DRUCKEZEILE [ den Einsatz. Der Einsatz ist 1 DM. ]
    DRUCKEZEILE [ Ihr Startkapital ist 10 DM. ]
    DRUCKEZEILE [ Ist der Tip einmal dabei, erhalten Sie ]
    DRUCKEZEILE [ den Einsatz zurueck und dazu 1 DM. ]
    DRUCKEZEILE [ Bei zwei Richtigen sind es 2 Mark, ]
    DRUCKEZEILE [ Bei drei Richtigen 3 Mark zusaetzlich. ]
    DRUCKEZEILE [ ]
    DRUCKEZEILE [ Kann es losgehen? Dann druecken ]
    DRUCKEZEILE [ Sie eine beliebige Taste. ]
    SETZE "LOS TASTE
    LOESCHESCHIRM
ENDE
```

Genauso einfach und auch noch schneller einzutippen ist auch der SCHLUSS der Prozedur.

```
PR SCHLUSS
    DRUCKEZEILE [ ] DRUCKEZEILE [ ]
    DRUCKEZEILE [ Sie haben leider das Geld verspielt. ]
    DRUCKEZEILE [ ] DRUCKEZEILE [ Das Spiel ist zu Ende. ]
ENDE
```

Dieser Schluß wird natürlich nur dann erreicht, wenn das Geld des Spielers wirklich irgendwann zu Ende ist. Aber das ist eben die Wahrscheinlichkeit! Es ist kaum anzunehmen, daß die so definierte Prozedur in irgendeinem Durchlauf nicht abbricht. Die Prozedur CHUCK.A.LUCK stellt sich mit diesen Bausteinen nun folgendermaßen dar:

```
PR CHUCK.A.LUCK
    ANLEITUNG
    SPIEL
    SCHLUSS
ENDE
```

DER COMPUTER SPIELT GEGEN SICH SELBST

Will man genauer über die Chancen bei diesem Spiel Bescheid wissen, so empfiehlt es sich, auch den Tip vom Computer erzeugen zu lassen. Er soll einfach sehr oft hintereinander spielen und sowohl die Gewinne als auch die Verluste vermerken. Nur sie sollen am Ende ausgedruckt werden, denn alles andere ist in diesem Fall uninteressant. Haben Sie keine Angst, daß sich dadurch neue größere Probleme stellen. Ein paar Änderungen im Programm CHUCK.A.LUCK genügen. Vergessen Sie aber nicht, die bereits definierten Prozeduren vorher abzuspeichern. Sonst ist das eigentliche Spiel verloren, da an einigen Prozeduren Änderungen vorgenommen werden, die Namen dieser Prozeduren aber wegen der besseren Übersicht beibehalten werden sollen. Sie wissen ja bereits, daß man das mit Hilfe von BEWAHRE machen kann. Man könnte also zum Beispiel die definierten Prozeduren mit dem Kommando BEWAHRE "CHUCK.A.LUCK speichern.

Wir nennen die neue Prozedur COMPUTER.CHUCK und überlegen zunächst wieder grob, aus welchen Komponenten sie besteht. Dieses Mal braucht man nicht unbedingt eine Anleitung, es genügen die mehrmalige Wiederholung des Spiels und eine Rückmeldung über das Ergebnis am Schluß.

Wie sieht nun das Spiel aus? Betrachten wir dazu die bereits definierten Hauptbausteine VERGLEICH, ERGEBNIS und TIP. VERGLEICH kann man ganz ohne irgendwelche Änderungen übernehmen. Auch im neuen Programm muß genau das gemacht werden, was VERGLEICH leistet. Der Unterschied ist, daß der Computer hier alle Zahlen selbst erzeugt. Anders sieht es bei TIP und ERGEBNIS aus. Aber dabei sind alle nötigen Änderungen nur Vereinfachungen. Sämtliche Kommentare und Aufforderungen für den Benutzer können entfallen, nur die eigentlichen Zahlen sind wichtig. Also ergeben sich auch zwei ganz einfache Versionen.

```
PR ERGEBNIS
   RUECKGABE ERZEUGE.ZUFALL 6 3
ENDE

PR TIP
   RUECKGABE 1 + ZUFALLSZAHL 6
ENDE
```

Auch der Baustein SPIEL selbst wird übersichtlicher. Es reicht die Protokollführung über die Gewinne und Verluste. Der rekursive Selbstaufruf kann gestrichen werden. Beim Aufruf durch COMPUTER.CHUCK wird SPIEL einfach in einer bestimmten Anzahl wiederholt.

```
PR SPIEL
   SETZE "GELD VERGLEICH TIP ERGEBNIS 0
   PRUEFE :GELD = 0
   WENNWAHR SETZE "VERLUST :VERLUST + 1
   WENNFALSCH SETZE "GEWINN :GEWINN + :GELD
ENDE
```

Die Prozedur COMPUTER.CHUCK muß jetzt noch die Speicherplätze mit Namen GEWINN und VERLUST bereitstellen und mit Null belegen, die für das SPIEL gebraucht werden. Im Gegensatz zu anderen Programmiersprachen ist in LOGO nicht jeder Speicherplatz gleich mit 0 belegt. Es kommt die Fehlermeldung "NAME ... unbekannt", wenn man versucht, mit einem nicht explizit definierten Namen zu arbeiten.

```
PR COMPUTER.CHUCK
   SETZE "GEWINN 0 SETZE "VERLUST 0
   WIEDERHOLE 100 [ SPIEL ]
   SCHLUSS
ENDE
```

Zum Schluß sollen dieses Mal die Gewinne und Verluste ausgegeben werden, so daß hier eine neue Definition gebraucht wird.

```
PR SCHLUSS
   DRUCKEZEILE [ ] DRUCKEZEILE [ ]
   ( DRUCKEZEILE "GEWINN: :GEWINN )
   ( DRUCKEZEILE "VERLUST: :VERLUST )
ENDE
```

Ein Probelauf von COMPUTER.CHUCK könnte die folgende Ausgabe haben:

```
GEWINN: 45
VERLUST: 66
```

Die Summe aus Gewinn und Verlust muß nicht 100 ergeben, da der Gewinn in einem Spiel 1 DM, 2 DM oder 3 DM sein kann. Der Verlust hingegen kann in einem einzelnen Spiel immer nur 1 DM sein.

AUFGABE

(2) Schreiben Sie eine Prozedur ZUFALL, die eine gewisse Anzahl verschiedener Zufallszahlen aus einem bestimmten Bereich erzeugt. Denken Sie hier zum Beispiel an das Zahlenlotto, bei dem 6 Zahlen zwischen 1 und 49 benötigt werden.

LÖSUNG DER AUFGABEN

(1) Sie finden hier eine Fassung von MATHEQUIZ, aus der Sie die wesentlichsten Schritte entnehmen können. Betrachten Sie allerdings die vorletzte Zeile. Hier wird nur gesagt, daß die Benutzereingabe falsch ist. Besser wäre es natürlich, auch gleich die richtige Lösung zu nennen. Wenn Sie Lust haben, können Sie das Programm ja entsprechend ändern.

```
PR MATHEQUIZ
   SETZE "ZAHL.1 ( 1 + ZUFALLSZAHL 10 )
   SETZE "ZAHL.2 ( 1 + ZUFALLSZAHL 10 )
   DRUCKEZEILE [ WAS IST ]
   ( DRUCKEZEILE :ZAHL.1 "* :ZAHL.2 )
   SETZE "ANTWORT ERSTES EINGABE
   PRUEFE :ANTWORT = :ZAHL.1 * :ZAHL.2
   WENNWAHR DRUCKEZEILE "PRIMA!
   WENNFALSCH DRUCKEZEILE [ DAS STIMMT LEIDER NICHT. ]
   MATHEQUIZ
 ENDE
```

(2) Das Problem ist bei einer solchen Prozedur, daß eine vom System neu gewählte Zufallszahl mit allen anderen verglichen werden muß, die bereits vorher erzeugt wurden. Es empfiehlt sich also, diese Zahlen nicht auf einem Stapel abzulegen, sondern sie gleich in eine Liste zu schreiben. Man kann dafür einen Baustein ZUFALL definieren, der ganz ähnlich wie

ERZEUGE.ZUFALL arbeitet, der aber drei Eingaben hat. Die erste ist wiederum :BEREICH, die den Bereich bestimmt, aus dem die Zahlen genommen werden. Die zweite ist :ANZAHL und legt ihre Anzahl fest. Die dritte Eingabe ist :LISTE und dort werden die Zufallszahlen abgelegt.

```
Baustein ZUFALL (BEREICH, ANZAHL, LISTE)

  SOLANGE die LISTE weniger als ANZAHL Zahlen enthält,
    mache folgendes:
      ERZEUGE eine Zufallszahl;
      WENN diese Zahl nicht in der LISTE ist,
        DANN füge sie zu LISTE hinzu.
        SONST erzeuge eine neue Zufallszahl.
```

Als LOGO-Prozedur kann man das ganz ähnlich schreiben. Für den Vergleich des neuen Elements mit der Liste wird dabei ELEMENT? verwendet. Auch hier wird wieder :ANZAHL bei jeder neu erzeugten Zahl, die noch nicht in :LISTE ist, um eins vermindert. Wenn :ANZAHL = 0 ist, dann kann allerdings in diesem Fall :LISTE zurückgegeben werden.

```
PR ZUFALL ::BEREICH :ANZAHL :LISTE
   WENN :ANZAHL = 0 RUECKGABE :LISTE
   SETZE "ZAHL ( 1 + ZUFALLSZAHL :BEREICH )
   PRUEFE ELEMENT? :ZAHL :LISTE
   WENNWAHR RUECKGABE ZUFALL :BEREICH :ANZAHL :LISTE
   WENNFALSCH RUECKGABE ZUFALL :BEREICH ( :ANZAHL - 1 )
                                 ( MITLETZTEM :ZAHL :LISTE )
ENDE
```

8 LOGO ist LOGO ist LOGO...

UTILITIES AUCH FÜR GRAPHIK-ANWENDUNGEN

Graphik-Utilities. Farbgraphik mit LOGO. Noch mehr Bausteine für die Graphik. Der Aufbau von Utilities - Dateien. Vom Umgang mit dem Raum im Arbeitsspeicher.

LOGO-Grundwörter: TUE, XKO, YKO, KURS, FARBE, HINTERGRUND (HG), IGELZUSTAND (IZ), SATZ, ZEIGE, ZEIGE TITEL (ZT), VERGISS (VG), VERGISS PROZEDUREN, VERGISSDATEI (VD), VERGISS ALLES, REST, RAND, RANDSPRUNG (RS), VERGISS NAMEN.

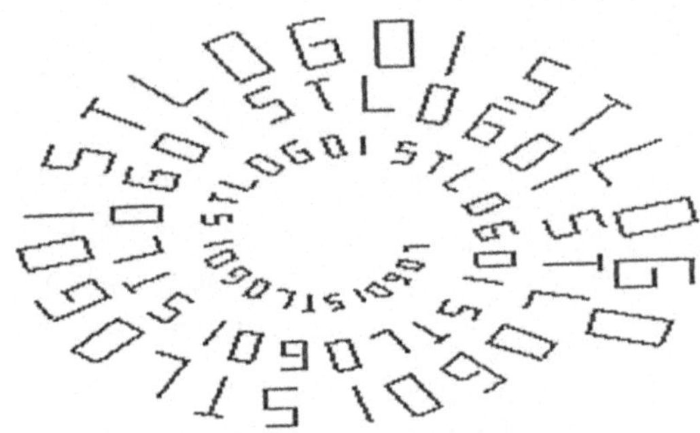

DAS PRINZIP DER SPRACHERWEITERUNG

In diesem Kapitel geht es ausnahmsweise einmal nicht darum, ein größeres Problem zu bearbeiten. Das Hauptthema sind diesmal vielmehr kleine Bausteine, die in verschiedenster Weise eingesetzt werden können. Man verwendet für solche kleinen Prozeduren häufig das englische Wort "Utilities". Es handelt sich um Spracherweiterungen des LOGO-Wortschatzes, die man bei der Lösung vieler Probleme einsetzen kann. Natürlich ist jede einzelne Prozedur, die definiert wird, eine Erweiterung des Sprachschatzes. Es gibt aber darunter einerseits Bausteine, die nur sehr speziell verwendet werden können und es gibt andererseits solche, die vielfache Anwendungsmöglichkeiten bieten. Sie haben Prozeduren dieser Art schon kennengelernt. LIESZAHL ist beispielsweise ein Baustein, der sehr oft benötigt wird. Auch die Prozedur ERZEUGE.ZUFALL, die wir im vorigen Kapitel zur Realisierung des Spiels "CHUCK-A-LUCK" verwendeten, kann an vielen anderen Stellen benutzt werden. Dieses Konzept der Spracherweiterung gehört zur Philosophie von LOGO. Sie sollten sich also nicht ärgern, wenn die eine oder andere Komponente hier fehlt, die Sie aus anderen Programmiersprachen kennen. Machen Sie sie doch einfach selber.

Im ersten Teil soll es um weitere Möglichkeiten gehen, die die LOGO-Graphik zu bieten hat. Sie werden dabei auch einige neue Grundwörter kennenlernen, die zum einen direkte Verbesserungen bringen und zum anderen natürlich die Definition von interessanten und vielfältig einsetzbaren Prozedurbausteinen ermöglichen. So ganz nebenbei werden Sie aber auch sehen, wie man in LOGO mit Farben arbeitet und wie man die neu eingeführten LOGO-Befehle in Prozeduren anwenden kann. Im zweiten Teil des Kapitels beschäftigen wir uns mit Utilities aus dem mathematischen Bereich. Es gibt einige Funktionen, die im LOGO-Grundwortschatz nicht enthalten sind. So hatten wir beispielsweise schon angesprochen, daß es keine direkte Möglichkeit gibt, Potenzen einer Zahl zu bestimmen, also 2^3 oder 4^5 zu berechnen. Auch dafür wird nun ein passender Baustein definiert.

Damit Sie aber ein Problem nicht allzu sehr vermissen, wird zumindest ein kleineres zwischendurch behandelt. Wir werden ein Programm schreiben, das eine ähnliche Spirale erzeugt wie die, die Sie neben der Kapitelüberschrift sehen.

DER LOGO-RADIERGUMMI

LOGO hat, wie Sie schon an verschiedenen Stellen gemerkt haben, eine gute und leicht anzusprechende Graphik. Trotzdem hat man ab und zu das Gefühl, daß einige Ergänzungen nützlich sein könnten. So haben Sie sicher schon öfters eine Möglichkeit vermißt, einmal gezeichnete Striche wieder zu entfernen, also zu radieren. Wir wollen daher selbst eine entsprechende Prozedur schreiben. Dazu werden, wie bereits erwähnt, verschiedene neue Grundwörter benötigt. Eines dieser Wörter ist TUE, ein Befehl, der auf den ersten Blick reichlich seltsam erscheinen mag. Er verlangt als Eingabe eine Liste, die Befehle enthält. Diese Befehle werden ausgeführt.

TUE	Der Befehl hat eine Liste als Eingabe. Diese Liste wird abgearbeitet. Beispiele: TUE [9 * 9] Ergebnis: 81

```
SETZE "ZAHL 25
TUE [ :ZAHL * :ZAHL ]
Ergebnis: 625

TUE [ VORWAERTS 30 ]
```

```
SETZE "BEFEHL [ VORWAERTS 30 ]
TUE :BEFEHL
```

TUE macht also gar nichts Neues, oder? Nun, Sie sehen im letzten Beispiel, daß der Befehl auch Variablen verarbeiten kann. Diese Anwendung ist in vielen Zusammenhängen wichtig.

Noch zwei weitere Grundwörter braucht man für die Lösung des Radiergummi-Problems. Sie betreffen den Umgang mit Farben. Es ist möglich, natürlich vorausgesetzt man hat einen entsprechenden Monitor, sowohl die Farbe des Hintergrunds als auch die Farbe des Zeichenstifts zu ändern. Das geht mit Hilfe der Kommandos HINTERGRUND und FARBE.

HINTERGRUND	HG	Der Befehl verlangt eine Zahleneingabe zwischen 0 und 6. Auf dem Bildschirm wird die entsprechende Hintergrundfarbe eingestellt.

FARBE — Auch hier wird eine Zahl zwischen 0 und 6 eingegeben, die die Farbe des Zeichenstifts bestimmt.

In beiden Fällen gilt die gleiche Zuordnung von Farben und Zahlen, die Sie im folgenden sehen:

0	schwarz
1	weiß
2	grün
3	violett
4	orange
5	blau
6	Schwarz-Weiß-Graphik

Die Voreinstellung dieser Werte beim Einlesen von LOGO ist "0" für den Hintergrund und "1" für die Farbe. Sie haben also bisher mit einem weißen Stift auf einem schwarzen Untergrund gezeichnet. Mit Hilfe von HINTERGRUND und insbesondere mit Hilfe von FARBE ist es nun möglich, farbige Zeichnungen auf den Bildschirm zu bringen. Wenn Sie einen Farbmonitor haben, so können Sie damit ein wenig experimentieren. Nehmen Sie dazu Prozeduren, die in den ersten Kapiteln des Buches angesprochen wurden, und wandeln Sie diese durch eine neue Farbgebung ab. Erwarten Sie aber nicht zuviel vom Ergebnis. Farbige Striche werden recht grob gezeichnet.

```
PR HAUS
   HINTERGRUND 3
   FARBE 2
   VIELECK 4 50
   VORWAERTS 50
   FARBE 5
   RECHTS 30
   VIELECK 3 50
ENDE

PR VIELECK :N :SEITE
   WIEDERHOLE :N [ VORWAERTS :SEITE RECHTS 360 / :N ]
ENDE
```

Aber auch oder vielleicht gerade, wenn Sie nur weiß auf schwarz oder grün auf schwarz arbeiten, gibt es ein paar interessante Anwendungen. Eine davon ist das Radieren. Die Grundidee bei der Herstellung eines LOGO-Radiergummis ist, daß eine gezeichnete Linie in der Farbe des Hintergrunds übermalt wird. Es sieht dann so aus, als würde diese Linie ausradiert werden. Geht man von der durch das System gegebenen Voreinstellung der Hintergrundfarbe, also von schwarz aus, so kommt man zu der folgenden Prozedur RADIEREN.

```
PR RADIEREN :KOMMANDO
   FARBE 0
   TUE :KOMMANDO
   FARBE 1
ENDE
```

Die Prozedur RADIEREN hat als Eingabe eine Liste, in der ein LOGO-Befehl steht. Man würde also beispielsweise

```
RADIEREN [ VORWAERTS 30 ]
```

aufrufen, um eine Strecke zu korrigieren, die 30 Igelschritte lang ist. Sie sehen, daß hier TUE unumgänglich notwendig ist. Man kann nur so die Eingabe zu RADIEREN variabel gestalten. RADIEREN kann man natürlich auch mit komplexeren Eingaben anwenden. Probieren Sie es aus und geben Sie

```
VIELECK 8 40
RADIEREN [ VIELECK 8 40 ]
```

in den Rechner ein.

SPIELEREIEN MIT DEM GRAPHIK-BILDSCHIRM

Mit Hilfe der Befehle HINTERGRUND und FARBE kann man auch die Darstellung von Zeichnungen auf dem Bildschirm verbessern. Die Prozedur

```
PR FEINSTRICH
   HINTERGRUND 6 FARBE 1
ENDE
```

bewirkt, daß feinere Striche bei Verwendung der Igel-Graphik entstehen. Auch hierzu brauchen Sie keinen Farbmonitor, auf jedem Monitor können Sie diese Veränderung beobachten. Die Hintergrundfarbe 6 ändert allerdings nicht, daß mit hellem Stift auf dunklen Untergrund gezeichnet wird. Aber auch das ist möglich. Die folgende Prozedur läßt einen hellen Hintergrund erscheinen, der Igel hinterläßt darauf dunkle Spuren. Auch Zeichnungen, die sich bereits auf dem Bildschirm befinden, können damit umgekehrt werden.

```
PR UMKEHRBILD
   HINTERGRUND 1 FARBE 0
ENDE
```

Als Beispiel für das Ergebnis einer solchen Umkehrung könnten sie die Prozedur SUEDSEE noch einmal auf den Bildschirm holen. Zusammen mit UMKEHRBILD kommt man zu einem ansprechenden Bild, das auch genau so, also mit dunklem Hintergrund, auf einem Drucker ausgedruckt werden kann. Wir wählen hier zur Demonstration eine Spirale, die Sie unter dem Prozedurnamen SPIRALE.1 im folgenden Text wiederfinden werden.

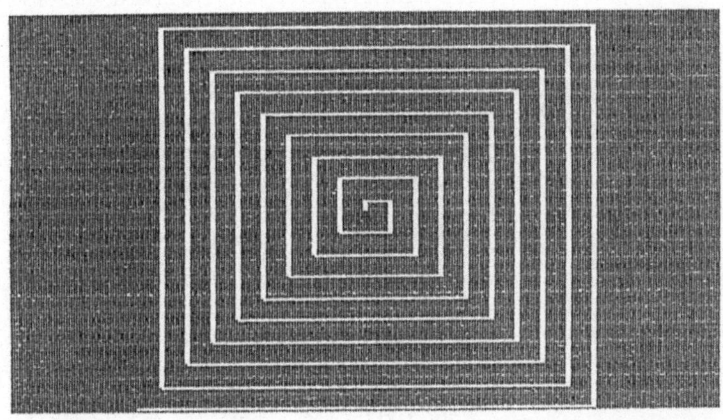

Soll auf diesem Hintergrund radiert werden, muß entsprechend die Farbe des Stifts auf die neue Einstellung geändert werden.

```
PR UMK.RADIEREN :KOMMANDO
   FARBE 1 TUE :KOMMANDO FARBE 0
ENDE
```

Noch einfacher ist es mit dem Radieren, wenn mit der Farbe 6 gearbeitet wird. Dann wird nämlich die Farbe jedes Punktes umgekehrt, den der Igel durchläuft. Wenn Sie also auf einem leeren Bildschirm zum Beispiel das Kommando VORWAERTS 30 eingeben, sehen Sie wie gewohnt eine Spur. Geben Sie gleich anschließend RUECKWAERTS 30 ein, so verschwindet sie wieder.

Haben Sie ausreichend mit den beiden Befehlen experimentiert? Wenn Sie dann nicht mehr ganz sicher sind, was Sie nun gerade aufgerufen haben, dann können Sie eine Rückmeldung über die aktuelle Farbe des Stifts und des Hintergrunds bekommen. Das entsprechende Grundwort ist IGELZUSTAND oder IZ. Es macht sogar noch etwas mehr.

IGELZUSTAND IZ

Der Befehl hat keine Eingaben. Die Ausgabe ist eine Liste, die aus vier Elementen besteht. Das erste ist WAHR oder FALSCH, je nachdem, ob der Zeichenstift abgesetzt ist oder nicht. Das zweite Element ist WAHR, wenn der Igel zu sehen ist und FALSCH, falls er versteckt wurde. Das dritte Element in der Liste ist eine Zahl, die die Farbe des Hintergrunds angibt. Die letzte Zahl beschreibt die Farbe des Zeichenstifts.

Beispiel:

IGELZUSTAND
Ergebnis: [WAHR FALSCH 3 4]

Das Ergebnis bedeutet folgendes: Der Zeichenstift ist abgesenkt, der Igel ist nicht zu sehen, der Hintergrund ist violett und die Farbe des Stiftes orange.

Der Befehl hat eine Rückgabe. Das heißt also insbesondere, daß man das Ergebnis im Zusammenhang mit anderen Listenbefehlen verwenden kann. Man hat also beispielsweise über LETZTES OHNELETZTES IGELZUSTAND einen direkten Zugriff auf die Hintergrundfarbe. Eine Anwendung zeigt Ihnen die folgende Aufgabe.

AUFGABE

(1) Schreiben Sie eine Prozedur BILDWECHSEL, die die Hintergrundfarbe umkehrt. BILDWECHSEL soll also einen hellen Hintergrund erzeugen, wenn dieser augenblicklich dunkel ist, und einen dunklen Hintergrund, wenn er im Moment hell ist.

Ebenso wie über den Zustand von Igel und Bildschirm kann man genaue Angaben über die augenblickliche Position des Igels bekommen. Dabei werden zur Beschreibung die Punkte des Achsenkreuzes benutzt, das Sie bereits früher kennengelernt haben.

XKO	Der Befehl hat keine Eingabe. Ausgegeben wird die x-Koordinate des aktuellen Igel-Standpunkts.
YKO	Der Befehl hat keine Eingabe. Ausgegeben wird die y-Koordinate des aktuellen Igel-Standpunkts.
KURS	Der Befehl hat keine Eingabe. Ausgegeben wird eine Zahl zwischen 0 und 359, die die Abweichung in Grad von der Grundposition des Igels anzeigt. Die Winkel werden im Uhrzeigersinn gelesen. Es bedeutet zum Beispiel 90 eine Drehung um 90 Grad nach rechts, 180 die Blickrichtung nach unten, 270 eine Drehung um 270 Grad nach rechts oder um 90 Grad nach links.

AUFGABE

(2) Schreiben Sie eine Prozedur INVERT, die als eine Eingabe eine Liste hat. Diese Liste soll durch INVERT folgendermaßen geändert werden: Es soll VORWAERTS 50 aus RUECKWAERTS 50 werden und umgekehrt, es soll LINKS 90 aus RECHTS 90 werden und umgekehrt. Mit anderen Worten: Die Prozedur soll die Zahlen in der Eingabeliste unverändert lassen und die angesprochenen Grundwörter durch die inversen Operationen ersetzen. Eine solche Funktion ist nützlich zum Beispiel im Zusammenhang mit

RADIEREN oder UMK.RADIEREN. Man kann damit eine ganze Folge von Igelspuren löschen, ohne sich Gedanken machen zu müssen, wie sie nun im einzelnen umgekehrt wird.

DIE LOGO-SPIRALE - EINE ANWENDUNG VON TUE

Spiralen sind hübsche Anwendungen der LOGO-Graphik. Man kann ganz einfache definieren, wie etwa die folgende Prozedur SPIRALE.1. Was dieser Baustein macht, haben Sie ja schon weiter vorne gesehen. Dabei wurde SPIRALE.1 5 aufgerufen.

```
PR SPIRALE.1 :LAENGE
   WENN :LAENGE > 100 RUECKKEHR
   VORWAERTS :LAENGE RECHTS 90
   SPIRALE.1 :LAENGE + 5
ENDE
```

Man kann auch etwas anspruchsvollere Prozeduren entwerfen wie zum Beispiel eine Kreisspirale. Sie wird aus Halbkreisen zusammengestzt, die mit jedem Aufruf der Prozedur ein kleines bißchen größer werden.

```
PR SPIRALE.2 :LAENGE
   WENN :LAENGE > 15 RUECKKEHR
   WIEDERHOLE 18 [ VORWAERTS :LAENGE RECHTS 10 ]
   SPIRALE.2 :LAENGE + 0.5
ENDE
```

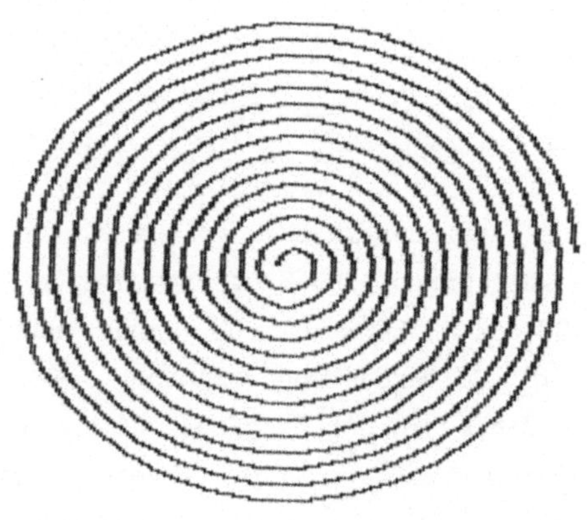

Oder man kann die folgende LOGO-Spirale auf den Bildschirm bringen, die Sie in ähnlicher Form bereits am Anfang des Kapitels gesehen haben.

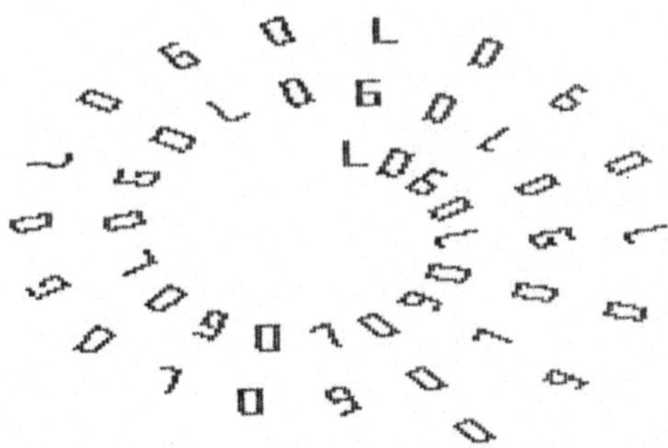

Sie besteht aus den Buchstaben L, O und G, die spiralförmig angeordnet auf den Monitor gezeichnet werden. Beschäftigen wir uns doch zunächst einmal mit den einzelnen Buchstaben. Die Prozeduren, die sie auf den Bildschirm bringen, heißen aus naheliegenden Gründen L, O und G.

```
PR L
   VORWAERTS 10 RUECKWAERTS 10
   RECHTS 90 VORWAERTS 5
   RUECKWAERTS 5 LINKS 90
ENDE

PR O
   WIEDERHOLE 2 [ VORWAERTS 10 RECHTS 90 VORWAERTS 5 RECHTS 90 ]
ENDE

PR G
   VORWAERTS 10 RECHTS 90 VORWAERTS 5 RUECKWAERTS 5
   LINKS 90 RUECKWAERTS 10 RECHTS 90 VORWAERTS 5
   LINKS 90 VORWAERTS 5 LINKS 90
   VORWAERTS 3 RUECKWAERTS 3 LINKS 90
   VORWAERTS 5 RECHTS 90 VORWAERTS 5 RECHTS 90
ENDE
```

Alle drei Prozeduren sind so definiert, daß der Igel in der unteren linken Ecke des Buchstabens mit der Zeichnung beginnt und dorthin auch wieder zurückkehrt. Man spart sich dadurch das Ausrichten in eine bestimmte Position. Möchten Sie das Wort LOGO in einer Reihe sehen, so geht das mit der folgenden Prozedur.

```
PR LOGO :LISTE
   WENN :LISTE = [ ] RUECKKEHR
   TUE ERSTES :LISTE
   STIFTHOCH
   RECHTS 90
   VORWAERTS 10
   LINKS 90
   STIFTAB
   LOGO OHNEERSTES :LISTE
ENDE
```

Der Aufruf ist etwas kompliziert. In der Eingabeliste müssen nämlich auch noch alle Buchstabenprozeduren als Liste geschrieben werden. Denken Sie daran, daß TUE als Eingabe eine Liste braucht.

```
LOGO [ [L] [O] [G] [O] ]
```

Die Prozedur ist durch die variable Eingabe selbstverständlich auch zum Ausdrucken beliebiger Buchstabenkombinationen zu benutzen. Andere Buchstaben als L, O oder G muß man natürlich vorher definieren. Eine Aufgabe dazu folgt etwas später.

Wie könnte prinzipiell die Spirale aussehen? Nun, der Igel schreibt den Buchstaben L, geht ein Stückchen vorwärts, dreht sich ein bißchen, schreibt ein O, geht ein Stückchen vorwärts, dreht sich ein bißchen, schreibt ein G, usw. Der Drehwinkel bleibt dabei in jedem Schritt unverändert, nur die Länge des VORWAERTS-Schrittes wird kontinuierlich größer, genauso wie es bei der Kreisspirale SPIRALE.2 der Fall war. Diese Länge bekommt den Namen ABSTAND und wird im Prozedurkopf definiert. Die einzelnen Buchstaben hingegen werden in einer Liste LISTE zusammengefaßt, ähnlich wie es bei der Prozedur LOGO gemacht wurde. Auch LISTE ist eine Variable, die im Prozedurkopf steht.

```
PR SPIRALE :LISTE :ABSTAND
   WENN :LISTE = [ ] RUECKKEHR
   TUE ERSTES :LISTE
   STIFTHOCH
   RECHTS 90
   RECHTS 20 VORWAERTS :ABSTAND
   LINKS 90
   STIFTAB
   SPIRALE ( OHNEERSTES :LISTE ) ( :ABSTAND + 0.5 )
ENDE
```

Die fünfte Zeile der Prozedur beinhaltet die Drehung und die Vorwärtsbewegung. Die Befehle RECHTS 90 und LINKS 90 sind notwendig wegen der Art und Weise, wie die Buchstaben definiert wurden. Die Kommandos STIFTHOCH (SH) und STIFTAB (SA) verhindern unerwünschte Verbindungslinien zwischen den einzelnen Buchstaben. Die LOGO-Spirale könnte man nun durch den Aufruf

```
SPIRALE [ [L] [O] [G] [O] [L] [O] [G] [O] [L] [O] [G]
                              [O] [L] [O] [G] [O] ] 10
```

bekommen. Aber das ist doch eine recht mühselige und auch fehleranfällige Art der Eingabe. Einfacher ist, LOGO die Liste selbst erzeugen zu lassen. Sie hat einen Grundbaustein, nämlich die Buchstabenfolge L O G O, jeweils in Listenklammern, die mehrmals wiederholt wird. Wir schreiben daher eine Prozedur ERZEUGE.LISTE, die zwei Eingaben hat. Die erste heißt :ANZAHL und bestimmt, wie oft eine bestimmte Buchstabenkombination in der Liste auftreten soll. Die zweite ist :INHALT. Sie gibt die zu wiederholende Kombination an. In unserem Fall wäre das die Buchstabenfolge L O G O, es kann aber auch jede andere Kombination sein. Die Idee hinter dieser Prozedur ist, daß so oft wie :ANZAHL angibt, der :INHALT zu einer bereits bestehenden Liste hinzugefügt wird. Diese Liste ist zu Beginn leer. Das Anfügen geschieht dieses Mal mit Hilfe des neuen Grundwortes SATZ.

SATZ	Der Befehl hat zwei Eingaben. Jede dieser Eingaben kann eine Liste oder ein Wort sein. Die Eingaben werden zu einer Liste zusammengenommen. Bei mehr als zwei Eingaben werden runde Klammern gesetzt.

Beispiele:

```
SATZ "GUTEN "ABEND!
Ergebnis: [ GUTEN ABEND! ]

SATZ [ LISTE.1 ] [ LISTE.2 ]
Ergebnis: [ LISTE.1 LISTE.2 ]

( SATZ [ DIES ] [ IST EIN ] "BEISPIEL )
Ergebnis: [ DIES IST EIN BEISPIEL ]
```

SATZ hat vielfältige Anwendungen, insbesondere auch dann, wenn es um eine gute Darstellung von Ergebnissen geht. In den Fällen, in denen wir bisher mit runden Klammern um einen DRUCKEZEILE-Befehl gearbeitet haben, hätte man auch SATZ verwenden können. Darüber hinaus lassen sich mit Hilfe von SATZ aber auch Listen zusammenfassen, ohne daß die einzelnen Listen dann als Teillisten enthalten sind. Ihre Elemente werden zu einfachen Elementen der neuen Liste. Diese Verwendung von SATZ brauchen wir nun. Man würde mit anderen Befehlen ein Chaos von eckigen Klammern erzeugen, was unweigerlich zu einer Fehlermeldung führen würde.

```
PR ERZEUGE.LISTE :ANZAHL :INHALT
   WENN :ANZAHL = 0 RUECKGABE [ ]
   RUECKGABE SATZ :INHALT ERZEUGE.LISTE ( :ANZAHL-1 ) :INHALT
ENDE
```

Die Prozedur ermöglicht es, eine LOGO.SPIRALE recht einfach zu definieren. Sie bringt 11-mal das Wort in spiralförmiger Anordnung auf den Bildschirm. Die Beschränkung auf die elfmalige Wiederholung hat den einen Grund, daß bei jeder weiteren der Igel einen Randsprung macht.

```
PR LOGO.SPIRALE
   SETZE "LISTE ERZEUGE.LISTE 11 [ [L] [O] [G] [O] ]
   VERSTECKIGEL
   VOLLBILD
   SPIRALE :LISTE 10
ENDE
```

Wenn wir schon beim Randsprung sind - es gibt da einen LOGO-Befehl, der es vermeidet, daß der Igel den Bildschirm auf einer Seite verläßt, um auf der anderen wieder herauszukommen. Dieser Befehl führt allerdings nur zu einer entsprechenden Fehlermeldung, wenn dieser Fall eintritt.

RAND		Das System gibt die Fehlermeldung IGEL IM AUS, wenn der Igel versucht, die Bildschirmgrenzen zu durchbrechen. Der Befehl hat keine Eingabe. Das Kommando
RANDSPRUNG	RS	setzt das System wieder in den normalen Zustand. Wenn also ein Befehl den Igel zu weit wegschickt, erfolgt ein Sprung zum entgegengesetzten Rand. Dort setzt der Igel seine Bewegung fort. Auch RANDSPRUNG hat keine Eingaben.

AUFGABE

(3) LOGO IST LOGO IST LOGO ... heißt die Überschrift. Können Sie den ganzen Satz so in eine Spirale einbinden, wie Sie es eben für einen Teil des Satzes gesehen haben?

GEOMETRIE - BAUSTEINE

Auch Utilities, die dem Bereich der Geometrie zuzuordnen sind, haben Sie bereits kennengelernt. Das QUADRAT kann in vielen Problemen verwendet werden, genauso wie das DREIECK, das VIELECK oder der KREIS. Dabei hatten wir bisher einen Kreis über seinen Umfang definiert. Erinnern Sie sich noch?

```
PR KREIS :GROESSE
   WIEDERHOLE 36 [ VORWAERTS :GROESSE RECHTS 10 ]
ENDE
```

Es entsteht bei dieser Prozedur ein Kreis oder eigentlich ein Vieleck, dessen Umfang 36*:GROESSE ist. Normalerweise wird allerdings ein Kreis definiert über den Radius oder den Durchmesser. Man schlägt mit dem Zirkel um einen festen Punkt einen Kreis mit gegebenem Radius. Dies wollen wir nun auch mit Hilfe des Igels machen und eine Prozedur KREIS.RAD :RADIUS definieren.

Überlegen Sie sich dazu, daß für einen Kreis gilt

$$U = 2 * \pi * RADIUS$$

wenn U der Umfang und RADIUS der Radius ist. Nun ist dieser Umfang bei der Igelzeichnung zu beschreiben durch 36 * :LAENGE, wenn :LAENGE die Länge des VORWAERTS-Schrittes bezeichnet, den der Igel für einen Kreis zu wiederholen hat. Es gilt also

$$U = 2 * \pi * RADIUS = 36 * :LAENGE$$

und somit somit bei gegebenem Radius

$$:LAENGE = 2 * \pi * RADIUS / 36$$

Wir können die Prozedur KREIS.RAD also definieren, wenn wir für π(PI) einen Wert einsetzen. Das machen wir gleich in einer Prozedur PI, da die Zahl bei vielen Anwendungen im geometrischen Bereich eine Rolle spielt und immer wieder gebraucht wird.

```
PR PI
   RUECKGABE 3.14159
ENDE

PR KREIS.RAD :RADIUS
   WIEDERHOLE 36 [ VORWAERTS (2 * PI * :RADIUS / 36) RECHTS 10 ]
ENDE
```

UTILITIES-DATEIEN AUF DER DISKETTE

Es ist sinnvoll, oft verwendbare Bausteine in separaten Dateien auf einer Diskette abzuspeichern. Der Kreis etwa könnte in einer Datei "Geometriehilfen" abgelegt werden, in der sich auch die Bausteine QUADRAT, DREIECK,

VIELECK und die Prozedur RADIEREN befinden. Sie wissen bereits, daß bei Eingabe von BEWAHRE der gesamte Inhalt des Arbeitsspeichers auf der Diskette gespeichert wird. Sollen nur ein paar ausgewählte Programme übertragen werden, so müssen die anderen vorher gelöscht werden. Geben Sie dazu vor dem Speichern zunächst den Befehl ZEIGE TITEL oder ZT im Direktmodus ein. Es werden die Titel aller Prozeduren ausgedruckt, die sich im Arbeitsspeicher befinden. Auf diese Weise kann man einen besseren Überblick bekommen, welche Prozeduren noch benötigt werden und welche nicht.

ZEIGE TITEL	ZT	Das Kommando hat keine Eingaben. Es gibt eine Liste mit den Namen aller definierten Prozeduren aus, die sich im Arbeitsspeicher befinden. ZEIGE kann auch die Eingaben NAMEN, PROZEDUREN und ALLES haben. Entsprechend erscheinen alle Namen, die Texte aller Prozeduren oder, beim Kommando ZEIGE ALLES, alle zusammen auf dem Bildschirm.

Sie sehen also jetzt auf dem Bildschirm die Namen aller Prozeduren, die Sie definiert haben. Sind es sehr viele, kann es allerdings passieren, daß ein paar wieder vom Monitor verschwinden, bevor Sie ausreichend Zeit zum Lesen hatten. Man kann mit diesem Kommando keine einzelnen Bildschirmseiten bekommen. Schauen Sie sich nun die Liste an. Benötigen Sie noch einzelne Prozeduren, die aber nicht in die Datei "GEOMETRIEHILFEN übertragen werden sollen? Dann speichern Sie sie alle zusammen ab, zum Beispiel unter "HILFE. Sie können später wieder eingelesen werden. Ansonsten löscht man Prozeduren aus dem Arbeitsspeicher, die nicht mehr gebraucht werden. Das geschieht mit

VERGISS	VG	Das Kommando hat eine Eingabe, welche ein Prozedurname ist. Diese Prozedur wird aus dem Arbeitsspeicher von LOGO entfernt. Beispiel: VERGISS RECHTECK Soll der gesamte Inhalt des Arbeitsspeichers vergessen werden, also alle Namen und alle

Prozeduren, dann geben Sie VERGISS ALLES oder VG ALLES ein. Die Namen und Belegungen von globalen Variablen werden entfernt mit VERGISS NAMEN bzw. VG NAMEN. Wollen Sie nur die Prozeduren entfernen, so geht das mit VERGISS PROZEDUREN oder VG PROZEDUREN.

Löschen Sie nun alle Prozeduren bis auf KREIS, PI, RADIEREN und eventuell andere, die Sie auch für geometrische Anwendungen gebrauchen könnten. Geben Sie VERGISS NAMEN ein, falls Sie entsprechende Variablen definiert hatten. Dann wird alles gespeichert mit

```
BEWAHRE "GEOMETRIEHILFEN
```

Es soll natürlich auch vorkommen, daß man eine gespeicherte Datei wieder von der Diskette löschen möchte. Das könnte zum Beispiel der Fall sein, wenn die Datei "HILFE nicht mehr benötigt wird, weil alle wichtigen Prozeduren in separaten Dateien gespeichert sind. Das Löschen geschieht mit dem Kommando

VERGISSDATEI	VD	Der Befehl hat eine Eingabe. Diese Eingabe ist der Name der Datei, die von der Diskette entfernt werden soll. Wie bei den anderen Diskettenkommandos, also etwa BEWAHRE oder LADE wird auch hierbei dem Namen das Zeichen " vorangestellt. Beispiel: VERGISSDATEI "HILFE

DAS POTENZIEREN VON ZAHLEN ALS SPRACHERWEITERUNG VON LOGO

Sie haben zwar noch nicht alle Grundwörter kennengelernt, die für mathematische Aufgaben zur Verfügung stehen, wir wollen uns aber trotzdem mit einigen möglichen Erweiterungen des Grundwortschatzes beschäftigen. Eine wichtige Erweiterung ist das Bilden von Potenzen einer Zahl. Wenn a eine beliebige rationale Zahl ist und b eine natürliche Zahl, dann schreibt man

a^b als Abkürzung für das Produkt a*a*...*a mit b Faktoren. Man multipliziert also a mit sich selbst und macht das so oft, wie durch b bestimmt ist. Wenn b=1 ist, dann gilt natürlich $a^b = a^1 = a$. Formulieren wir das doch als Algorithmus.

```
Baustein POTENZIEREN (A,B)

    WENN B=1 ist
      DANN gib A als Ergebnis aus.
      SONST multipliziere A mit POTENZIEREN (A,B-1)
```

Sie sehen sicher schon, daß dieser Algorithmus wiederum auf eine rekursive Definition hinausläuft. Wir können ihn im Grunde genauso in ein LOGO-Programm übertragen. Wir nennen die beiden Variablen BASIS (manchmal nennt man die Basis auch Grundzahl) und EXPONENT (das ist die Hochzahl).

```
PR POTENZIEREN :BASIS :EXPONENT
   WENN :EXPONENT = 1 RUECKGABE :BASIS
   RUECKGABE :BASIS * ( POTENZIEREN :BASIS ( :EXPONENT - 1 ) )
ENDE
```

Selbstverständlich wurde POTENZIEREN mit Hilfe von RUECKGABE definiert, denn dieser Baustein dürfte eher in einem Programm denn als eigenständige Prozedur gebraucht werden. Bei einem Probelauf wird dann der Ausgabezahl das Wort "Ergebnis" vorangestellt.

```
POTENZIEREN 3 4
Ergebnis: 81
```

AUFGABE

(4) Man schreibt n! (gelesen n Fakultät) für das Produkt der ersten n natürlichen Zahlen. Es ist beispielsweise 4! = 1*2*3*4 = 24 oder 5! = 1*2*3*4*5 = 120. Die rekursive Definition von n! lautet

1! = 1
n! = n * (n-1)!   für eine natürliche Zahl n > 1

Versuchen Sie, diese Definition in ein LOGO-Programm FAKULTAET zu übertragen.

DER GRÖßTE GEMEINSAME TEILER ZWEIER ZAHLEN

Als letztes Beispiel für eine Mathematik-Anwendung betrachten wir das Problem, den größten gemeinsamen Teiler von zwei natürlichen Zahlen A und B zu bestimmen. Sie wissen vermutlich noch aus der Schule, was die Teiler einer Zahl sind. Es sind alle natürlichen Zahlen, durch die eine gegebene Zahl ohne Rest teilbar ist. Beispielsweise hat 15 als Teiler die Zahlen 1, 3, 5 und 15. Die Teiler von 9 sind 1, 3 und 9. Wir betrachten nun Zahlenpaare. Je zwei Zahlen haben immer mindestens einen gemeinsamen Teiler, nämlich die 1. In unserem Beipiel wären es sogar zwei, denn 9 und 15 sind beide sowohl durch 1 als auch durch 3 teilbar. Da 3 die größere dieser Zahlen ist, ist sie der größte gemeinsame Teiler von 9 und 15. Es gibt nun eine einfache Methode, von zwei beliebigen Zahlen diesen größten gemeinsamen Teiler zu bestimmen. Diese Methode ist der "Euklidische Algorithmus". Nehmen wir einmal an, daß A entweder größer oder gleich B ist. Dann wird nach folgender Methode verfahren.

```
Gegeben sind zwei natürliche Zahl A und B.
    SOLANGE B nicht Null ist,
       bestimme den Rest bei der Division von A durch B;
       ersetze A durch B, ersetze B durch den Rest der Division.
    Gib A aus.
```

oder, in rekursiver Formulierung,

```
Baustein GGT(A,B)

    WENN B=0 ist
      DANN gib A als Ergebnis aus.
      SONST bestimme GGT(B, REST A/B).
```

Dabei ist hier mit REST A/B der Rest bezeichnet, der entsteht, wenn A durch B geteilt wird. Beispielsweise gilt 22/4 = 5*4 + 2. Die Zahl 4 ist also fünfmal ganz in 22 enthalten und 2 ist hier der Rest. Wollen wir mit Hilfe des Euklidischen Algorithmus den größten gemeinsamen Teiler von 125 und 40 bestimmen, so ergibt sich

```
GGT(125,40) = GGT (40,5)    denn 125 = 3*40 + 5
            = GGT (5,0)     denn  40 =  8*5 + 0
            = 5
```

Die zweite Definition läßt sich direkt in ein LOGO-Programm übertragen. Allerdings wird dazu ein neues Grundwort benötigt.

REST	Der Befehl hat zwei Eingaben, die Zahlen sind. Ausgegeben wird der Rest, der entsteht, wenn die erste Zahl durch die zweite Zahl dividiert wird. Sind die Eingaben keine ganzen Zahlen, so werden sie vorher gerundet. Beispiele: REST 18 5 Ergebnis: 3 REST 24 9 Ergebnis: 6

Damit kann man also eine Prozedur GGT definieren, die zwei Eingaben hat. Dies sind die Zahlen, deren größter gemeinsamer Teiler bestimmt werden soll.

```
PR GGT :A :B
   WENN :B = 0 RUECKGABE :A
   RUECKGABE GGT :B ( REST :A :B )
ENDE
```

Probieren Sie, ob diese Definition nur dann ein richtiges Ergebnis liefert, wenn :A größer als :B ist.

Die Mathematik-Bausteine sollten Sie nun auch als eine separate Diskettendatei abspeichern. Vielleicht nehmen Sie noch PI dazu oder die Prozedur

LIESZAHL, die in einem der vorigen Kapitel definiert wurde. Genauso eignen sich der Baustein FAKULTAET, den Sie hoffentlich ohne Schwierigkeiten bewältigt haben, und das Ergebnis der letzten Aufgabe in diesem Kapitel.

AUFGABE

(5) Der Absolutbetrag einer Zahl ist, locker formuliert, die Zahl ohne ihr Vorzeichen. Eine Definition ist

ABS (X) = X wenn X > 0 oder X = 0 ist und
ABS (X) = -X wenn X < 0 gilt.

Es ist also zum Beispiel ABS (3) = ABS (-3) = 3. Übertragen Sie dies in eine LOGO-Prozedur.

LÖSUNG DER AUFGABEN

(1) Hier ist eine Prozedur, die die Hintergrundfarbe entsprechend dem gegebenen Zustand ändert. Sie wird hell, wenn sie vorher dunkel war und dunkel, wenn sie vorher hell war. Die Farbe des Stiftes bleibt dabei gleich.

```
PR BILDWECHSEL
   WENN LETZTES OHNELETZTES IGELZUSTAND = 1 DANN
                 HINTERGRUND 0 SONST HINTERGRUND 1
ENDE
```

(2) Eine Prozedur INVERT ändert die Befehle VORWAERTS, RUECKWAERTS, LINKS und RECHTS und läßt alle anderen Eingaben gleich. Man muß also bestimmen, ob ein Element der Eingabeliste eines dieser Kommandos ist. Wenn ja, wird es invertiert und an gleicher Stelle in die Liste eingefügt. Sonst bleibt das Listenelement unverändert. Beides geschieht mit Hilfe von MITLETZTEM (ML). Sie haben dadurch gleich eine weitere Möglichkeit, mit diesem Grundwort ein wenig vertrauter zu werden. In der folgenden Prozedur werden übrigens für alle LOGO-Grundwörter ausnahmsweise die Abkürzungen geschrieben, da sich sonst sehr lange Zeilen ergeben würden. So ist das Programm wohl etwas übersichtlicher.

```
PR INVERT :LISTE
   WENN :LISTE = [ ] RUECKGABE [ ]
   WENN LZ :LISTE = "VORWAERTS RG ML "RUECKWAERTS INVERT OL :LISTE
   WENN LZ :LISTE = "RUECKWAERTS RG ML "VORWAERTS INVERT OL :LISTE
   WENN LZ :LISTE = "RECHTS RG ML "LINKS INVERT OL :LISTE
   WENN LZ :LISTE = "LINKS ML "RECHTS INVERT OL :LISTE
   RG ML LZ :LISTE INVERT OL :LISTE
ENDE
```

(3) LOGO IST LOGO IST LOGO ...

Für diese Prozedur müssen im Grunde nur die Buchstaben I, S und T mit Hilfe der Igel-Graphik erzeugt werden. Dann wird eine entsprechende Liste als Eingabe zu SPIRALE genommen.

```
PR I
   VORWAERTS 10 RUECKWAERTS 10
ENDE

PR S
   RECHTS 90 VORWAERTS 5
   WIEDERHOLE 2 [ LINKS 90 VORWAERTS 5 ]
   WIEDERHOLE 2 [ RECHTS 90 VORWAERTS 5 ]
   STIFTHOCH RUECKWAERTS 5 LINKS 90
   RUECKWAERTS 10 STIFTAB
ENDE

PR T
   STIFTHOCH
   RECHTS 90 VORWAERTS 2.5 LINKS 90
   STIFTAB
   VORWAERTS 10 RECHTS 90
   VORWAERTS 2.5 RUECKWAERTS 5
   LINKS 90
   STIFTHOCH
   RUECKWAERTS 10
   STIFTAB
ENDE
```

```
PR LOGO.IST.LOGO
   SETZE "LISTE ERZEUGE.LISTE 5 [ [L] [O] [G] [O] [I] [S] [T] ]
   VERSTECKIGEL VOLLBILD
   STIFTHOCH VORWAERTS 30 STIFTAB
   SPIRALE :LISTE 10
ENDE
```

(4) Auch eine LOGO-Prozedur, die n! für eine natürliche Zahl n ausrechnet, läßt sich direkt aus der angegebenen Definition von n! ableiten. Vergleichen Sie die einzelnen Zeilen.

```
PR FAKULTAET :N
   WENN :N = 1 RUECKGABE 1
   RUECKGABE :N * FAKULTAET :N - 1
ENDE
```

(5) Für die LOGO-Definition des Absolutbetrages einer Zahl brauchen wir nur eine einzige Programmzeile.

```
PR ABS :ZAHL
   WENN :ZAHL < 0 RUECKGABE ( - :ZAHL ) SONST RUECKGABE :ZAHL
ENDE
```

9 Streng Geheim!

LISTENVERARBEITUNG FÜR FORTGESCHRITTENE

Tricks und Kniffe bei der Arbeit mit Listen und Wörtern. Zusammenfügen von Elementen zu Listen und Wörtern. Kann man Daten schützen? BEWAHRE als Kommando in einem Prozedurtext.

LOGO-Grundwörter: MITERSTEM (ME), LOESCHETEXT.

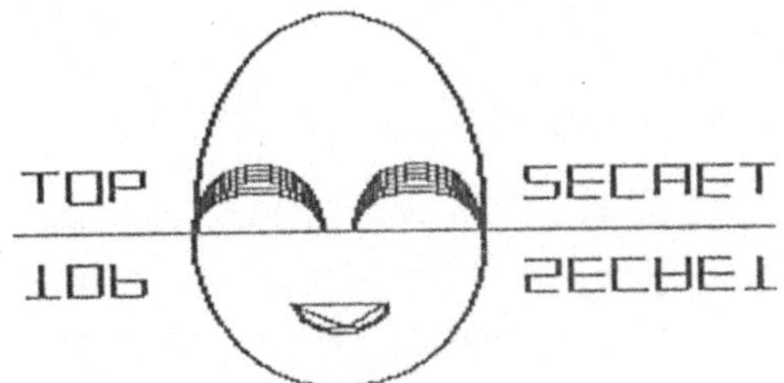

GEHEIMSCHRIFTEN MIT COMPUTERHILFE

Die Versuche, Nachrichten so zu verschlüsseln, daß nicht jeder sie lesen kann, haben eine alte Tradition. Manchmal kann eine solche Arbeit aber ganz schön mühselig sein, denn die Regeln für das Codieren oder Decodieren eines Textes sind häufig kompliziert. Schließlich soll man die Botschaft nicht auf den ersten Blick erkennen können. Warum setzen wir also nicht für diese Aufgabe den Computer ein, der doch für Arbeiten, die nach einer bestimmten Vorschrift ausgeführt werden können, ausgesprochen geeignet ist? Genau das soll in diesem Kapitel geschehen. Wir werden ein Programm schreiben, das einen eingegebenen Text so verändert, daß er nur noch für den Eingeweihten oder aber einen Tüftler zu lesen ist.

EIN ALGORITHMUS FÜR EINE GEHEIMSCHRIFT

Ein Satz wird in gleich lange Wörter zerlegt, wobei die Länge dieser Wörter beliebig gewählt werden kann. Allerdings muß der Empfänger der Botschaft diese Zahl wissen. Ist die Anzahl der Buchstaben nicht durch die gegebene Länge teilbar, so füllt man so lange mit dem Buchstaben "X" auf, bis das erreicht ist. Aus

DAS IST EIN GEHEIMNIS

könnte also bei einer vereinbarten Länge von vier Buchstaben

DASI STEI NGEH EIMN ISXX

werden. Nun dreht man die einzelnen entstandenen Wörter um, so daß der Satz sich

ISAD IETS HEGN NMIE XXSI

liest. Man zerlegt ihn dann neu in Wörter einer anderen Länge, behält aber die Reihenfolge der Buchstaben bei. Wieder wird mit "X" aufgefüllt, wenn zu wenig Buchstaben zur Verfügung stehen. Bei einer Länge von sechs Buchstaben je Wort ist das Ergebnis

ISADIE TSHEGN NMIEXX SIXXXX

und dieser Satz ist nicht mehr auf den ersten Blick in seinem Inhalt zu erkennen. Um ihn ohne Schwierigkeiten zu entschlüsseln, ist die Kenntnis der Zahl notwendig, die im ersten Schritt die Wortlänge bestimmmt.

Die Hauptprozedur für das entsprechende Programm heißt CODIEREN. Sie hat drei Eingaben. Zum einen ist das der Originaltext und zum anderen sind es die beiden Schlüsselzahlen. CODIEREN wird aus verschiedenen Einzelprozeduren zusammengesetzt und dann als wichtigster Baustein in einer Prozedur GEHEIMSCHRIFT verwendet, die auch noch für einen kommentierten Ausdruck sorgt.

In diesem Kapitel werden Sie übrigens kaum neue LOGO-Grundwörter kennenlernen (Sie kennen ja auch schon fast alle). Sie sollen vielmehr mit ein paar weiteren Möglichkeiten vertraut gemacht werden, wie mit den Datentypen Liste und Wort gearbeitet werden kann.

NOCH EINMAL DER LOGO-BEFEHL "WORT"

Betrachten Sie den ersten Schritt in der Codierung eines Textes. Dabei wird ein Satz in Blöcke gleicher Länge zerlegt. Dieses Problem teilen wir in

LOGO auf. Zunächst wird der Satz zu einem einzigen Wort zusammengefaßt, dann erfolgt eine Ergänzung dieses Wortes mit einer passenden Anzahl von angehängten "X". Anschließend wird das so entstandene Wort wieder zerlegt. Soll ein Text beispielsweise in Fünferblöcke aufgespalten werden, so geht das folgendermaßen:

```
DAS IST EINE GEHEIME BOTSCHAFT          -> -> ->
DASISTEINEGEHEIMEBOTSCHAFT              -> -> ->
DASISTEINEGEHEIMEBOTSCHAFTXXXX          -> -> ->
DASIS TEINE GEHEI MEBOT SCHAF TXXXX
```

Diese drei verschiedenen Aufgaben werden auch von drei verschiedenen Prozeduren erledigt. Die erste ist EIN.WORT, die als Eingabe einen Satz hat. Die Buchstaben des Satzes werden zu einem Wort zusammengezogen und zurückgegeben.

```
PR EIN.WORT :SATZ
   WENN :SATZ = [ ] RUECKGABE "
   RUECKGABE WORT (ERSTES :SATZ) (EIN.WORT OHNEERSTES :SATZ)
ENDE
```

Die Prozedur EIN.WORT benutzt den LOGO-Befehl WORT, der aus zwei Wörtern ein neues Wort bildet und zurückgibt. Betrachten Sie dazu die zweite Zeile. Die zwei Eingaben zu WORT sind hier ERSTES :SATZ und EIN.WORT OHNEERSTES :SATZ. Die für den Ablauf im Grunde unnötigen runden Klammern sollen das verdeutlichen. WORT fügt also das erste Wort des eingegebenen Satzes zusammen mit dem Ergebnis von EIN.WORT, wenn die Prozedur auf den Eingabesatz ohne sein erstes Wort angewendet wird. Das klingt alles reichlich kompliziert. Beschreiben wir die Sache also noch einmal mit anderen und einfacheren Worten. Hinter der Prozedur steht, etwas lockerer ausgedrückt, der folgende Gedankengang:

WENN ein Wort da ist, DANN wird es hingeschrieben.
WENN zwei Wörter da sind, DANN werden sie zu einem zusammengesetzt.
WENN drei Wörter da sind, DANN wird es schwierig. Also legt man zunächst eines der Wörter auf einen Stapel. Man hat nun das schwierige Problem zurückgeführt auf das bereits gelöste Problem, zwei Wörter zu einem zusammenzusetzen. Die Lösung steht eine Zeile

weiter oben. Man bekommt als Ergebnis ein Wort und kann daran das Wort vom Stapel anfügen. Ein Wort als Ergebnis und dazu ein Wort vom Stapel - das sind zusammen zwei Wörter. Und wie man dieses Problem bearbeitet, wissen wir bereits!

In der Prozedur EIN.WORT wird ganz ähnlich gearbeitet. Der einzige Unterschied ist, daß hier Problemlösungen angeben werden, wenn der Satz kein Wort oder ein Wort enthält. Ist kein Wort da, ist also der Satz nichts anderes als die leere Liste, dann wird das leere Wort zurückgegeben. Das leere Wort enthält keine Zeichen. Besteht der Satz aus mindestens einem Wort, dann wird es an dieses leere Wort angefügt. Gibt es mehr als ein Wort in dem Satz, so muß man erst durch Stapeln der einzelnen Wörter auf diesen einfachen Fall zurückkommen.

Kommen wir zur zweiten Unterprozedur, die für CODIEREN benötigt wird. Auch beim Ergänzen eines Wortes durch eine passende Anzahl von Buchstaben "X" kann man mit WORT arbeiten. Man muß hier schauen, ob das Eingabewort bereits die gewünschte Anzahl von Buchstaben hat oder nicht. Wenn ja, so ist man fertig und kann es ausgeben. Wenn nicht, dann fügt man mit Hilfe von WORT einmal ein "X" an und prüft, ob die Buchstabenzahl nun in Ordnung ist. Wenn ja, dann kann das Wort hingeschrieben werden, wenn nein, so muß das Anfügen und auch das Prüfen noch einmal gemacht werden. Sie merken sicher, daß auch dieses Problem über eine rekursive Prozedur am leichtesten zu lösen ist. Sie heißt ERGAENZE.WORT und hat die zwei Eingaben :BEGRIFF und :ZAHL. Die erste ist das Wort, dessen Buchstabenzahl gegebenenfalls korrigiert werden soll, die zweite bestimmt die Größe der Blöcke, in die es später zerlegt werden soll.

```
PR ERGAENZE.WORT :BEGRIFF :ZAHL
   WENN REST ( LAENGE :BEGRIFF ) :ZAHL = 0 RUECKGABE :BEGRIFF
   RUECKGABE ERGAENZE.WORT ( WORT :BEGRIFF "X ) :ZAHL
ENDE
```

In der ersten Zeile von ERGAENZE.WORT sehen Sie die Prozedur LAENGE, die die Anzahl der Buchstaben in einem Wort ausgibt. LAENGE hat eine Eingabe, die ein Wort ist. In der Definition der Prozedur wird wiederum benutzt, daß das leere Wort keine Elemente und insbesondere auch keine Buchstaben hat. Die Rückgabe ist in diesem Fall also 0. Hat das Wort aber Buchstaben, so bestimmt man ihre Anzahl, indem man den ersten aus dem Wort streicht, ihn als eins zählt und die Anzahl der Buchstaben im Restwort addiert.

```
PR LAENGE :WORT
   WENN :WORT = " RUECKGABE 0
   RUECKGABE 1 + LAENGE OHNEERSTES :WORT
ENDE
```

In der Prozedur ERGAENZE.WORT werden nun die Buchstaben des Eingabewortes mit Hilfe von LAENGE gezählt. Dann wird mit dem Grundwort REST geprüft, ob sich diese Zahl ohne Rest durch die Variable :ZAHL teilen läßt. Ist das so, sind wir fertig. Wenn nicht, dann wird mit Hilfe von WORT einmal der Buchstabe "X" angefügt. Das wird so lange gemacht, bis sich die Anzahl der Buchstaben im neu entstehenden Wort durch :ZAHL ohne Rest teilen läßt.

LISTENOPERATIONEN ODER AUS EINEM WORT WIRD EIN SATZ

Wurde in der Prozedur EIN.WORT aus einer Liste ein Wort gemacht, so stellt sich jetzt das umgekehrte Problem. Gegeben ist nun ein einziges Wort, zum Beispiel DASISTEINGEHEIMNIS, das in mehrere Wörter gleicher Länge unterteilt werden soll. Aus dem Wort soll also, wenn wir die Aufgabe in LOGO betrachten, eine Liste aus Wörtern gleicher Länge werden. Die Prozedur, die das macht, nennen wir BLOCK. Sie hat drei Eingaben. Eine davon ist das Wort, das mit dem Namen "BEGRIFF bezeichnet wird. Die zweite Eingabe ist eine Zahl, nämlich die Länge der einzelnen neuen Wörter. Sie wird :ZAHL genannt. Die dritte Variable ist :SPEICHER. Sie ist eine reine Hilfsvariable, die vorübergehend Teile des Wortes aufnimmt.

Die Prozedur BLOCK nimmt nun den ersten Buchstaben des Wortes und legt ihn in "SPEICHER ab. Im zweiten Schritt wird hier der zweite Buchstabe hinzugefügt. Das geht so lange, bis das neue Wort in "SPEICHER die gewünschte Länge erreicht hat. Dann wird es zu einem Element der Ausgabeliste, "SPEICHER wird wieder geleert und der Prozeß kann mit den nächsten Buchstaben des Eingabewortes fortgesetzt werden. Die Prozedur bricht ab, wenn alle Buchstaben verbraucht sind, also wenn :BEGRIFF das leere Wort ist. Dann muß nur noch der Inhalt von "SPEICHER aufbewahrt werden. Die LOGO-Prozedur BLOCK hat diese Abbruchbedingung in der ersten Zeile. Sie wird so formuliert, daß

LOGO aus dem Inhalt von "SPEICHER eine neue Liste macht und diese zurückgibt.

```
PR BLOCK :BEGRIFF :ZAHL :SPEICHER
   WENN :BEGRIFF = " RUECKGABE ( LISTE :SPEICHER )
   PRUEFE LAENGE :SPEICHER = :ZAHL
   WENNWAHR RUECKGABE SATZ :SPEICHER ( BLOCK :BEGRIFF :ZAHL " )
   WENNFALSCH RUECKGABE BLOCK ( OHNEERSTES :BEGRIFF ) :ZAHL
                        ( WORT :SPEICHER ERSTES :BEGRIFF )
ENDE
```

Beachten Sie, daß :SPEICHER immer ein Wort ist. Diese einzelnen Wörter müssen allerdings zu einer Liste zusammengefaßt werden. Daher kommen der Befehl SATZ in der dritten Zeile und der Befehl LISTE in der ersten Zeile. Die Anweisung LISTE :SPEICHER in der ersten Prozedurzeile muß in runde Klammern gesetzt werden, denn das Grundwort LISTE verlangt zwei Eingaben. Sollen mehr oder weniger verarbeitet werden, dann kann das durch diese Klammern erreicht werden. In unserem Fall ist :SPEICHER ein einzelnes Wort, so daß die Kennzeichnung notwendig ist.

Zum besseren Verständnis der Arbeitsweise von BLOCK betrachten wir einmal wieder ein ausführliches Beispiel für einen Ablauf dieser Prozedur. Der Beispielaufruf ist BLOCK "KARL 2 ". Etwas ähnliches, wenn auch in nicht ganz so breiter Darstellung, können Sie sehen, wenn Sie mit PROTOKOLLEIN den Prozedurablauf kontrollieren.

```
BLOCK "KARL 2 "
   prüft "KARL = " ;
   die Antwort ist FALSCH; ---> nächste Zeile;
   es wird geprüft, ob "SPEICHER zwei Buchstaben enthält;
   aber "SPEICHER enthält keinen Buchstaben;
   also ist die Antwort FALSCH; ---> übernächste Zeile;
   BLOCK "KARL 2 " ruft BLOCK "ARL 2 "K

   BLOCK "ARL 2 "K
      prüft "ARL = " ;
      die Antwort ist FALSCH; ---> nächste Zeile;
      es wird geprüft, ob :SPEICHER zwei Buchstaben enthält;
```

```
aber "SPEICHER enthält nur einen Buchstaben;
also ist die Antwort FALSCH; ---> übernächste Zeile;
BLOCK "ARL 2 " ruft BLOCK "RL 2 "KA

BLOCK "RL 2 "KA
   prüft "RL = " ;
   die Antwort ist FALSCH; ---> nächste Zeile;
   es wird geprüft, ob :SPEICHER zwei Buchstaben enthält;
   die Antwort ist WAHR; ---> nächste Zeile;
   "KA wird auf einen Stapel gelegt;
   BLOCK "RL 2 "KA ruft BLOCK "RL 2 "

   BLOCK "RL 2 "
      prüft "RL = " ;
      die Antwort ist FALSCH; ---> nächste Zeile;
      es wird geprüft, ob :SPEICHER zwei Buchstaben enthält;
      aber "SPEICHER enthält keinen Buchstaben;
      also ist die Antwort FALSCH; ---> übernächste Zeile;
      BLOCK "RL 2 " ruft BLOCK "L 2 "R

      BLOCK "L 2 "R
         prüft "L = " ;
         die Antwort ist FALSCH; ---> nächste Zeile;
         es wird geprüft, ob :SPEICHER zwei Buchstaben enthält;
         aber "SPEICHER enthält nur einen Buchstaben;
         also ist die Antwort FALSCH; ---> übernächste Zeile;
         BLOCK "L 2 "R ruft BLOCK " 2 "RL

         BLOCK " 2 "RL
            prüft " = ";
            die Antwort ist WAHR;
            BLOCK " 2 "RL gibt [ RL ] zurück an

      BLOCK "L 2 "R
         gibt [ RL ] zurück an

   BLOCK "RL 2 "
      gibt [ RL ] zurück an
```

BLOCK "RL 2 "KA
holt "KA vom Stapel und gibt [KA RL] zurück an

BLOCK "ARL 2 "K
gibt [KA RL] zurück an

BLOCK "KARL 2 "
gibt [KA RL] aus.

Schauen Sie sich jetzt noch einmal den Prozedurtext an. In den beiden letzten Zeilen sehen Sie die LOGO-Formulierung unserer Überlegungen zum allgemeinen Ablauf der Prozedur. Erkennen Sie den Algorithmus wieder? Die dritte Zeile wird abgearbeitet, wenn die Länge des Wortes in "SPEICHER mit der Zahl :ZAHL übereinstimmt, wenn also in der zu erzeugenden Liste ein neues Wort beginnen soll. Dann wird mit Hilfe von SATZ der Inhalt von "SPEICHER zur Ausgabeliste hinzugefügt. Die Ausgabeliste kennen wir allerdings noch nicht. Wie kommt man also dazu? Nun, sie wird durch BLOCK erst erzeugt. Dabei bleibt die Eingabe zu "BEGRIFF unverändert, denn mit den restlichen Buchstaben muß noch weitergearbeitet werden. Nur der Inhalt von "SPEICHER wird gelöscht. Was hier war, ist schließlich auf einem Stapel abgelegt und aufbewahrt. Daher ist das leere Wort die letzte Eingabe beim neuen Aufruf von BLOCK.

Die vierte Zeile ist hier leider auf zwei Druckzeilen verteilt. Es steht aber kein RETURN dazwischen. Sie wird ausgeführt, wenn das Wort in "SPEICHER noch nicht die gewünschte Länge hat. Dann schreiben wir den nächsten Buchstaben zum Inhalt von "SPEICHER hinzu und rufen BLOCK mit einer neuen Eingabe für "BEGRIFF auf, bei der der erste Buchstabe gestrichen ist. Dieser erste Buchstabe ist ja in den "SPEICHER gekommen.

DIE UMKEHRUNG EINER BUCHSTABENFOLGE

Nachdem die letzte Prozedur ein wenig kompliziert war, wird es nun wieder leichter. Man muß die Wörter der Ausgabeliste von BLOCK umkehren. Stellen Sie sich auch hier wieder den einfachen Fall vor, daß ein solches Wort nur einen Buchstaben hat. Dann ist das Problem ganz schnell zu lösen, denn der Buchstabe wird aufgeschrieben. Ein einzelner Buchstabe liest sich von rechts nach links genauso wie von links nach rechts. Und wenn es mehr Buchstaben sind? Nun, dann führen wir das Problem wieder auf einfache Fälle zurück.

WENN ein Wort einen Buchstaben hat, schreibt man ihn hin.
WENN ein Wort zwei Buchstaben hat, nimmt man den ersten und schreibt ihn hin. Den zweiten setzt man davor.
WENN ein Wort drei Buchstaben hat, schreibt man den ersten hin. Davor schreibt man die Umkehrung der beiden letzten Buchstaben. Wie zwei Buchstaben umgekehrt werden, ist bereits bekannt.

Etwas anders könnte man den Algorithmus schreiben als

```
Baustein UMKEHR (Wort)
  WENN das Wort nur einen Buchstaben hat,
       DANN schreibe ihn auf.
       SONST nimm den ersten Buchstaben,
             schreibe ihn auf,
             streiche ihn aus dem Wort,
             schreibe UMKEHR (Restwort) davor.
```

In der praktischen Anwendung hat der Baustein UMKEHR folgende Wirkung:

```
UMKEHR (LAGER)
                 =   UMKEHR (AGER) * L
                 =   UMKEHR (GER) * A * L
                 =   UMKEHR (ER) * G * A * L
                 =   UMKEHR (R) * E * G * A * L
                 =   R * E * G * A * L              =  REGAL
```

Das Sternchen soll hier andeuten, daß sich das betreffende Element in einer Art Wartestellung auf einem Stapel befindet. Genau wie der Baustein UMKEHR formuliert ist, können wir den Algorithmus als LOGO-Prozedur schreiben.

```
PR UMKEHR :BEGRIFF
   WENN OHNEERSTES :BEGRIFF = " RUECKGABE :BEGRIFF
   RUECKGABE WORT ( UMKEHR OHNEERSTES :BEGRIFF ) ( ERSTES :BEGRIFF )
ENDE
```

Für das Problem müssen alle Wörter einer gegebenen Liste umgekehrt werden. Auch das kleiden wir gleich in eine Prozedur ein. Sie heißt UMK.LISTE und hat eine Liste als Eingabe, welche die umzukehrenden Textteile enthält. UMK.LISTE kehrt das erste Wort der Eingabeliste mit Hilfe von UMKEHR um. Das Ergebnis wird zum ersten Element der Ausgabeliste, denn die Reihenfolge der einzelnen Wörter soll sich ja nicht ändern. Zur Realisierung der Prozedur UMK.LISTE benötigt man ein neues LOGO-Grundwort, welches ein Wort zum ersten Element in einer gegebenen Liste macht.

MITERSTEM	ME	Der Befehl hat zwei Eingaben. Die erste Eingabe ist ein Wort oder eine Liste, die zweite Eingabe ist eine Liste. Ausgegeben wird eine Liste, deren erstes Element die erste Eingabe ist und deren andere Elemente die Elemente der zweiten Eingabe sind.

Beispiele:

MITERSTEM "LOGO [MACHT SPASS]
Ergebnis: [LOGO MACHT SPASS]

MITERSTEM 3*3 [27 81]
Ergebnis: [9 27 81]

MITERSTEM [LISTE] [IN EINER LISTE]
Ergebnis: [[LISTE] IN EINER LISTE]

Ist also die erste Eingabe ein Wort, dann kommt es ohne die Kennzeichnung " in die Liste. Ist die erste Eingabe hingegen eine Liste, dann kommt sie auch genauso in die Ursprungsliste hinein. Sie kennen das ja schon von anderen Befehlen wie etwa LISTE.

MITERSTEM hat große Ähnlichkeit mit dem LOGO-Befehl MITLETZTEM, den Sie bereits kennengelernt haben. Während damals ein Element an das Ende einer Liste angefügt wurde, kommt es durch MITERSTEM an den Anfang. Mit Hilfe dieses Befehls kann die Prozedur UMK.LISTE definiert werden.

```
PR UMK.LISTE :TEXT
  WENN :TEXT = [ ] RG [ ]
  RG MITERSTEM ( UMKEHR ERSTES :TEXT ) ( UMK.LISTE OHNEERSTES :TEXT )
ENDE
```

EIN PROBLEM ZUR UMKEHRUNG VON WÖRTERN

Ein Palindrom ist ein Wort, das sich von vorwärts und von rückwärts gleich liest. ANNA, OTTO oder STETS sind einfache Beispiele für Palindrome. Können Sie eine Prozedur PALINDROM? mit einer Eingabe :BEGRIFF schreiben, die prüft, ob ein gegebenes Wort ein Palindrom ist? Sie finden die Lösung, dieses Mal in sehr ausführlicher Form, am Ende dieses Kapitels.

EIN ZWISCHENERGEBNIS UND DIE HAUPTPROZEDUR

Mit den bisher vorhandenen Bausteinen können wir bereits einen Zwischenschritt formulieren. Nehmen wir als Beispiel den Text: EINE STRENG GEHEIME NACHRICHT. Dann hat

```
EIN.WORT [ EINE STRENG GEHEIME NACHRICHT ]
```

die Ausgabe

```
Ergebnis: EINESTRENGGEHEIMENACHRICHT
```

Wir wenden auf dieses Ergebnis ERGAENZE.WORT mit der Zahleneingabe 5 an. Dabei dienen die runden Klammern wie schon so oft nur zur besseren Übersicht. Sie können eingegeben werden, sie müssen aber nicht verwendet werden. Hier sollen sie vor allem demonstrieren, wie LOGO das Problem anpackt und welche Einzelschritte nacheinander ausgeführt werden.

```
ERGAENZE.WORT ( EIN.WORT [ EINE STRENG GEHEIME NACHRICHT ] ) 5
```

ist dasselbe wie

```
ERGAENZE.WORT "EINESTRENGGEHEIMENACHRICHT 5
```

mit der Ausgabe

```
Ergebnis: "EINESTRENGGEHEIMENACHRICHTXXXX
```

Dieses Ergebnis kann nun mit Hilfe von BLOCK in Blöcke von jeweils fünf Buchstaben zerlegt werden. Die Variable SPEICHER wird dabei im ersten Aufruf mit dem leeren Wort belegt, da sie zu diesem Zeitpunkt noch keine Buchstaben aufgenommen hat. Beachten Sie im folgenden Text bitte, daß die ersten zwei Textzeilen nur eine Befehlszeile sind. Auch wenn die Zeile hier aus Platzgründen nicht so geschrieben werden kann, darf auf keinen Fall zwischendurch RETURN gedrückt werden.

```
BLOCK ( ERGAENZE.WORT ( EIN.WORT [ EINE STRENG GEHEIME
                                   BOTSCHAFT ] ) 5 ) 5 "
```

ist dasselbe wie

```
BLOCK ( ERGAENZE.WORT "EINESTRENGGEHEIMEBOTSCHAFT 5 ) 5 "
```

ist dasselbe wie

```
BLOCK  "EINESTRENGGEHEIMEBOTSCHAFTXXXX 5 "
```

und hat die Ausgabe

```
Ergebnis: [ EINES TRENG GEHEI MEBOT SCHAF TXXXX ]
```

Wir haben zwar auch noch eine Prozedur erstellt, die diesen Satz umkehrt. Da aber jeder weitere Zusatz das Ergebnis unübersichtlicher machen würde, fassen wir das bis jetzt erreichte unter dem Namen OPERATION zusammen. Wir schreiben OPERATION als Prozedur mit einer Rückgabe, da sie ja nur ein Zwischenergebnis liefert. Sie hat zwei Eingaben, nämlich zum einen den Text, der verschlüsselt werden soll, und zum anderen die erste der beiden Schlüsselzahlen.

```
PR OPERATION :TEXT :ZAHL
   RUECKGABE BLOCK ( ERGAENZE.WORT (EIN.WORT :TEXT ) :ZAHL ) :ZAHL "
ENDE
```

Es gibt noch einen zweiten Grund außer der Übersichtlichkeit, warum man OPERATION als eigene Prozedur definieren sollte. Wenn die Ausgabe dieses Bausteins, also der in Blöcke zerlegte Satz, umgekehrt wurde, dann kann man OPERATION gerade noch einmal anwenden. Denn nach der Umkehrung muß der entstandene Satz auch wieder zerlegt werden. Die Folge der einzelnen Schritte sieht also so aus:

```
OPERATION [ EINE STRENG GEHEIME BOTSCHAFT ] 5
Ergebnis: [ EINES TRENG GEHEI MEBOT SCHAF TXXXX ]

UMK.LISTE [ EINES TRENG GEHEI MEBOT SCHAF TXXXX ]
Ergebnis: [ SENIE GNERT IEHEG TOBEM FAHCS XXXXT ]
```

Wendet man auf dieses Ergebnis OPERATION mit der Schlüsselzahl 7 an, so ergibt sich:

```
OPERATION [ SENIE GNERT IEHEG TOBEM FAHCS XXXXT ] 7
Ergebnis: [ SENIEGN ERTIEHE GTOBEMF AHCSXXX XTXXXXX ]
```

Man hat also damit die verschlüsselte Nachricht. Diese Folge von Prozeduren, also OPERATION, UMK.LISTE und noch einmal OPERATION, definieren wir nun als eine Prozedur unter dem Namen CODIEREN.

```
PR CODIEREN :TEXT :ZAHL.1 :ZAHL.2
   RG OPERATION ( UMK:LISTE ( OPERATION :TEXT :ZAHL.1 ) :ZAHL.2 )
ENDE
```

EIN ENTWURF DER PROZEDUR "GEHEIMSCHRIFT"

Im Grunde ist damit die eigentliche Arbeit erledigt. Alles was jetzt noch gebraucht wird sind Textbausteine, die einen Benutzer durch das Programm führen. Sie sind leicht zu formulieren. Überlegen wir uns, welche Aufgaben diese noch fehlenden Prozeduren zu erfüllen haben.

Zunächst benötigt man natürlich ein Titelbild, welches beim Aufruf von GEHEIMSCHRIFT erscheint. Man muß also eine Prozedur TITELBILD schreiben. Anschließend soll ein Benutzer seinen Text eingeben können und die beiden

Schlüsselzahlen wählen. Dazu sind Bausteine nötig, die wir TEXTEINGABE und ZAHLENEINGABE nennen. Sie lesen Werte ein, die als TEXT bzw. als ZAHLEN gespeichert werden. Nun beginnt die Arbeit des Rechners, der mit Hilfe von CODIEREN diesen Text verschlüsseln soll. GEHEIMSCHRIFT könnte also folgendermaßen aussehen:

```
PR GEHEIMSCHRIFT
   TITELBILD
   TEXTEINGABE
   ZAHLENEINGABE
   LOESCHETEXT
   DRUCKEZEILE [ ] DRUCKEZEILE [ ]
   DRUCKEZEILE [ Einen Moment Geduld, bitte ... ]
   DRUCKEZEILE [ ] DRUCKEZEILE [ ]
   DRUCKEZEILE CODIEREN :TEXT ERSTES :ZAHLEN LETZTES :ZAHLEN
ENDE
```

Der Hinweis "Einen Moment Geduld, bitte ..." ist in diesem Programm durchaus notwendig. CODIEREN braucht bei längeren Texten eine ganze Weile zur Ausführung. In der vierten Zeile sehen Sie übrigens einen LOGO-Befehl, den Sie bisher noch nicht kennengelernt haben.

LOESCHETEXT	Das Kommando hat keine Eingaben. Es loescht den Text auf dem Bildschirm und setzt den Cursor an den Beginn der ersten Zeile.

AUFGABE

(1) Die Wartezeit kann man einem Benutzer noch angenehmer machen, wenn außer dem Hinweis eine nette Igelzeichnung auf dem Bildschirm erscheint. Fügen Sie die entsprechenden Befehle in die Prozedur GEHEIMSCHRIFT ein.

Es fehlen noch die Definitionen der Prozeduren TITELBILD, TEXTEINGABE und ZAHLENEINGABE. Sie sind einfach zu schreiben. Bei ZAHLENEINGABE werden beide Zahlen in eine Liste eingegeben. Es wird dann geprüft, ob die Eingabe korrekt ist. Bei der ersten Prüfung geht es darum, ob auch wirklich zwei Elemente in der Eingabeliste stehen. Für diese Aufgabe wird eine eigene

Prozedur ANZAHL geschrieben, die das macht. Sie arbeitet ganz ähnlich wie LAENGE, hat aber als Eingabe eine Liste und kein Wort. Bei der zweiten Prüfung wird getestet, ob die Benutzereingaben auch wirklich Zahlen sind. Auch das geschieht mit Hilfe einer eigenen Prozedur, die ZAHLEN? heißt. Ist eine der beiden Bedingungen nicht erfüllt, so wird in ZAHLENEINGABE eine Wiederholung der Eingabe aufgerufen.

```
PR TITELBILD
   LOESCHETEXT BLINKER 0 5
   DRUCKEZEILE [ GEHEIMSCHRIFT ] DRUCKEZEILE [ ************* ]
   DRUCKEZEILE [ ] DRUCKEZEILE [ ] DRUCKEZEILE [ ]
ENDE

PR TEXTEINGABE
   DRUCKEZEILE [ Geben Sie den Text ein: ]
   SETZE "TEXT EINGABE
ENDE

PR ZAHLENEINGABE; liest zwei Zahlen als Liste ein
   DRUCKEZEILE [ Geben Sie zwei Codezahlen ein: ]
   SETZE "ZAHLEN EINGABE
   PRUEFE ANZAHL :ZAHLEN = 2
   WENNFALSCH ZAHLENEINGABE RUECKKEHR
   PRUEFE ZAHLEN? :ZAHLEN
   WENNFALSCH ZAHLENEINGABE
ENDE

PR ANZAHL :LISTE; zaehlt die Elemente in einer Liste
   WENN :LISTE = [ ] RUECKGABE 0
   RUECKGABE 1 + ANZAHL OHNEERSTES :LISTE
ENDE

PR ZAHLEN? :LISTE; prueft, ob in der Eingabeliste nur Zahlen sind
   WENN :LISTE = [ ] RUECKGABE "WAHR
   PRUEFE ZAHL? ERSTES :LISTE
   WENNFALSCH RUECKGABE "FALSCH
   WENNWAHR RUECKGABE ZAHLEN? OHNEERSTES :LISTE
ENDE
```

In der vierten Zeile von ZAHLENEINGABE sehen Sie das Grundwort RUECKKEHR. Es bewirkt, daß nach einem erneuten Aufruf von ZAHLENEINGABE nicht die letzten Zeilen doppelt ausgeführt werden. Sie sehen am besten, was dieses Wort macht, wenn Sie es zur Probe einmal weglassen und ZAHLENEINGABE laufen lassen. Geben Sie dabei eine Liste ein, die nur aus einem Element besteht und schauen Sie sich an, was passiert.

EIN PROBELAUF DES PROGRAMMS "GEHEIMSCHRIFT"

```
GEHEIMSCHRIFT
*************

Geben Sie den Text ein:
KOMME MORGEN ZUM ALTEN BAHNHOF
Geben Sie zwei Codezahlen ein:
5 8

Einen Moment Geduld, bitte ...

EMMOKEGR OMAMUZNB NETLOHNH AXXXXFXX
```

ERSTE SCHRITTE IM PROGRAMMSCHUTZ

Im Grunde sind wir fertig mit der Prozedur GEHEIMSCHRIFT. Dennoch kann man sich noch eine sinnvolle Ergänzung vorstellen. Gerade bei einem solchen Programm ist es nicht gut, wenn jeder es benutzen kann. Besser ist es, wenn im Programm geprüft wird, ob ein Benutzer auch tatsächlich berechtigt ist, damit zu arbeiten. Das kann man machen, indem man ihn ein Paßwort eingeben läßt, mit dem er sich ausweist. Ist das Paßwort richtig, so läuft das Programm, wenn nicht, dann wird die Ausführung abgebrochen. Wir könnten eine solche Prozedur PASSWORT direkt nach der Überschrift einfügen.

```
PR GEHEIMSCHRIFT
   TITELBILD
   PASSWORT
   TEXTEINGABE
```

```
    ZAHLENEINGABE
    LOESCHETEXT
    DRUCKEZEILE [ ] DRUCKEZEILE [ ]
    DRUCKEZEILE [ Einen Moment Geduld, bitte ... ]
    DRUCKEZEILE [ ] DRUCKEZEILE [ ]
    DRUCKEZEILE CODIEREN :TEXT ERSTES :ZAHLEN LETZTES :ZAHLEN
ENDE
```

Formulieren wir eine erste Version dafür. Wir verwenden dabei als Paßwort "AL CAPONE".

```
PR PASSWORT
    DRUCKEZEILE [ Geben Sie das Passwort ein: ]
    SETZE "PASSWORT EINGABE
    PRUEFE :PASSWORT = [ AL CAPONE ]
    WENNFALSCH AUSSTIEG
ENDE
```

Die Ausführung des Programms wird hier mit AUSSTIEG abgebrochen. LOGO ist danach wieder im Direktmodus. Dieses Verfahren hat allerdings einen großen Nachteil, denn wenn ein Benutzer die Hilfe von ZEIGE TITEL und ZEIGE GEHEIMSCHRIFT in Anspruch nimmt, dann ist diese Prozedur nicht lange ein Geheimnis. Besser ist es also, wenn man statt AUSSTIEG das Grundwort TSCHUESS oder ADE verwendet, das gleichzeitig alle Prozeduren im Arbeitsspeicher löscht.

```
PR PASSWORT
    DRUCKEZEILE [ Geben Sie das Passwort ein: ]
    SETZE "PASSWORT EINGABE
    PRUEFE :PASSWORT = [ AL CAPONE ]
    WENNFALSCH TSCHUESS
ENDE
```

Jetzt ist kein Zugriff mehr auf den Programmtext möglich, es sei denn, er wäre auf einer Diskette gespeichert. Dann kann man ihn natürlich wieder holen und sich die Prozeduren vor dem Aufruf oder während des Ablaufs anschauen. Im letzteren Fall unterbricht man das Programm GEHEIMSCHRIFT mit CTRL-G, wenn nach dem Paßwort gefragt wird. Nun schaut man sich mit ZEIGE die Titel und Texte der wichtigen Prozeduren an. Das Paßwort kann man dabei natürlich auch lesen.

AUFGABE

(2) Erweitern Sie die Prozedur GEHEIMSCHRIFT so, daß auch das Entschlüsseln eines codierten Textes möglich wird. Beachten Sie, daß die Rückgabe dabei nur der Text als ein einziges zusammenhängendes Wort sein kann. Sinnvolle Einzelwörter kann der Computer daraus nicht machen.

DAS PALINDROM-PROBLEM

Für die Prozedur PALINDROM? sind die wichtigsten Hilfen bereits formuliert. Ein solches Programm muß nämlich das Eingabewort und seine Umkehrung vergleichen. Sind beide gleich, dann wird WAHR ausgegeben, sind sie es nicht, dann ist das Ergebnis FALSCH. Sie sehen hier zwei Definitionen, die genau das gleiche leisten. Die zweite Formulierung ist wesentlich kürzer und eleganter, denn sie nutzt direkt aus, daß die Beziehung "=" eine Operation ist, die einen Wahrheitswert zurückgibt. Dagegen ist die erste für den Anfänger vielleicht schneller zu verstehen. Diese Version wird auch im folgenden Text noch erweitert.

```
PR PALINDROM? :BEGRIFF
   WENN :BEGRIFF = UMKEHR :BEGRIFF RUECKGABE "WAHR
   RUECKGABE "FALSCH
ENDE

PR PALINDROM? :BEGRIFF
   RUECKGABE :BEGRIFF = UMKEHR :BEGRIFF
ENDE

PALINDROM? "RETTER
Ergebnis: WAHR

PALINDROM? "REGAL
Ergebnis: "FALSCH
```

In diesen beiden Versionen werden nur Palindrome in einer sehr engen Definition erkannt. Bei einer erweiterten Definition fallen unter den Begriff "Palindrom" nämlich auch Wörter wie REGAL oder REGEN, also Wörter, die einen Sinn ergeben, wenn sie von links nach rechts gelesen werden. Kann man auch diese Fälle in einer Prozedur abdecken? Nun, man kann und man kann nicht. Es ist einerseits ganz klar, daß wir ohne Vorgaben keine solche Prozedur schreiben können. LOGO kann zwar ein Wort umdrehen, aber kein sinnvolles deutsches Wort von einem sinnlosen unterscheiden. Allerdings können Beispiele solcher Begriffe in einer Liste abgelegt werden. Dazu wird im Direktmodus eine Variable belegt.

```
SETZE "PALINDROME [ REGAL REGEN EGAL ESEL NEBEL ]
```

Die Prozedur PALINDROM? kann man nun so abändern, daß auch diese Liste kontrolliert wird. Die Prozedur hat dann als Rückgabe WAHR, wenn das Wort in der Liste ist, und FALSCH, wenn es nicht darin enthalten ist. Wir brauchen dazu einmal wieder die Prozedur ELEMENT?, die prüft ob ein gegebenes Element :X in einer Liste :LISTE enthalten ist.

```
PR ELEMENT? :X :LISTE
   WENN :LISTE = [ ] RUECKGABE "FALSCH
   PRUEFE :X = ERSTES :LISTE
   WENNWAHR RUECKGABE "WAHR
   WENNFALSCH RUECKGABE ELEMENT? :X OHNEERSTES :LISTE
ENDE
```

Bei der neuen Prozedur PALINDROM? ändert sich im Vergleich zur alten in der ersten Zeile nichts. Wenn ein Wort mit seiner Umkehrung identisch ist, dann ist es ein Palindrom, also wird WAHR zurückgegeben. In der folgenden Zeile hingegen muß man die zwei Fälle unterscheiden, ob das Eingabewort in der Liste der Palindrome ist oder nicht.

```
PR PALINDROM? :BEGRIFF
   WENN :BEGRIFF = UMKEHR :BEGRIFF RUECKGABE "WAHR
   WENN ( ELEMENT? :BEGRIFF :PALINDROME ) RUECKGABE "WAHR
   WENN ( ELEMENT? UMKEHR :BEGRIFF :PALINDROME ) RUECKGABE "WAHR
   RUECKGABE "FALSCH
ENDE
```

Sie sehen, daß hier zwei Zeilen geschrieben werden, die prüfen, ob entweder ein Wort oder aber seine Umkehrung in der Liste PALINDROME enthalten ist. Auf diese Weise spart man es sich zum Beispiel, auch noch das Wort LAGER in die Liste zu schreiben.

Natürlich werden durch die Prozedur nur die Begriffe korrekt erkannt, die in der Liste enthalten sind. Bei der oben definierten Liste, hätte also der Begriff LIEB keine Chance. LOGO würde mit FALSCH antworten. Wie wäre es also, wenn wir den Computer ein solches Wort dazulernen lassen? Das ist gar nicht so schwer, denn die Liste PALINDROME kann wie jede andere Liste mit Hilfe von MITLETZTEM oder MITERSTEM um neue Elemente erweitert werden. Natürlich muß das Programm dann Informationen bekommen, ob das geschehen soll oder nicht. Dabei könnte man folgendermaßen vorgehen:

```
Baustein ERGAENZEN ( BEGRIFF )
   Frage den Benutzer, ob BEGRIFF ein Palindrom ist.
   Wenn ja, füge BEGRIFF zur Liste hinzu.
   Wenn nein, lasse die Liste unverändert.
```

Als Prozedur kann man ERGAENZEN mit einer Eingabe formulieren, die der Begriff ist.

```
PR ERGAENZEN :BEGRIFF
   DRUCKEZEILE ( SATZ [ Ich kenne den Begriff ] :BEGRIFF [ nicht. ] )
   DRUCKEZEILE [ ]
   DRUCKEZEILE [ Koennen Sie mir sagen, ob es sich ]
   DRUCKEZEILE [ um ein Palindrom handelt? J/N ]
   PRUEFE TASTE = "J
   WENNWAHR SETZE "PALINDROME ( MITERSTEM :BEGRIFF
                     :PALINDROME ) RUECKGABE "WAHR
   RUECKGABE "FALSCH
ENDE
```

Der Baustein ERGAENZEN muß nun in die Prozedur PALINDROM? eingesetzt werden. Es bleibt alles beim alten, wenn ein eingegebener Begriff direkt als Palindrom erkannt wird oder wenn er in der Liste PALINDROME ist. In den ersten Zeilen der ausführlichen Version bleibt die Ausgabe WAHR erhalten. Geändert wird hingegen die letzte Zeile.

```
PR PALINDROM? :BEGRIFF
   WENN :BEGRIFF = UMKEHR :BEGRIFF RUECKGABE "WAHR
   WENN ( ELEMENT? :BEGRIFF :PALINDROME ) RUECKGABE "WAHR
   WENN ( ELEMENT? UMKEHR :BEGRIFF :PALINDROME ) RUECKGABE "WAHR
   RUECKGABE ERGAENZEN :BEGRIFF
ENDE
```

Starten Sie einen Probelauf der Prozedur und geben Sie dabei ein neues Wort ein, zum Beispiel LIEB. Anschließend können Sie sich mit dem Kommando ZEIGE NAMEN anschauen, wie sich die Liste PALINDROME verändert hat.

```
"PALINDROME ist [ LIEB REGAL REGEN EGAL ESEL NEBEL ]
```

Das Programm hat also etwas dazugelernt. Nun ist diese Änderung nicht von Dauer, es sei denn, man speichert die neue Version mit allen Namen auf der Diskette ab. Sie wissen ja, daß LOGO durch den Befehl BEWAHRE den gesamten Inhalt des Arbeitsspeichers in eine Diskettendatei schreibt, also alle Prozeduren und alle Namen. Beim Einlesen werden auch die Namen wieder in den Speicher geholt. Wenn Sie nach dem Probelauf BEWAHRE "PALINDROME eingeben, können Sie bei einem erneuten Start gleich mit der erweiterten Liste arbeiten.

Das Kommando BEWAHRE funktioniert aber nicht nur im Direktmodus, sondern auch im Lernmodus. Man kann die Speicherung als Programmbefehl eingeben. Das hat den Vorteil, daß man nach der Arbeit mit der Prozedur nicht mehr daran denken muß. Es gibt nun zwei Möglichkeiten. Entweder man setzt das Kommando BEWAHRE "PALINDROME an eine geeignete Stelle in der Prozedur oder aber man läßt diese Prozedur unter einem vom Benutzer gewählten Namen abspeichern. Wir wählen die letzte Methode und bauen dabei PALINDROM? gleich in eine kommentierte Prozedur ein.

```
PR SPIEGELWOERTER
   LOESCHESCHIRM
   BLINKER 0 5
   DRUCKEZEILE "SPIEGELWOERTER
   DRUCKEZEILE [ ] DRUCKEZEILE [ ]
   DRUCKEZEILE [ Geben Sie einen Begriff ein: ]
   SETZE "BEGRIFF ERSTES EINGABE
```

```
    DRUCKEZEILE [ ]
    PRUEFE PALINDROM? :BEGRIFF = "WAHR
    WENNWAHR DRUCKEZEILE [ Das Wort ist ein Palindrom. ]
    WENNFALSCH DRUCKEZEILE [ Das Wort ist kein Palindrom. ]
    SPEICHERN
ENDE

PR SPEICHERN
    DRUCKEZEILE [ ]
    DRUCKEZEILE [ Die Prozedur wird nun gespeichert. ]
    DRUCKEZEILE [ Geben Sie einen Namen ein: ]
    SETZE "NAME ERSTES EINGABE
    BEWAHRE :NAME
ENDE
```

Sie sehen in der vorletzten Zeile, daß auch hier Zugriff auf das erste Element der Benutzereingabe genommen wird. Denken Sie daran, daß der Befehl EINGABE eine Liste einliest, die Eingabe zu BEWAHRE aber ein Wort sein muß. Durch ERSTES werden im Grunde die Listenklammern entfernt.

LÖSUNG DER AUFGABEN

(1) Soll ein Bild auf dem Monitor erscheinen, so ist nur in einer Zeile eine Ergänzung der Prozedur GEHEIMSCHRIFT notwendig. Sie können dafür eine Igelzeichnung definieren und einbauen, sie können aber auch eine Bilddatei von der Diskette einlesen. Das Kommando LOESCHETEXT und die Leerzeilen dahinter können wegfallen.

```
PR GEHEIMSCHRIFT
    TITELBILD
    PASSWORT
    TEXTEINGABE ZAHLENEINGABE
    LADEBILD "SUEDSEE
    VERSTECKIGEL DRUCKEZEILE [ Einen Moment Geduld, bitte ... ]
    DRUCKEZEILE [ ] DRUCKEZEILE [ ]
    DRUCKEZEILE CODIEREN :TEXT ERSTES :ZAHLEN LETZTES :ZAHLEN
ENDE
```

(2) Beim Decodieren eines Eingabetextes muß man sich als Ergebnis mit einem Wort zufrieden geben. Es ist natürlich für LOGO nicht möglich, es in einzelne sinnvolle Teile zu zerlegen. Betrachten wir an einem Beispiel, welche Schritte zu unternehmen sind. Wir nehmen dazu den Text "TUEHTSI ESNIEEO HCTRENX XGAXXX" mit den Codezahlen 4 und 7.

```
TUEHTSI ESNIEEO HCTRENX XGAXXXX          -----> (i)
TUEHTSIESNIEEOHCTRENXXGAXXXX             -----> (ii)
TUEH TSIE SNIE EOHC TREN XXGA XXXX       -----> (iii)
HEUT ISTE EINS CHOE NERT AGXX XXXX       -----> (iv)
HEUTEISTEINSCHOENERTAGXXXXXX
```

In Schritt (i) werden die einzelnen Wörter zu einem zusammengefaßt, in Schritt (ii) erfolgt die Zerlegung in Wörter der Länge 4, im dritten Schritt werden diese kleinen Wörter umgekehrt und in (iv) schließlich wieder zu einem zusammengefaßt. Sie sehen, daß man die zweite Zahl, in diesem Fall also die 7, für die Prozedur gar nicht benötigt. Es genügt die Kenntnis der ersten Codezahl. Eine LOGO-Prozedur DECODIEREN hat also nur zwei Eingaben, nämlich zum einen den Text und zum anderen die Zahl. Wenn wir auf das Wegstreichen der vielen "X" am Ende verzichten, hat DECODIEREN folgende Form:

```
PR DECODIEREN :TEXT :ZAHL
   RG EIN.WORT ( UMK.LISTE ( BLOCK ( EIN.WORT :TEXT ) :ZAHL " ) )
ENDE
```

Aber auch einen Ausdruck ohne "X" kann man daraus leicht ableiten. Wir schreiben dazu eine Prozedur WORT.OHNE.X, die den Buchstaben "X" so oft vom Ende eines Wortes streicht, wie er da auftritt. In der Verbindung WORT.OHNE.X (DECODIEREN :TEXT :ZAHL) bekommt man dann das gewünschte Ergebnis. Bedenken Sie aber, daß dann auch ein dazugehöriges "X" am Ende des letzten Wortes gestrichen wird, beispielsweise bei "JUX".

```
PR WORT.OHNE.X :BEGRIFF
   PRUEFE LETZTES :BEGRIFF = "X
   WENNWAHR RUECKGABE WORT.OHNE.X OHNELETZTES :BEGRIFF
   WENNFALSCH RUECKGABE :BEGRIFF
ENDE
```

10 Was sagt die Statistik?

GRAPHIK- UND TEXTDARSTELLUNGEN

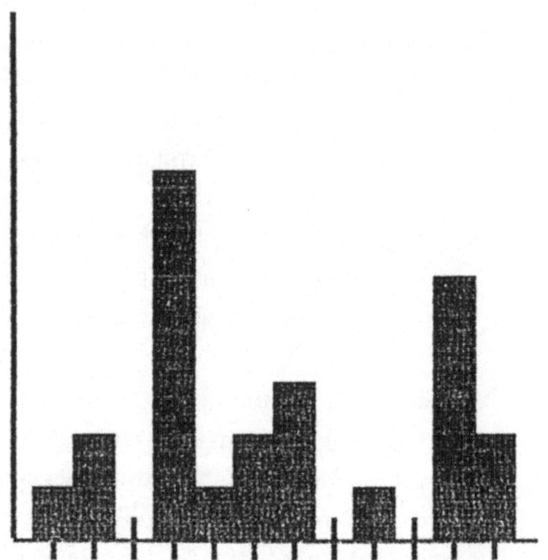

Wahrheitswerte und logische Verknüpfungen. Sortieren von Zahlenlisten. Ein Programm-Menü. Auswertung von Listen.

LOGO-Grundwörter: INT, ALLE?, EINES?, NICHT, AUFKURS (AK), QW.

STATISTIK MIT COMPUTERHILFE

Wir haben uns bisher recht wenig mit mathematischen Anwendungen des Programmierens in LOGO beschäftigt. Dabei gibt es im Bereich der Mathematik viele interessante Probleme, bei denen der Einsatz des Computers dem Benutzer langwierige und langweilige Rechnereien abnehmen kann. Das gilt ganz besonders für statistische Aufgabenstellungen. Hier geht es zumeist darum, große Datenmengen zu verarbeiten. Soll beispielsweise der Durchschnitt von verschiedenen Zahlen berechnet werden, so ist das ganz sicher keine schwere Arbeit, aber es ist eine recht mühsame Arbeit. Sie wissen vermutlich aus einigen Beispielen, etwa der Berechnung eines Notendurchschnitts, wie es gemacht wird. Man muß die einzelnen Werte addieren und zum Schluß diese Summe durch die Anzahl der Zahlen teilen. Das Verfahren ist fehleranfällig, wenn mit vielen Zahlen gearbeitet wird. Man hat hier also eine ideale Aufgabe für den Rechner.

Mit Problemen aus dem Bereich der Statistik wollen wir uns in diesem Kapitel beschäftigen. Zum einen geht es hier darum, daß Sie weitere Möglichkeiten kennenlernen, wie man mit LOGO den Computer bei mathematischen Aufgabenstellungen einsetzen kann. Dabei werden auch logische Verknüpfungen eine Rolle spielen. Zum anderen werden Sie aber auch ein Programm schreiben, bei dem Texte und die Igel-Graphik zusammen benutzt werden. Das ist noch einmal ein Beispiel dafür, wie der Datentyp Liste ausgewertet werden kann.

DIE AUFGABE

Es soll eine Prozedur geschrieben, die zu einer eingegebenen Menge von Zahlen den Durchschnitt, also das arithmetische Mittel, sowie das Maximum, das Minimum und die Standardabweichung bestimmen kann. Darüber hinaus soll die Darstellung dieser Zahlen in einem Blockdiagramm möglich sein. Das Programm ist menügesteuert, der Benutzer kann also die einzelnen Komponenten durch die Eingabe einer Kennziffer abrufen.

DER DURCHSCHNITT VON ZAHLEN

Über die Berechnung des Durchschnitts mehrerer Zahlen haben wir bereits gesprochen. Man bildet die Summe dieser Zahlen, teilt sie durch die Anzahl der Zahlen und bekommt so den Durchschnittswert. Der Durchschnitt der Zahlen 1, 3, 4, 5 und 7 ist (1+3+4+5+7)/5, also 20/5 und das ist 4. Genauso machen wir es in LOGO und definieren eine Prozedur DURCHSCHNITT mit einer Eingabe :LISTE, die die Zahlen aufnimmt.

```
PR DURCHSCHNITT :LISTE
   RUECKGABE ( SUMME :LISTE ) / ( LAENGE :LISTE )
ENDE
```

SUMME und LAENGE sind dabei allerdings keine LOGO-Grundwörter, sondern Hilfsprozeduren, die zunächst geschrieben werden müssen. Beginnen wir mit dem Baustein SUMME. Er wird rekursiv definiert. Man nutzt dabei aus, daß die Summe der Eingabezahlen Null ist, wenn die Liste keine Elemente hat. Das wird die Abbruchbedingung. Ansonsten addiert man die einzelnen Zahlen in der Liste. Die Prozedur LAENGE ist Ihnen hingegen schon häufiger begegnet. Sie gibt die Anzahl der Elemente in einer Liste aus. Bisher haben wir meist eine Version benutzt, die die Länge eines Wortes bestimmte. Der einzige Unterschied zwischen beiden ist in der ersten Zeile. Hier wird nun geprüft, ob die Eingabe die leere Liste ist, nicht wie bisher das leere Wort.

```
PR SUMME :LISTE
   WENN :LISTE = [ ] RUECKGABE 0
   RUECKGABE ERSTES :LISTE + SUMME OHNEERSTES :LISTE
ENDE
```

```
PR LAENGE :LISTE
   WENN :LISTE = [ ] RUECKGABE 0
   RUECKGABE 1 + LAENGE OHNEERSTES :LISTE
ENDE
```

Wieder sind alle Prozeduren mit Hilfe von RUECKGABE definiert, da die Ergebnisse später in einen passenden Text eingekleidet werden sollen. Ein Beispielaufruf von DURCHSCHNITT könnte also folgendermaßen aussehen:

```
DURCHSCHNITT [ 12 16 11 7 4 13 ]
Ergebnis: 10.5
```

GRÖßTE UND KLEINSTE ELEMENTE IN EINER LISTE

Auch die Bestimmung des Minimums und des Maximums einer Liste von Zahlen ist kein sonderlich schwieriges Problem. Man führt bei der Realisierung in LOGO die Aufgabe zunächst auf den einfachsten Fall zurück, also auf den Fall, daß die Liste nur ein Element hat. Dann ist dieses Element das Maximum bzw. das Minimum. Ansonsten werden die ersten beiden Elemente verglichen. Soll das Minimum ausgegeben werden, dann braucht die größere Zahl von beiden nicht mehr berücksichtigt zu werden. Sie kann gestrichen werden. Will man das Maximum, so verfährt man entsprechend mit der kleineren Zahl. Die andere wird jeweils mit dem folgenden Listenelement verglichen. Man spricht das erste Element mit ERSTES (ER), das zweite mit ERSTES OHNEERSTES (ER OE) an.

```
PR MINIMUM :LISTE
   WENN OHNEERSTES :LISTE = [ ] RUECKGABE ERSTES :LISTE
   PRUEFE ( ERSTES :LISTE ) < ( ERSTES OHNEERSTES :LISTE )
   WENNWAHR RUECKGABE MINIMUM ( MITERSTEM ( ERSTES :LISTE )
                          ( OHNEERSTES OHNEERSTES :LISTE ) )
   WENNFALSCH RUECKGABE MINIMUM OHNEERSTES :LISTE
ENDE
```

Die Prozedur MAXIMUM unterscheidet sich von MINIMUM prinzipiell nur an einer Stelle. In der zweiten Zeile wird das Zeichen "<" durch das Zeichen ">" ersetzt. Selbstverständlich müssen ebenfalls die dritte und vierte Zeile geändert werden, allerdings nicht prinzipiell. Aus dem Aufruf von MINIMUM wird ein Aufruf von MAXIMUM. Machen Sie sich also die Arbeit leicht. Geben Sie

```
EDIT MINIMUM
```

ein und ersetzen Sie in der Prozedur MINIMUM das Kleiner-Zeichen durch ein Größer-Zeichen. Verbessern Sie dann den Prozedurtitel und jeweils auch den rekursiven Aufruf in den beiden unteren Zeilen. Mehr ist hier nicht notwendig.

```
PR MAXIMUM :LISTE
   WENN OHNEERSTES :LISTE = [ ] RUECKGABE ERSTES :LISTE
   PRUEFE ERSTES :LISTE > ERSTES OHNEERSTES :LISTE
   WENNWAHR RUECKGABE MAXIMUM ( MITERSTEM ( ERSTES :LISTE )
                          ( OHNEERSTES OHNEERSTES :LISTE ) )
   WENNFALSCH RUECKGABE MAXIMUM OHNEERSTES :LISTE
ENDE
```

Wenn Sie nun mit CTRL-C den Editor verlassen, sind beide Prozeduren, d.h. sowohl MINIMUM als auch MAXIMUM, gespeichert. Sie können es mit ZEIGE TITEL kontrollieren.

DIE DARSTELLUNG VON ZAHLEN IN EINEM DIAGRAMM

Bisher haben wir für das Problem ausschließlich recht kurze Bausteine definiert. Es ist aber klar, daß eine Prozedur, die Zahlen in einem Blockdiagramm darstellen soll, etwas aufwendiger sein muß. Schauen Sie sich einmal das Ziel dieses Bausteins an einem konkreten Beispiel an. Nach Eingabe der Zahlenliste

```
[ 1 2 2 4 4 4 4 4 4 4 4 5 5 6 6 7 7 7 9 11 11 11 11
                                   11 11 11 12 12 ]
```

soll LOGO das folgende Diagramm auf dem Bildschirm erzeugen. Es besteht aus einer Rechts- und einer Hochachse und aus Blöcken, die die einzelnen Zahlen in der Eingabeliste repräsentieren.

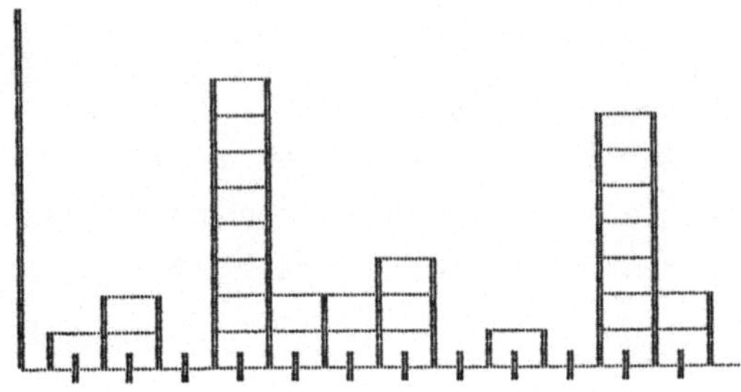

Ein solches Diagramm heißt Blockdiagramm, da die einzelnen Werte als Blöcke in einer einheitlichen Größe dargestellt werden. Jeder Eingabewert wird dabei durch einen Block repräsentiert. Wir wählen hier Blöcke, die 15 Igelschritte lang und 15 Igelschritte breit sind. Die Zahl "15" im Igelsystem steht also für "1" in unserem System. Die x-Achse ist nun ganz entsprechend gekennzeichnet. Allerdings wurde auf eine Beschriftung verzichtet, da jede einzelne Zahl wiederum mit Hilfe des Igels realisiert werden müßte. Bei den Buchstaben L, O und G haben Sie ja schon gesehen, daß das eine recht aufwendige Sache ist. Vielleicht haben Sie trotzdem Lust, es zu ergänzen. Bringen wir aber zunächst die beiden Achsen auf den Bildschirm. Sie sollen diesmal ihren Schnittpunkt nicht im Nullpunkt des LOGO-Achsenkreuzes haben, da sonst nach rechts zu wenig Platz zur Verfügung steht. Wir beginnen im Punkt (-75/-30). Die Prozedur ACHSEN zeichnet die Rechtsachse und die Hochachse, die Prozedur STRICHE sorgt für Striche, die die Zahlenwerte 1,2,3 usw. markieren sollen. Es ist dabei auf der Rechtsachse Platz für 12 Werte.

```
PR ACHSEN
   BILD
   VERSTECKIGEL
   STIFTHOCH RUECKWAERTS 30 STIFTAB
   RECHTS 90 VORWAERTS 120 RUECKWAERTS 195
   LINKS 90 VORWAERTS 150
   STRICHE
ENDE
```

```
PR STRICHE
   POSITION ( -60 ) ( -30 )
   WIEDERHOLE 12 [ VW 6 RW 12 VW 6 RE 90 VW 15 LI 90 ]
   STIFTHOCH MITTE
   STIFTAB
ENDE
```

In der ersten Zeile von STRICHE sehen Sie eine Prozedur POSITION, die das macht, was früher schon unter dem Namen POS definiert wurde. Sie schickt den Igel zu einem bestimmten Punkt und richtet ihn auf die Blickrichtung nach oben aus. Warum hat POS nun einen neuen Namen? Nun, weil wir die Definition leicht ändern und dabei ein neues LOGO-Grundwort benutzen wollen.

AUFKURS	AK	Das Kommando hat eine Eingabe, die eine Zahl ist. Die Zahl wird als Winkel in Grad begriffen und der Igel richtet sich entsprechend aus. "0" bedeutet 0 Grad, also die Ausrichtung zum oberen Bildschirmrand, 270 bedeutet 270 Grad und das ist die Ausrichtung zum linken Bildschirmrand.

```
PR POSITION :XPOS :YPOS
   STIFTHOCH
   AUFXY :X :Y
   AUFKURS 0
   STIFTAB
ENDE
```

AUFGABE

(1) Ändern Sie POSITION so ab, daß die Prozedur drei Eingaben hat und den Igel zu einem beliebigen Punkt mit beliebiger Blickrichtung bringt.

In dieses Gitternetz sollen nun die Werte entsprechend ihrem Auftreten in der Liste eingetragen werden. Jede Zahl wird dabei, wie bereits gesagt, durch ein Quadrat mit der Seitenlänge 15 Igelschritte repräsentiert. Ein solches Quadrat wurde bereits ganz am Anfang als Prozedur geschrieben.

```
PR QUADRAT :SEITE
   WIEDERHOLE 4 [ VORWAERTS :SEITE RECHTS 90 ]
ENDE
```

Mit QUADRAT 15 wird eine Einheit aufgerufen. Das Problem ist natürlich, an welche Stelle dieser Block gezeichnet werden soll. Würden alle Werte höchstens einmal vorkommen, also nur Teile der Liste [1 2 3 4 5 6 7 8 9 10 11 12] zugelassen sein, wäre es noch einfach. Die Koordinaten des Punktes "1" sind (- 60) und (- 30). Will man darüber einen Block der Länge 15 zeichnen, so ist der Igel um 7.5 Schritte nach links zu bewegen. Dann wird ein Quadrat der Länge 15 gezeichnet. Soll nun über die "2" ein Block kommen, so bewegt man den Igel zunächst um 15 Schritte nach rechts und zeichnet dann das Quadrat. Ähnlich einfach wäre das Problem, hätte man nur einen einzigen Wert mehrfach in der Eingabeliste, wie beispielsweise bei der Liste [1 1 1 1 1]. Hier wäre eine Verschiebung um 15 Igelschritte entlang der y-Achse notwendig.

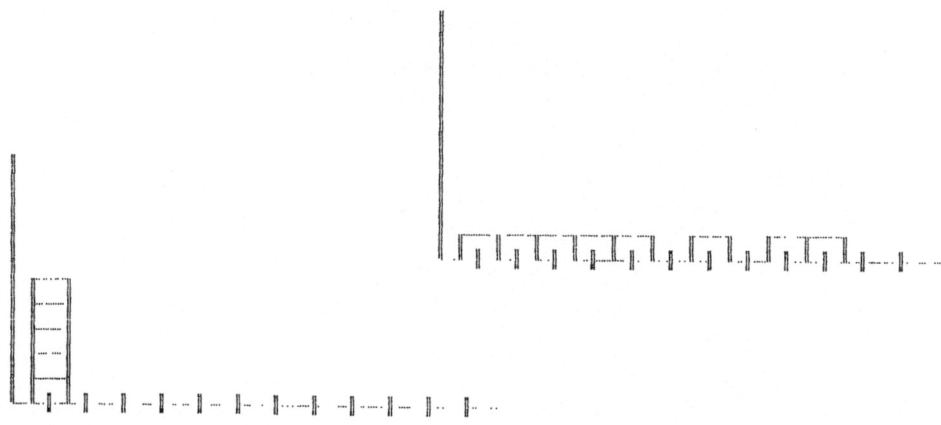

In einer Prozedur, die ein vollständiges Blockdiagramm auf den Bildschirm bringen soll, muß nun beides geleistet werden. Jede Zahl in der Liste muß daraufhin geprüft werden, ob sie nur einmal oder mehrmals vorkommt. Entsprechend ist dann der Igel nach rechts oder nach oben zu bewegen. Genauso muß man den Fall berücksichtigen, daß eine Zahl gar nicht in der Liste ist. Dann gibt es nur eine Verschiebung, ohne daß dabei ein Quadrat gezeichnet wird.

Die Prozedur, die das leistet, heißt BLOECKE. Sie hat vier Eingaben. Die erste ist die Werteliste :LISTE, die später der Benutzer des Programms eingeben soll. Für die Definition von BLOECKE wird dabei angenommen, daß diese Werte der Größe nach sortiert sind. Das vereinfacht die Igelbewegungen. Die zweite Eingabe ist :N und kann eine Zahl zwischen 1 und 12 sein. Zu Beginn gilt :N = 1. Mit dieser Variablen werden die einzelnen Listenelemente in jedem Durchgang verglichen. Man kann dadurch feststellen, ob ein Element mehrfach vorkommt, also Quadrate übereinander gezeichnet werden müssen, oder ob eine der Zahlen zwischen 1 und 12 nicht in der Eingabeliste ist. Zwei weitere Variablen :X und :Y bestimmen die Position des Igels auf dem Bildschirm.

BLOECKE wird rekursiv definiert. Die Kernstücke sind die passende Positionierung des Igels und das Zeichnen des Quadrats. Die Prozedur wird so lange aufgerufen, bis die Eingabeliste keine Elemente mehr enthält. Der Abbruch erfolgt mit RUECKKEHR (RK), also der Rückkehr zu einer aufrufenden Prozedur.

```
PR BLOECKE :LISTE :N :X :Y
   WENN :LISTE = [ ] RUECKKEHR
   WENN ERSTES :LISTE > :N BLOECKE :LISTE (:N+1)
                          (:X+15) (-30) RUECKKEHR
   STIFTHOCH AUFXY :X :Y STIFTAB
   QUADRAT 15
   BLOECKE OHNEERSTES :LISTE  :N :X (:Y+15)
ENDE
```

Betrachten Sie den neuen Baustein genauer, indem Sie für einen konkreten Probelauf

```
ACHSEN

BLOECKE [ 1 1 4 4 4 5 7 8 8 9 12 ] 1 ( - 67.5 ) ( - 30 )
```

eingeben. Sie sehen, daß das Problem schon in einem wichtigen Teil gelöst ist. Die Hintereinanderausführung von ACHSEN und BLOECKE macht genau das, was dieser Programmteil leisten soll.

DAS SORTIEREN EINER LISTE

Wir waren bei der Definition der Prozedur BLOECKE von einer Liste ausgegangen, die sortiert vorliegt. Im allgemeinen wird das aber nicht der Fall sein. Es ist sicher besser, wenn ein Programm das Sortieren übernimmt. Im anderen Fall müßte man nämlich den Benutzer auf eine bestimmte Form der Eingabe festlegen und das führt leicht zu Fehlern.

Es gibt verschiedene Methoden, Dinge in eine Ordnung zu bringen. Einige davon sind Ihnen sicher auch bekannt. Denken Sie beispielsweise daran, wie man Spielkarten sortiert. Man nimmt eine Karte in die Hand, nimmt die zweite auf und fügt diese gleich an der richtigen Stelle ein. Die dritte Karte richtet sich dann nach den ersten beiden, die vierte nach den ersten drei Karten. Wenn man also schon mehrere Karten auf der Hand hat, dann ordnet man also in jedem weiteren Schritt nur noch in eine bereits sortierte Menge ein. Dieses EINORDNEN soll als LOGO-Prozedur geschrieben werden. Es wird als Ausgangspunkt genommen für das eben beschriebene Sortieren durch Einordnen, das anschließend als Prozedur EINSORTIEREN definiert wird. Die Prozedur EINORDNEN hat zwei Eingaben. Die erste ist eine Zahl, die zweite eine bereits sortierte Liste, in die diese Zahl eingeordnet werden soll. Das passiert, genau wie später das Einsortieren, in numerisch aufsteigender Reihenfolge.

```
PR EINORDNEN :X :LISTE
   WENN :LISTE = [ ] RUECKGABE ( LISTE :X )
   PRUEFE :X < ERSTES :L
   WENNWAHR RUECKGABE MITERSTEM :X :LISTE
   WENNFALSCH RUECKGABE MITERSTEM ( ERSTES :LISTE )
             ( EINORDNEN :X ( OHNEERSTES :LISTE ) )
ENDE

EINORDNEN 4 [ 1 2 6 7 12 ]
Ergebnis: [ 1 2 4 6 7 12 ]
```

EINORDNEN vergleicht Element für Element, ob :X kleiner ist als die Listenelemente. Wenn das so ist, dann wird :X an dieser Stelle eingefügt. Wenn das nicht der Fall ist, so wird weitergesucht. Beachten Sie, daß die erste Zeile nur ausgeführt wird, wenn :X größer ist als alle Elemente der Liste, also wenn man etwa die Zahl 15 in die Beispielliste oben einordnen wollte. Sonst erfolgt eine Rückgabe der Restliste und die Rückkehr zur aufrufenden Prozedur, wenn der richtige Platz für :X gefunden wurde.

Die eigentliche Sortierprozedur heißt EINSORTIEREN. Sie hat als Eingabe die Liste, die sortiert werden soll. Man kann sich vorstellen, daß durch die Prozedur EINSORTIEREN die Elemente der Liste zuerst in einem Stapel abgelegt werden, so ähnlich wie es auch bei Spielkarten auf einem Tisch gemacht wird. Dann werden sie der Reihe nach wieder aufgenommen und bei diesem Aufnehmen gleich an die richtige Stelle gesetzt.

```
PR EINSORTIEREN :LISTE
   WENN :LISTE = [ ] RUECKGABE [ ]
   RUECKGABE EINORDNEN ( ERSTES :LISTE ) ( EINSORTIEREN
                                   OHNEERSTES :LISTE )
ENDE

EINSORTIEREN [ 27 6 52 20 9 73 ]
Ergebnis: [ 6 9 20 27 52 73 ]
```

AUFGABE

(2) Betrachten wir noch eine zweite Möglichkeit, Zahlen der Größe nach zu ordnen. Dabei nimmt man jeweils das Minimum einer Zahlenliste, schreibt es an den Anfang, streicht es aus der Liste und bestimmt von der Restliste wiederum das Minimum. Schreiben Sie eine entsprechende Prozedur MINISORT, die als Eingabe eine Liste hat. Als Hilfe brauchen Sie zum einen den Baustein MINIMUM, der Ihnen ja bereits zur Verfügung steht. Andererseits muß auch eine Prozedur STREICHE definiert werden, die ein Element :X aus einer Liste :LISTE streicht, also :LISTE ohne das Element :X zurückgibt.

LOGIK MIT LOGO

Beim Zeichnen des Blockdiagramms ist eine Einschränkung zu berücksichtigen. So wie die Prozedur BLOECKE definiert wurde, können nur ganze Zahlen zwischen 1 und 12 als Eingaben ausgewertet werden. Es ist deswegen sinnvoll, wenn vor der Ausführung geprüft wird, ob dies erfüllt ist. Formulieren wir zunächst die Bedingung, daß die Eingabe eine ganze Zahl ist, also keine Stellen hinter dem Komma hat. Dafür gibt es das LOGO-Grundwort INT, das sich von "Integer" (ganze Zahl) ableitet.

INT	Der Befehl hat eine Zahleneingabe. Ausgegeben wird der ganzzahlige Anteil dieser Zahl, d.h. ein eventueller Dezimalbruchanteil der Zahl wird gestrichen. Beispiele: INT 3.5 Ergebnis: 3 INT (- 6.5) Ergebnis: - 6

Bei der Eingabe zu BLOCKDIAGRAMM sollen Werte ausgeschlossen sein, die keine ganzen Zahlen sind. Es sind aber nicht alle diese Zahlen zugelassen, sondern nur Zahlen zwischen 1 und 12. Man muß demnach zwei Bedingungen prüfen. Das könnte man nun einzeln in zwei aufeinander folgenden Zeilen machen.

```
PRUEFE :ZAHL = INT :ZAHL
   WENNFALSCH RUECKGABE "FALSCH
PRUEFE ELEMENT? :ZAHL [ 1 2 3 4 5 6 7 8 9 10 11 12 ]
   WENNFALSCH RUECKGABE "FALSCH
```

Die Prozedur ELEMENT?, die hier wieder einmal benutzt wird, ist natürlich kein LOGO-Grundwort.

```
PR ELEMENT? :X :LISTE
   WENN :LISTE = [ ] RUECKGABE "FALSCH
   PRUEFE :X = ERSTES :LISTE
   WENNWAHR RUECKGABE "WAHR
   WENNFALSCH RUECKGABE ELEMENT? :X OHNEERSTES :LISTE
ENDE
```

So ähnlich wie in den vier Zeilen oben, wurde im letzten Kapitel beim Palindrom das Problem gelöst, zwei Bedingungen in einer Prozedur zu berücksichtigen. Aber es gibt auch eine einfachere Möglichkeit für diese Prüfung. Man benutzt das LOGO-Grundwort ALLE?. ALLE? ist ein Prüfwort, das als Ausgabe einen der Wahrheitswerte WAHR oder FALSCH hat. Es entspricht dem logischen UND. In manchen LOGO-Versionen wird dieses Wort, also UND oder AND, auch als das entsprechende Grundwort verwendet. Durch UND kann man Aussagen miteinander verbinden. Eine UND-Aussage ist nur dann wahr, wenn alle Teilaussagen wahr sind. Ist nur eine dieser Einzelaussagen falsch, dann ist es auch die UND-Aussage. So wäre etwa "Das Wort ALICE hat fünf Buchstaben UND 3*3=9" eine wahre Aussage. Hingegen ist "Im Oktober ist Weihnachten UND das Jahr hat 12 Monate" falsch, da die erste Teilaussage falsch ist. Auch bei "3*3=7 UND 2>4" handelt es sich natürlich um eine falsche Aussage. Wenn nichts stimmt, dann stimmt auch die Kombination nicht. Der Befehl ALLE? arbeitet ganz genauso. ALLE? gibt nur dann WAHR zurück, wenn alle Teilaussagen richtig sind.

ALLE?

Der Befehl hat eine Anzahl von Eingaben, die Aussagen sind. Sie sind also entweder WAHR oder FALSCH. Es wird WAHR ausgegeben, wenn alle Aussagen wahr sind und FALSCH, wenn zumindest eine davon falsch ist. Arbeitet man mit mehr oder weniger als zwei Eingaben, dann werden runde Klammern verlangt.

Beispiele:

```
ALLE? 25 > 18  3 * 4 = 12
Ergebnis: WAHR

ALLE? 1 = 2  2 = 3
Ergebnis: FALSCH

( ALLE? 1 < 2  2 < 4  5 < 3 )
Ergebnis: FALSCH
```

Übrigens ist auch das logische ODER in LOGO vorhanden. Auch mit Hilfe von ODER können Aussagen verbunden werden. ODER-Aussagen sind wahr, wenn mindestens eine der Teilaussagen wahr ist. Sie sind nur dann falsch, wenn lauter falsche Aussagen durch ODER verbunden werden. Bleiben wir bei den Beispielen oben. "Das Wort ALICE hat fünf Buchstaben ODER 3*3=9" ist eine wahre Aussage. Das gleiche gilt aber auch für "Im Oktober ist Weihnachten ODER das Jahr hat 12 Monate". Diese Aussage ist insgesamt wahr, da die zweite Teilaussage wahr ist. Hingegen ist "3*3=7 ODER 2>4" auch in diesem Fall eine falsche Aussage. Das LOGO-Grundwort hierfür heißt

EINES? Der Befehl hat eine Anzahl von Eingaben, die Aussagen sind. Sie sind also entweder WAHR oder FALSCH. Es wird FALSCH ausgegeben, wenn alle Aussagen falsch sind und WAHR, wenn zumindest eine davon wahr ist. Arbeitet man mit mehr oder weniger als zwei Eingaben, dann werden runde Klammern verlangt. Sie kennen das ja bereits von einigen Befehlen.

Beispiele:

```
EINES? 25 > 18  3 * 4 = 12
Ergebnis: WAHR

EINES? 1 = 2  2 = 3
Ergebnis: FALSCH

( EINES?  1 < 2   2 < 4   5 < 3 )
Ergebnis: WAHR
```

Wir verwenden nun ALLE? in einer Prozedur KORREKT?, die eine Liste als Eingabe hat. Sie prüft, ob diese Liste mit Hilfe von BLOCKDIAGRAMM graphisch dargestellt werden kann. Die Rückgabe von KORREKT? ist ein Wahrheitswert, also entweder WAHR oder FALSCH. Vielleicht ist Ihnen schon in den vorangegangenen Kapiteln aufgefallen, daß Prozeduren oder Grundwörter wie ZAHL? oder WORT?, die einen Wahrheitswert als Rückgabe haben, meist ein Fragezeichen am Schluß haben. Das ist eine Konvention, die sicher ihre Vorteile hat. Deswegen wählen wir auch diesmal den Namen KORREKT? für die Prozedur, die überprüfen soll, ob einer der eingegebenen Werte über 12 liegt, das Blockdiagramm also zu groß werden würde.

```
PR KORREKT? :LISTE
   WENN :LISTE = [ ] RUECKGABE "WAHR
   PRUEFE ALLE? ERSTES :LISTE < 13 INT ERSTES :LISTE = ERSTES :LISTE
   WENNWAHR RUECKGABE KORREKT? OHNEERSTES :LISTE
   WENNFALSCH RUECKGABE "FALSCH
ENDE
```

In unserem Fall ist die Eingabe zu KORREKT? die Zahlenliste des Benutzers. Ist sie in Ordnung, kann das Diagramm auf den Bildschirm gezeichnet werden, wenn nicht, kommt eine entsprechende Rückmeldung. KORREKT? wird also gleich in der ersten Zeile von BLOCKDIAGRAMM aufgerufen. Wenn FALSCH zurückgegeben wird, dann soll die Zeichung nicht ausgeführt werden. Diese erste Zeile ist am kürzesten zu formulieren, wenn man noch einen weiteren Begriff aus dem LOGO-Wortschatz zu Hilfe nimmt.

NICHT	Der Befehl hat als Eingabe einen der Wahrheitswerte WAHR oder FALSCH. Bei Eingabe von WAHR wird FALSCH ausgegeben, bei Eingabe von FALSCH ist die Ausgabe WAHR. Im allgemeinen macht man das allerdings nicht direkt, sondern gibt eine Aussage ein, deren Ergebnis WAHR oder FALSCH ist. Beispiele: NICHT (1 = 1) Ergebnis: FALSCH NICHT KORREKT? [24 25] Ergebnis: WAHR

Man kann damit die Prozedur BLOCKDIAGRAMM aufschreiben.

```
PR BLOCKDIAGRAMM :LISTE
   WENN NICHT KORREKT? :LISTE DZ [ Ungueltige Eingabe. ] RUECKKEHR
   ACHSEN  BLOECKE ( EINSORTIEREN :LISTE ) 1 ( - 67.5 ) ( - 30 )
ENDE
```

Es fehlt nun nur noch eine Prozedur, die die Standardabweichung bestimmt. Da dieses Thema aber nicht ganz einfach ist, verschieben wir es auf das Ende des Kapitels. Wir formulieren das Programm STATISTIK zunächst ohne diese Option, so daß es auch läuft, wenn Sie den Abschnitt über die Standardabweichung lieber überspringen möchten. Die Ergänzungen, die im anderen Fall bei den folgenden Prozeduren notwendig werden, sind ohnehin minimal.

EIN STATISTIK-MENÜ UND DIE AUSFÜHRUNG

Sie kennen es vielleicht von professioneller Software, daß zu Beginn eines Programms eine Auswahl dessen auf dem Bildschirm erscheint, was es zu leisten vermag. Auf Eingabe einer Kennziffer wird dann der gewünschte Teil ausgeführt. Etwas Ähnliches soll auch bei dem Statistik-Programm gemacht werden. Alle Möglichkeiten, die es hat, sollen ausgedruckt werden. Mit Hilfe des Befehls TASTE wird dann eine Zahl eingelesen, die die passende Prozedur aufruft. Zusätzlich soll dieser Baustein aber auch prüfen, ob tatsächlich eine gültige Taste gedrückt wurde. Man vermeidet auf diese Weise einen unbeabsichtigten Ausstieg, vielleicht sogar im Zusammenhang mit einer lästigen Fehlermeldung des Systems.

Die nun folgende Prozedur AUSWAHL macht genau das. Sie enthält alllerdings vor allem Druckbefehle, die einem Benutzer erklären, was er tun kann und soll.

```
PR AUSWAHL
   DRUCKEZEILE [ Sie koennen folgende Prozeduren ]
   DRUCKEZEILE [ abrufen: ]
   DRUCKEZEILE [ 1 Berechnung des Durchschnitts ]
   DRUCKEZEILE [ ]
   DRUCKEZEILE [ 2 Bestimmung des Maximums ]
   DRUCKEZEILE [ ]
   DRUCKEZEILE [ 3 Bestimmung des Minimums ]
   DRUCKEZEILE [ ]
   DRUCKEZEILE [ 4 Darstellung im Blockdiagramm ]
   DRUCKEZEILE [ ]
   DRUCKEZEILE [ 5 Ende des Programms ]
   DRUCKEZEILE [ ] DRUCKEZEILE [ ]
```

```
    DRUCKEZEILE [ Geben Sie die Kennziffer ein. ]
    DRUCKEZEILE [ ]
    SETZE "ANTWORT TASTE
    WENN :ANTWORT = 5 LOESCHESCHIRM AUSSTIEG
    WENN NICHT ELEMENT? :ANTWORT [ 1 2 3 4 ] DRUCKEZEILE [ ]
                 DRUCKEZEILE [ Waehlen Sie eine Zahl zwischen
                 1 und 5 ] AUSWAHL
ENDE
```

Beachten Sie bitte, daß die letzte Zeile wieder einmal nur eine Programmzeile ist, auch wenn sie hier mehr Platz einnimmt. Die Prozedur ELEMENT?, die in der Definition verwendet wird, kennen sie aus früheren Kapiteln. Da sie als Ausgabe einen Wahrheitswert hat, kann sie als Eingabe zu NICHT benutzt werden.

Für das eigentliche Programm fehlen jetzt nur noch zwei Bausteine. Wir nennen sie LIESZAHLEN und AUSFUEHRUNG. LIESZAHLEN soll die Benutzerliste einlesen und sie zurückgeben. Im Programm STATISTIK wird diese Liste dann in einem Speicher abgelegt. AUSFUEHRUNG soll dafür sorgen, daß der entsprechende Programmteil aufgerufen wird. Die Hauptprozedur STATISTIK kann dann definiert werden.

```
PR STATISTIK
   LOESCHESCHIRM
   DRUCKEZEILE [ ] DRUCKEZEILE [ ]
   DRUCKEZEILE [ STATISTIK-BAUSTEINE ]
   DRUCKEZEILE [ ******************* ]
   DRUCKEZEILE [ ] DRUCKEZEILE [ ]
   AUSWAHL
   SETZE "LISTE LIESZAHLEN
   AUSFUEHRUNG
ENDE
```

Die Prozedur LIESZAHLEN hat zwar viele Zeilen, sie ist aber nicht sehr kompliziert. Auch hier handelt es sich größtenteils um Kommentare, die mit DRUCKEZEILE auf den Bildschirm gebracht werden. Dann folgt die eigentliche Eingabe. Diese Eingabeliste wird anschließend auf Zulässigkeit geprüft, es wird also kontrolliert, ob alle Listenelemente Zahlen sind. Sie wissen, daß das Grundwort ZAHL? dafür verwendet werden kann. Es vermag allerdings nur ein einzelnes Element zu prüfen. Wir schreiben deshalb noch eine Prozedur ZAHLEN?, die dasselbe mit einer Liste macht. Auch ZAHLEN? hat als Rückgabe einen der Wahrheitswerte WAHR oder FALSCH.

```
PR ZAHLEN? :LISTE
   WENN :LISTE = [ ] RUECKGABE "FALSCH
   WENN OHNEERSTES :LISTE = [ ] RUECKGABE ZAHL? ERSTES :LISTE
   PRUEFE ZAHL? ERSTES :LISTE
   WENNWAHR RUECKGABE ZAHLEN? OHNEERSTES :LISTE
   WENNFALSCH RUECKGABE "FALSCH
ENDE
```

ZAHLEN? prüft bei jedem einzelnen Listenelement, ob es eine Zahl ist oder nicht. Wenn die Prozedur dabei auf eines stößt, das keine Zahl ist, dann ist die Prüfung beendet und es kann FALSCH zurückgegeben werden. Sonst arbeitet sie so lange, bis die Liste nur noch ein Element hat. Ist es eine Zahl, so wird WAHR ausgegeben, wenn nicht ist die Ausgabe FALSCH. Die eigentliche Abbruchbedingung finden Sie hier in der zweiten Zeile. Durch die erste Zeile wird hingegen sichergestellt, daß ZAHLEN? nicht WAHR bei Eingabe einer leeren Liste ausgibt.

```
PR LIESZAHLEN
   LOESCHESCHIRM
   BLINKER 0 10
   DRUCKEZEILE [ Geben Sie Ihre Zahlen ein. ]
   DRUCKEZEILE [ ]
   DRUCKEZEILE [ Im Blockdiagramm sind nur die ]
   DRUCKEZEILE [ natuerlichen Zahlen zwischen 1 und 12 ]
   DRUCKEZEILE [ darstellbar. ]
   SETZE "LISTE EINGABE
   WENN ZAHLEN? :LISTE RUECKGABE :LISTE
   DRUCKEZEILE [ ] DRUCKEZEILE [ ]
   RUECKGABE LIESZAHLEN
ENDE
```

Der Baustein AUSFUEHRUNG besteht vor allem aus verschiedenen WENN-DANN-Anweisungen. Es wird jeweils der Wert :ANTWORT geprüft, der in der Prozedur

AUSWAHL eingegeben wurde. Das Programm verzweigt entsprechend und führt die gewünschte Funktion aus. Nun könnte es allerdings sein, daß ein Benutzer zu den gleichen Zahlen mehrere Programmteile aufrufen will. Zum Beispiel könnte ihn zunächst der Durchschnitt und dann das Blockdiagramm der Werte interessieren. Damit das möglich ist, rufen wir zum Schluß noch einmal die Prozeduren AUSWAHL und AUSFUEHRUNG auf.

Vor dem erneuten Aufruf wird noch eine Prozedur FORTSETZUNG eingefügt. Das Programm wartet dabei so lange, bis eine beliebige Taste gedrückt wird. Diese Aufforderung zur Fortsetzung des Programms ist notwendig, damit ein Benutzer auch ausreichend Zeit hat, ein Ergebnis abzulesen oder das Blockdiagramm zu betrachten. FORTSETZUNG benutzt dafür den Befehl TASTE. Das Ergebnis eines Tastendrucks wird zwar in einem Speicher abgelegt, es wird allerdings nicht mehr verwendet. Das Kommando LOESCHESCHIRM in der letzten Zeile sorgt unter anderem dafür, daß nach dem Aufruf von BLOCKDIAGRAMM der Teilbild-Modus wieder verlassen wird.

```
PR FORTSETZUNG
   DRUCKEZEILE [ ]
   DRUCKEZEILE [ Druecken Sie eine beliebige Taste ]
   SETZE "TASTE TASTE
   LOESCHESCHIRM
ENDE

PR AUSFUEHRUNG
   DRUCKEZEILE [ ] DRUCKEZEILE [ ]
   WENN :ANTWORT = 1 DRUCKEZEILE SATZ [ Der Durchschnitt
                              ist: ] DURCHSCHNITT :LISTE
   WENN :ANTWORT = 2 DRUCKEZEILE SATZ [ Das Maximum
                              ist: ] MAXIMUM :LISTE
   WENN :ANTWORT = 3 DRUCKEZEILE SATZ [ Das Minimum
                             ist: ] MIINIMUM :LISTE
   WENN :ANTWORT = 4 BLOCKDIAGRAMM :LISTE
   FORTSETZUNG
   DRUCKEZEILE [ ] DRUCKEZEILE [ ]
   AUSWAHL
   AUSFUEHRUNG
ENDE
```

UND ZUM SCHLUß NOCH DIE STANDARDABWEICHUNG

Wenn man von einer Menge von Zahlen allein das arithmetische Mittel kennt, so sagt das noch nicht viel aus. So ergibt sich zum Beispiel der Wert 2.5 als Durchschnitt sowohl aus der Zahlenliste L1 = [2 2 2.5 3 3] als auch aus der Zahlenliste L2 = [1 1 1.5 4 5]. Würde man diese Zahlen als Noten in einer Klassenarbeit interpretieren, so könnte man im ersten Fall von einer relativ konstanten Leistung reden, im zweiten Fall hingegen gibt es da deutliche Unterschiede zwischen den Einzelnoten. Die Streuung ist hier wesentlich breiter.

Ein Maß für diese Streuung bei einer Anzahl von Werten gibt die Standardabweichung. Um sie zu berechnen, nimmt man die Differenz zwischen dem arithmetischen Mittel aller Zahlen und dem einzelnen Meßwert. Man quadriert die Zahl, die man dadurch erhält. Genau dasselbe macht man auch für die anderen Meßwerte und bildet dann die Summe über alle diese Zahlen. Zum Schluß wird durch die Anzahl der Werte geteilt. Das Ergebnis heißt die Varianz. Sie ist also der Durchschnitt aller quadrierten Abweichungen vom arithmetischen Mittel. Die Standardabweichung bekommt man, indem man aus der Varianz die Wurzel zieht. Der Sachverhalt ist sicher einfacher zu verstehen, wenn wir zu den oben genannten Beispielen diese beiden Werte, also die Varianz (VAR) und die Standardabweichung (σ) berechnen. Betrachtet man die Liste L1, so ist das arithmetische Mittel (2 + 2 + 2.5 + 3 + 3) / 5 = 2.5 und es gilt also:

$$
\begin{aligned}
\text{VAR (L1)} &= \left((2-2.5)^2 + (2-2.5)^2 + (2.5-2.5)^2 + (3-2.5)^2 + (3-2.5)^2 \right) / 5 \\
&= \left((-0.5)^2 + (-0.5)^2 + 0^2 + 0.5^2 + 0.5^2 \right) / 5 \\
&= (0.25 + 0.25 + 0 + 0.25 + 0.25) / 5 \\
&= 1 / 5 \\
&= 0.2
\end{aligned}
$$

Somit ist die Standardabweichung, die mit σ , dem griechischen Buchstaben Sigma, bezeichnet wird

$$\sigma(\text{L1}) = \sqrt{0.2} \approx 0.4472$$

Für die Liste L2 ergibt die gleiche Berechnung

$$
\begin{aligned}
VAR\ (L2) &= (\ (1-2.5)^2 + (1-2.5)^2 + (1.5-2.5)^2 \\
&\quad + (4-2.5)^2 + (5-2.5)^2\ )\ /\ 5 \\
&= (\ (-1.5)^2 + (-1.5)^2 + 1^2 + (1.5)^2 + (2.5)^2\ )\ /\ 5 \\
&= (\ 2.25 + 2.25 + 1 + 2.25 + 6.25\ )\ /\ 5 \\
&= 14\ /\ 5 \\
&= 2.8
\end{aligned}
$$

$$\sigma(L2) = \sqrt{14/5} \approx 1.6733$$

Beachten Sie bitte, daß beide Werte gerundet sind. Für die zweite Liste ist also die Standardabweichung und somit die Streuung der Werte wesentlich größer. Diese Berechnungen sind vielleicht nicht ganz leicht zu verstehen, dafür sind sie umso leichter in eine LOGO-Prozedur zu übersetzen. Es fehlt dazu nur noch eine LOGO-Vokabel, die es ermöglicht, aus einer Zahl die Wurzel zu ziehen.

QW	Die Eingabe zu diesem Befehl ist eine positive Zahl, die Ausgabe ist die Quadratwurzel aus dieser Zahl. Beispiel: QW 16 Ergebnis: 4

Sehen Sie sich noch einmal die einzelnen Aufgaben an, die eine solche Prozedur erfüllen muß. Es werden dazu folgende Einzelbausteine benötigt.

DURCHSCHNITT	gibt das arithmetische Mittel einer Eingabeliste zurück.
DIFF.QUADRAT	gibt die Quadrate der Differenzen zwischen dem arithmetischen Mittel und den Listenelementen in einer Liste zurück.
SUMME	bildet die Summe über die Elemente der Ausgabeliste von DIFF.QUADRAT.
LAENGE	zählt die Elemente der Eingabeliste.

VARIANZ berechnet die Varianz.

ABWEICHUNG berechnet die Standardabweichung.

Sie sehen, daß wir einige dieser Prozeduren bereits definiert haben. DURCHSCHNITT ist ohnehin schon da, SUMME und LAENGE auch, da sie für die Durchschnittsberechnung als Hilfsprozeduren benutzt wurden. DIFF.QUADRAT ist hingegen ein neuer Baustein. Diese Prozedur muß zwei Eingaben haben. Zum einen ist das die Zahlenliste :LISTE, zum anderen eine feste Zahl :ZAHL, von der die einzelnen Listenelemente subtrahiert werden. Bei DIFF.QUADRAT wird ausnahmsweise im Prozedurtext einer rekursiven Prozedur eine Variable mit Hilfe von SETZE definiert. Das ist zwar nicht unbedingt notwendig, erhöht aber die Übersichtlichkeit. Ihr Wert ist die Differenz aus der festen Zahl und dem ersten Element der Liste. Sie wird mit sich selbst multipliziert. Dasselbe wird auch mit den anderen Elementen gemacht. Die Quadrate werden in einer Liste zurückgegeben.

```
PR DIFF.QUADRAT :LISTE :ZAHL
   WENN :LISTE = [ ] RUECKGABE [ ]
   SETZE "HILF ( ERSTES :LISTE - :ZAHL )
   RUECKGABE MITERSTEM ( :HILF * :HILF ) ( DIFF.QUADRAT
                                    OHNEERSTES :LISTE :ZAHL )
ENDE
```

In der Prozedur VARIANZ wird DIFF.QUADRAT mit den beiden Eingaben :LISTE und DURCHSCHNITT :LISTE aufgerufen. VARIANZ hat nur eine einzige Zeile.

```
PR VARIANZ :LISTE
   RUECKGABE ( SUMME ( DIFF.QUADRAT :LISTE DURCHSCHNITT :LISTE) )
                                             / ( LAENGE :LISTE )
ENDE
```

Somit bekommt man als Ergebnis

```
PR ABWEICHUNG :LISTE
   RUECKGABE QW VARIANZ :LISTE
ENDE
```

und kann diese neue Option in das Programm STATISTIK aufnehmen. Dazu müssen die Prozeduren AUSWAHL und AUSFUEHRUNG geändert werden. In beiden wird eine Zeile hinzugefügt, die zu der nun möglichen Funktion führt. Wir setzen sie unter die Nummer "5" und ordnen "6" das Ende des Programms zu. Vergessen Sie nicht, auch die Liste in der letzten Zeile von AUSWAHL entsprechend umzuschreiben.

```
PR AUSWAHL
   DRUCKEZEILE [ Sie koennen folgende Prozeduren ]
   DRUCKEZEILE [ abrufen: ]
   DRUCKEZEILE [ ]
   DRUCKEZEILE [ 1 Berechnung des Durchschnitts ]
   DRUCKEZEILE [ ]
   DRUCKEZEILE [ 2 Bestimmung des Maximums ]
   DRUCKEZEILE [ ]
   DRUCKEZEILE [ 3 Bestimmung des Minimums ]
   DRUCKEZEILE [ ]
   DRUCKEZEILE [ 4 Darstellung im Blockdiagramm ]
   DRUCKEZEILE [ ]
   DRUCKEZEILE [ 5 Bestimmung der Standardabweichung ]
   DRUCKEZEILE [ ]
   DRUCKEZEILE [ 6 Ende des Programms ]
   DRUCKEZEILE [ ] DRUCKEZEILE [ ]
   DRUCKEZEILE [ Geben Sie die Kennziffer ein. ]
   DRUCKEZEILE [ ]
   SETZE "ANTWORT TASTE
   WENN :ANTWORT = 6 LOESCHESCHIRM AUSSTIEG
   WENN NICHT ELEMENT? :ANTWORT [ 1 2 3 4 5 ] DRUCKEZEILE [ ]
                              DRUCKEZEILE [ Waehlen Sie eine Zahl
                              zwischen 1 und 5 ]  AUSWAHL
ENDE


PR AUSFUEHRUNG
   DRUCKEZEILE [ ] DRUCKEZEILE [ ]
   WENN :ANTWORT = 1 DRUCKEZEILE SATZ [ Der Durchschnitt
                                   ist: ] DURCHSCHNITT :LISTE
```

```
    WENN :ANTWORT = 2 DRUCKEZEILE SATZ [ Das Maximum
                                  ist: ] MAXIMUM :LISTE
    WENN :ANTWORT = 3 DRUCKEZEILE SATZ [ Das Minimum
                                  ist: ] MINIMUM :LISTE
    WENN :ANTWORT = 4 BLOCKDIAGRAMM :LISTE
    WENN :ANTWORT = 5 DRUCKEZEILE SATZ [ Die Standardabweichung]
                                          ist: ] ABWEICHUNG :LISTE
    FORTSETZUNG
    DRUCKEZEILE [ ] DRUCKEZEILE [ ]
    AUSWAHL
    AUSFUEHRUNG
 ENDE
```

LÖSUNG DER AUFGABEN

(1) Hier ist die Formulierung von POS mit drei Eingaben, die den Igel zusätzlich zu einer Positionierung auch ausrichtet.

```
PR POSITION :XPOS :YPOS :KURS
   STIFTHOCH
   AUFXY :XPOS :YPOS
   AUFKURS :KURS
   STIFTAB
ENDE
```

(2) Für die Prozedur MINISORT braucht man zunächst einen Baustein STREICHE, der ein bestimmtes Element aus einer Liste streicht. Ein Ablaufplan dafür könnte folgendermaßen aussehen.

```
Baustein STREICHE ( X, LISTE )
   WENN die Liste kein Element hat,
      DANN ist man fertig.
      SONST vergleiche X mit dem ersten Listenelement.
         WENN beide gleich sind,
            DANN gib die Liste ohne das erste Element aus.
            SONST schreibe das erste Element auf und wende
               STREICHE auf die Restliste an.
```

Diese Formulierung kann man wieder einmal direkt in eine LOGO-Prozedur übertragen. Die Definition von MINISORT folgt dann sofort aus der Beschreibung im Aufgabentext.

```
PR STREICHE :X :LISTE
   WENN :LISTE = [ ] RUECKGABE [ ]
   PRUEFE :X = ERSTES :LISTE
   WENNWAHR RUECKGABE OHNEERSTES :LISTE
   WENNFALSCH RUECKGABE MITERSTEM ( ERSTES :LISTE ) ( STREICHE
                                        :X OHNEERSTES :LISTE )
ENDE

PR MINISORT :LISTE
   WENN :LISTE = [ ] RUECKGABE [ ]
   RUECKGABE MITERSTEM ( MINIMUM :LISTE ) ( MINISORT ( STREICHE
                                     MINIMUM :LISTE :LISTE ) )
ENDE
```

11 Das Spiel mit dem Wolf, der Ziege und dem Kohlkopf

SPEICHERPLATZVERWALTUNG BEI KOMPLEXEN PROGRAMMEN

Speicherkapazität bei der Arbeit mit LOGO. Utilities zur Textdarstellung. Sortieren in alphabetischer Ordnung.

LOGO-Grundwörter: .KNOTEN, .GCOLL, VERGISSBILD, VERGISSNAME.

SPEICHERPLATZPROBLEME

Der Speicherplatz im LOGO-System ist beschränkt. Sie haben sicher auch schon ab und zu die Fehlermeldung "SPEICHER VOLL!" gelesen und sich geärgert, daß eine schöne Programmidee nicht in eine Prozedur zu übersetzen war. Der Platz im Arbeitsspeicher reichte eben einfach nicht aus. Was kann man dann tun? Nun, es gibt einige Möglichkeiten mit diesem Problem umzugehen, die wir in diesem Kapitel ansprechen wollen. Sie sollen demonstriert werden anhand einer Aufgabe, die als Spielprogramm realisiert wird.

DIE AUFGABE

Ein Bauer steht mit einem Wolf, einer Ziege und einem Kohlkopf am Ufer eines Flusses. Er möchte auf die andere Seite. Dafür steht ihm ein Boot zur Verfügung, in dem er allerdings immer nur eines der Tiere oder den Kohlkopf mitnehmen kann. Nun kann er aber den Wolf mit der Ziege nicht alleine lassen, denn der Wolf würde die Ziege fressen. Genauso unmöglich ist es, die Ziege und den Kohlkopf zurückzulassen. Die Ziege würde nichts vom Kohl übrig lassen. Die Frage ist, wie der Bauer das Problem mit möglichst wenigen Bootsfahrten lösen kann.

Das Programm, das wir schreiben werden, soll keine Lösung dieser Aufgabe geben. Es soll vielmehr das Spiel selbst ermöglichen. Ein Benutzer kann eingeben, was der Bauer auf seinen Fahrten über den Fluß mitnehmen soll.

Diese Anweisung wird ausgeführt, wenn sie nach den Spielregeln möglich ist, wenn also das Boot nicht überladen ist und keine unzulässige Kombination am Ufer zurückbleibt. Gleichzeitig gibt das Programm Informationen über den augenblicklichen Spielstand, zählt die Fahrten und meldet, wenn die Aktion erfolgreich beendet worden ist.

Das Programm heißt BOOTSFAHRT und besteht vor allem aus drei Komponenten. TITELBILD bringt die Programmüberschrift auf den Bildschirm. Sie soll zentriert werden, also in der Form

DAS SPIEL MIT DEM WOLF, DER ZIEGE
UND DEM KOHLKOPF

auf dem Monitor erscheinen. LOGO hat für das Zentrieren eines Textes kein Grundwort, so daß man eine entsprechende Prozedur selbst schreiben muß. Der zweite wichtige Baustein ist SPIELREGEL. Er macht den Benutzer dieses Programms mit den Regeln vertraut. Und dann kommt SPIEL, eine Prozedur, die den Dialog mit dem Spieler ermöglicht und die einzelnen Schritte ausführt.

DIE SPEICHERKAPAZITÄT BEIM ARBEITEN MIT LOGO

Für die Arbeit mit dem LOGO-System benötigt man einen Apple II mit einer Speicherkapazität von 64 KByte. "Kbyte", manchmal liest man auch "KB", ist dabei die Abkürzung für die Maßeinheit Kilobyte. Es gilt 1 Kilobyte = 2^{10} Byte = 1024 Byte. 1 Byte kann zum Beispiel einen Buchstaben oder ein Sonderzeichen oder aber zwei Ziffern aufnehmen. Der Apple IIe hat 64 KByte in der Grundversion, man kann ihn aber leicht erweitern. Beim Apple IIc sind ohnehin 128 KByte in der Standardausführung vorhanden.

Aber selbst wenn Ihr Gerät ein größeres Speichervolumen als 64 KByte hat, so nützt das wenig. LOGO kann in den meisten Versionen den zusätzlichen Speicherplatz nicht ansprechen. Da andererseits das LOGO-System selbst einen relativ hohen Speicherplatzbedarf hat, steht für die Anwendungen des Benutzers entsprechend wenig Platz zur Verfügung. Insbesondere bei rekursiven Prozeduren sind sehr schnell die Grenzen der Kapazität erreicht. Die Meldung "SPEICHER VOLL!" kommt aber auch häufig, wenn man versucht eine LOGO-Datei von einer Diskette einzulesen, und sich zu diesem Zeitpunkt bereits Prozeduren im Arbeitsspeicher befinden. Dann wird der Vorgang des Einlesens abgebrochen. Den tatsächlichen Umfang des verfügbaren Platzes im Speicher kann man abfragen mit

.KNOTEN	Der Befehl hat keine Eingabe. Es wird die Anzahl der freien Knoten ausgegeben. Diese Zahl gibt den freien Platz im Arbeitsspeicher an. 1 Knoten entspricht 5 Byte.

Nun werden Knoten, die nur vorübergehend gebraucht wurden, etwa für die Eingabe zu einer Prozedur, vom System nicht gleich frei gegeben. Sie gelten vorerst als belegt. Man kann diese Freigabe aber zu einem beliebigen Zeitpunkt erzwingen mit dem Grundwort

.GCOLL	Das Kommando hat keine Eingabe. Es bewirkt eine Reorganisation des Arbeitsspeichers ("garbage collection"), also eine Freigabe von nicht mehr gebrauchtem Speicherplatz. Die "garbage collection" wird vom System automatisch gemacht, wenn der vorhandene Speicherplatz nicht ausreicht. Das Kommando kann aber auch zu jeder Zeit im Direktmodus oder in einer Prozedur aufgerufen werden.

Vermutlich haben Sie die automatische "garbage collection" des Systems schon ab und zu mitbekommen. LOGO macht dann eine kurze Pause bei der Ausführung einer Prozedur. Es könnte also sein, daß dabei der Igel eine kurze Zeichenpause einlegt.

DAS ZENTRIEREN EINES TEXTES AUF DEM BILDSCHIRM

Wenden wir uns nach diesen eher technischen Betrachtungen dem ersten Problembaustein zu. Für ein Titelbild, dessen Text zentriert dargestellt wird, soll eine Prozedur entworfen werden. In manchen anderen Programmiersprachen könnte man das Problem des Zentrierens lösen, indem man einfach eine entsprechende Anzahl von Leerstellen vor dem Wort oder Satz einfügt. Sie haben aber sicher schon gemerkt, daß LOGO mehr als eine Leerstelle vor einem Wort oder zwischen zwei Wörtern in einem DRUCKEZEILE-Befehl ignoriert. So hätten die Befehlszeile

```
DRUCKEZEILE [ LOGO MACHT SPASS ]
```

und die Eingabe von

```
DRUCKZEILE [    LOGO   MACHT   SPASS    ]
```

die gleiche Ausgabe. Der Cursor fängt in der ersten Spalte einer Zeile an zu drucken und gibt den Satz mit nur je einer Leerstelle zwischen den verschiedenen Wörtern aus. Überflüssige Leerstellen werden in jedem Fall vom System gestrichen, auch wenn der Benutzer sie nicht für überflüssig hält. Sie haben aber auch schon Möglichkeiten kennengelernt, wie das zu ändern ist. So kann beispielsweise mit dem Kommando BLINKER der Cursor auf jede beliebige Stelle des Bildschirms geschickt werden, und mit DRUCKE ZEICHEN 32 lassen sich Leerstellen erzeugen. Wenn also der oben gegebene Text zentriert ausgedruckt werden soll, so könnte man das mit Hilfe einer entsprechenden Anzahl von Leerstellen machen. Wir schreiben das gleich als Prozedur LEERSTELLEN, die als Eingabe die Anzahl der gewünschten Leerstellen hat.

```
PR LEERSTELLEN :ANZAHL
   WENN :ANZAHL = 0 RUECKKEHR
   DRUCKE ZEICHEN 32
   LEERSTELLEN :ANZAHL - 1
ENDE
```

Soll nun ein Text zentriert werden, so zählt man seine Buchstaben und die Zwischenräume zwischen den einzelnen Worten. Insgesamt sind 40 Zeichen in einer Bildschirmzeile darstellbar. Man subtrahiert die errechnete Zahl von 40 und halbiert sie dann, da ja vor und hinter dem Ausdruck die gleiche Anzahl von Leerstellen sein soll. Der Satz "DAS IST EIN LOGO-SPIEL" hat 19 Zeichen und 3 Leerstellen. Die Rechnung würde also (40 - 22) / 2 = 9 Leerstellen am Anfang ergeben. Also würde man hier LEERSTELLEN mit der Eingabe 9 aufrufen.

```
LEERSTELLEN 9 DZ [ DAS IST EIN LOGO-SPIEL ]
```

Ganz ähnlich könnte man auch arbeiten, wenn man das Grundwort BLINKER benutzt. Die erste Eingabe zu BLINKER gibt die Spaltenzahl für die Cursorposition an. Diesen Wert muß man nach dem obigen Schema berechnen. Die zweite Eingabe bestimmt die Zeile und kann frei gewählt werden. Denken Sie daran, daß LOGO beim Zählen von Spalten und Zeilen mit der Zahl "0" und nicht mit "1" beginnt. Die Befehlsfolge

```
BLINKER 8 5 DZ [ DAS IST EIN LOGO-SPIEL ]
```

würde in der sechsten Bildschirmzeile den Eingabesatz zentriert darstellen. Es ist nun nicht schwierig, dies alles auch für die Überschrift zum Spiel auszurechnen. Besser ist es aber, wenn man diese Funktionen gleich als Prozedur ZENTRIEREN schreibt. Lassen Sie doch LOGO rechnen!

Eine Hilfsprozedur, die in ZENTRIEREN gebraucht wird, muß alle Zeichen in einer Eingabeliste zählen. Für diese Aufgabe kann man Prozeduren verwenden, die in ihrer Struktur im wesentlichen mit dem Baustein LAENGE identisch sind, den wir schon oft verwendet haben. LAENGE selbst wird dabei benutzt, um die Anzahl der Buchstaben in einem einzelnen Wort zu bestimmen.

```
PR LAENGE :WORT
   WENN :WORT = " RUECKGABE 0
   RUECKGABE  ( 1 + LAENGE OHNEERSTES :WORT )
ENDE
```

Diese Prozedur wird nun auf jedes Element der Eingabeliste, also auf jedes Wort darin angewendet. Außerdem muß auch die absolute Anzahl der Wörter in der Eingabeliste gezählt werden, da sie bestimmt, wie viele Leerstellen auftreten. Das geschieht in der folgenden Prozedur LAENGE.SATZ. In der zweiten Zeile wird die Buchstabenanzahl im ersten Wort eines Satzes mit Hilfe von LAENGE gezählt. Da zu jedem Wort außer dem letzten auch eine Leerstelle gehört, addiert man noch 1. Schließlich wird das Ergebnis von LAENGE.SATZ dazugezählt, wenn die Eingabe der Satz ohne das erste Wort ist.

```
PR LAENGE.SATZ :SATZ
   WENN :SATZ = [ ] RG 0
   RG ( 1 + ( LAENGE ER :SATZ ) + ( LAENGE.SATZ OE :SATZ ) )
ENDE
```

Die Ausgabe von LAENGE.SATZ kann direkt in ZENTRIEREN benutzt werden. Man muß nur noch die Zahl 1 vom Ergebnis abziehen, da durch LAENGE.SATZ eine Leerstelle zuviel gezählt wurde, nämlich die Leerstelle hinter dem letzten Wort. Die Prozedur ZENTRIEREN selbst hat zwei Eingaben. Die erste ist der Text, der dargestellt werden soll, die zweite ist die Zeile, in die er gedruckt wird. Die Spalte wird bestimmt, indem man genau wie im Beispiel oben die Anzahl der Zeichen halbiert und von 19 subtrahiert. Beachten Sie, daß die Spalten auf dem Bildschirm von 0 bis 39 numeriert sind und man daher die Spalte mit der Nummer 19 = INT (39/2) als Ausgangspunkt nehmen muß.

```
PR ZENTRIEREN :TEXT :ZEILE
   SETZE "ZAHL ( LAENGE.SATZ :TEXT ) - 1
   BLINKER ( 19 - :ZAHL/2 ) :ZEILE
   DRUCKEZEILE :TEXT
ENDE
```

Man kann nun mit Hilfe dieser Prozedur gleich das TITELBILD zum Problem entwerfen.

```
PR TITELBILD
   LOESCHESCHIRM
   BLINKER 0 5
   DRUCKEZEILE [ *************************************** ]
   DRUCKEZEILE ZENTRIEREN [ DAS SPIEL MIT DEM WOLF, DER ZIEGE ] 7
   DRUCKEZEILE ZENTRIEREN [ UND DEM KOHLKOPF ] 9
   DRUCKEZEILE [ ]
ENDE
```

Speichern Sie diese Bausteine nun unter dem Namen TITELBILD auf einer Diskette. Bevor Sie sich den weiteren Programmierproblemen in der Aufgabe zuwenden, können Sie dadurch den Arbeitsspeicher mit ADE oder TSCHUESS oder VERGISS ALLES löschen und gewinnen wertvollen Platz im Arbeitsspeicher.

EIN PROGRAMM FÜR DIE SPIELREGELN

Die Regeln des Spieles werden in einer relativ langen Datei zusammengefaßt. Es geht ja dabei nicht nur um die Regeln selbst, sondern genauso auch um

Erklärungen, in welcher Weise der Spieler seine Eingaben machen soll. Wenn Sie auf diese ausführlichen Erklärungen nicht verzichten wollen, dann reicht dafür eine Bildschirmseite nicht aus. Nun muß ein Benutzer aber Zeit zum Lesen der einzelnen Seiten haben. Man kann das zum Beispiel durch eine Verzögerungsschleife machen. In einer solchen Prozedur passiert im Grunde nichts, nur Zeit wird verbraucht.

```
PR VERZOEGERUNG :DAUER
   WENN :DAUER = 0 RUECKKEHR
   VERZOEGERUNG :DAUER - 1
ENDE
```

VERZOEGERUNG ruft sich selbst auf, ohne mit irgendwelchen Aktivitäten den eigentlichen Ablauf eines anderen Programms zu stören. Probieren Sie aus, wie lange das System braucht, um nach VERZOEGERUNG 100 wieder für eine neue Eingabe bereit zu sein.

Wenn man mit dieser Prozedur arbeitet, legt allerdings der Programmautor die Länge der Lesepause fest. Besser ist es natürlich, wenn der Benutzer das selbst bestimmen kann. Auch hierfür hatten wir bereits im vorigen Kapitel einen Baustein definiert, der wiederverwendet werden kann.

```
PR FORTSETZUNG
   DRUCKEZEILE [ Druecken Sie eine beliebige Taste. ]
   SETZE "TASTE TASTE
   LOESCHESCHIRM
ENDE
```

Sinnvoll ist es auch, wenn in SPIELREGEL eine Abfrage enthalten ist, ob ein Spieler tatsächlich die Regeln wissen will. Wenn er mehrmals spielt, so sind sie ihm ja bekannt und können übergangen werden. Wir arbeiten mit der Prozedur JA.NEIN, die auch schon behandelt wurde. Sie prüft, ob einer der Buchstaben "J", "j", "N" oder "n" eingegeben wurde. JA.NEIN benutzt ELEMENT?, eine Prozedur, die auch schon vielfach Verwendung in unseren Programmen fand.

```
PR JA.NEIN
   DRUCKEZEILE [ Ja / Nein ]
```

```
   DRUCKEZEILE [ Geben Sie J oder N ein. ]
   SETZE "ANTWORT TASTE
   PRUEFE ELEMENT? :ANTWORT [ J j N n ]
   WENNWAHR RUECKGABE :ANTWORT
   WENNFALSCH RUECKGABE JA.NEIN
ENDE

PR ELEMENT? :X :LISTE
   WENN :LISTE = [ ] RUECKGABE "FALSCH
   PRUEFE :X = ERSTES :LISTE
   WENNWAHR RUECKGABE "WAHR
   WENNFALSCH RUECKGABE ELEMENT? :X OHNEERSTES :LISTE
ENDE
```

Jetzt kann man die Regeln des Spiels als Prozedur definieren. Sie sind so formuliert, daß zunächst allgemein das Problem erklärt wird. Dann kommen konkrete Hinweise, wie die Eingabe zu erfolgen hat. In jedem Schritt soll aufgeschrieben werden, was der Bauer mitnehmen kann. Der Bauer selbst kommt dabei nicht vor, da er ohnehin im Boot sitzen muß. Vom Benutzer wird also die Eingabe von KOHLKOPF oder WOLF oder ZIEGE erwartet. Will er nichts mitnehmen, dann drückt er einfach RETURN. Diese Regeln müssen dann bei der Formulierung der Hauptprozedur berücksichtigt werden.

```
PR SPIELREGEL
   DRUCKEZEILE [ MOECHTEN SIE DIE REGELN KENNENLERNEN? ]
   WENN ELEMENT? JA.NEIN [ N n ] RUECKKEHR
   LOESCHESCHIRM BLINKER 0 5
   DRUCKEZEILE [ Ein Bauer steht mit einem Wolf, ]
   DRUCKEZEILE [ einer Ziege und einem Kohlkopf ]
   DRUCKEZEILE [ am Ufer eines Flusses. ]
   DRUCKEZEILE [ ]
   DRUCKEZEILE [ Er will auf die andere Seite. Es steht ]
   DRUCKEZEILE [ ihm dafuer ein Boot zur Verfuegung. ]
   DRUCKEZEILE [ Er kann aber nur entweder den Wolf ]
   DRUCKEZEILE [ oder die Ziege oder aber den Kohlkopf ]
   DRUCKEZEILE [ mitnehmen, denn das Boot ist klein. ]
   DRUCKEZEILE [ ] DRUCKEZEILE [ ]
   FORTSETZUNG
```

```
    BLINKER 0 5
    DRUCKEZEILE [ Nun kommt die Schwierigkeit. ]
    DRUCKEZEILE [ ]
    DRUCKEZEILE [ Laesst er den Wolf mit der Ziege ]
    DRUCKEZEILE [ allein, so wird sie gefressen. ]
    DRUCKEZEILE [ Ebenso frisst die Ziege den Kohlkopf, ]
    DRUCKEZEILE [ wenn die beiden alleine am Ufer sind. ]
    DRUCKEZEILE [ ] DRUCKEZEILE [ ]
    DRUCKEZEILE [ Wie kann der Bauer unter diesen ]
    DRUCKEZEILE [ Bedingungen alle heil an das andere ]
    DRUCKEZEILE [ Flussufer bekommen? ]
    DRUCKEZEILE [ ]
    DRUCKEZEILE [ Diese Aufgabe sollen Sie loesen. ]
    DRUCKEZEILE [ Dabei kommt es auch darauf an, so ]
    DRUCKEZEILE [ wenige Fahrten wie moeglich zu machen. ]
    DRUCKEZEILE [ ] DRUCKEZEILE [ ]
    FORTSETZUNG
    BLINKER 0 5
    DRUCKEZEILE [ Sie werden in jedem Zug gefragt, ]
    DRUCKEZEILE [ was der Bauer mitnehmen soll. ]
    DRUCKEZEILE [ Geben Sie einfach den Namen ein. ]
    DRUCKEZEILE [ ]
    DRUCKEZEILE [ Wollen Sie den Bauern alleine fahren ]
    DRUCKEZEILE [ lassen, so druecken Sie nur RETURN. ]
ENDE
```

Speichern Sie auch diese Prozeduren auf einer Diskette ab und wählen Sie dafür den Namen SPIELREGEL. Anschließend wird der Arbeitsspeicher gelöscht, so daß genügend Platz für den Hauptteil des Programms zur Verfügung ist.

EIN ALGORITHMUS FÜR DAS SPIEL

Fassen wir doch noch einmal zusammen, welche Funktionen im Hauptteil des Programms ausgeführt werden sollen. Aus einer solchen Aufstellung kann man die notwendigen Prozeduren leichter ableiten.

(1) Eine Meldung über den aktuellen Spielstand.

(2) Eine Meldung, was zu einem gegebenen Zeitpunkt in das Boot gepackt und mitgenommen werden kann.

(3) Die Prüfung der Zulässigkeit der Benutzereingabe.

(4) Die Durchführung des Wechsels von Ufer 1 zu Ufer 2 oder aber von Ufer 2 zu Ufer 1.

(5) Das Zählen der Spielzüge.

(6) Eine Prüfung, ob das Spiel beendet ist.

Ein großer Teil dieser Aufgaben wird in eine Prozedur SPIEL eingebettet. Sie gibt den aktuellen Spielstand aus, prüft, ob alles bereits an der anderen Uferseite angekommen ist, druckt andernfalls aus, was mitgenommen werden könnte und zählt die Spielzüge. Diese Prozedur SPIEL wird mit drei Eingaben aufgerufen. :UFER1 und :UFER2 sind die Belegungen der beiden Uferseiten, :I ist ein Zähler für die Anzahl der Züge. SPIEL ruft eine Prozedur WECHSEL auf, die dann den Zug des Benutzers einliest, ihn prüft, ob er mit den Spielregeln zu vereinbaren ist, und den Wechsel von einem zum anderen Ufer durchführt.

Es ist in dem Spiel so, daß mit jedem Zug auch die Uferseite gewechselt wird. Für das Programm heißt das, daß beim einen Mal die Belegung von :UFER1 geändert werden kann und beim anderen Mal die Belegung von :UFER2. Wenn wir die Anzahl der Züge bei 0 beginnend durchnumerieren, so wird bei einem geraden :I mit :UFER1 gearbeitet, also zu Beginn oder nach dem zweiten, nach dem vierten, nach dem sechsten Zug. Bei einem ungeraden :I, zum Beispiel nach dem ersten oder nach dem dritten Zug, ist man am :UFER2. Ein eventueller Abbruch des Spiels kann insbesondere nur geschehen, wenn der Spieler eine ungerade Anzahl von Zügen gemacht hat. Beides wird in SPIEL berücksichtigt. Wir arbeiten dabei mit dem Grundwort REST. Es sollte Sie nicht stören, daß bei der nun folgenden Definition zwei Bausteine verwendet werden, die noch nicht vorhanden sind. Zum einen handelt es sich da um die Prozedur WECHSEL, die die Belegung der ersten beiden Variablen ändert, zum anderen ist es die Prozedur ABBRUCH?, die prüfen soll, ob der Spieler sein Ziel erreicht hat. Beide sind nicht ganz einfach und werden deshalb etwas später ausführlich kommentiert.

```
PR SPIEL :UFER1 :UFER2 :I
   DRUCKEZEILE [ AN UFER 1 SIND: ]
   WENN REST :I 2 = 0 DRUCKEZEILE :UFER1 SONST DRUCKEZEILE :UFER2
   DRUCKEZEILE [ ]
   DRUCKEZEILE [ AN UFER 2 SIND: ]
   WENN REST :I 2 = 0 DRUCKEZEILE :UFER2 SONST DRUCKEZEILE :UFER1
   DRUCKEZEILE [ ] DRUCKEZEILE [ ]
   WENN REST :I 2 = 1 ABBRUCH?
   DRUCKEZEILE [ Es stehen zur Auswahl: ]
   DRUCKEZEILE :UFER1
   DRUCKEZEILE [ ] DRUCKEZEILE [ ]
   DRUCKEZEILE [ *************** ]
   DRUCKEZEILE [ ]
   WECHSEL :UFER1 :UFER2
ENDE
```

AUCH LOGO KENNT DAS ALPHABET

Die Prozedur ABBRUCH? soll prüfen, ob nach einer Anzahl von Zügen tatsächlich der Wolf, die Ziege und der Kohlkopf am anderen Flußufer angekommen sind. Es muß also die Liste :UFER1 mit der Liste aus diesen drei Elementen verglichen werden. Nun könnte man das etwa mit einem Baustein machen, der die Länge dieser Liste bestimmt. Hat sie drei Elemente, dann müssen das der Kohlkopf, der Wolf und die Ziege sein. Die Erfolgsmeldung kann ausgegeben werden. Man könnte aber genauso die beiden Listen direkt vergleichen. Wir wollen ABBRUCH? entsprechend formulieren. Hier ist eine vorläufige Version.

```
PR ABBRUCH?
   PRUEFE :UFER1 = [ KOHLKOPF WOLF ZIEGE ]
   WENNFALSCH RUECKKEHR
   DRUCKEZEILE [ Bravo. Sie haben das Problem mit ]
   DRUCKEZEILE SATZ :I [ Bootsfahrten geloest. ]
   AUSSTIEG
ENDE
```

Diese Prozedur hat nur noch einen "bug". Die Prüfung in der ersten Zeile hat nur dann die Rückgabe WAHR, wenn beide Listen auch in der Reihenfolge übereinstimmen. So werden zum Beispiel die Listen [WOLF ZIEGE KOHLKOPF] und [ZIEGE KOHLKOPF WOLF] nicht als identisch erkannt. Man muß deshalb noch eine Prozedur einbauen, die die Elemente von :UFER1 in eine alphabetische Reihenfolge bringt.

In LOGO ist bei dieser Aufgabe kein direkter Vergleich möglich. Die Zeichen "<" und ">" sind nur bei Zahlen anwendbar, bei der Eingabe von Buchstaben kommt eine Fehlermeldung. Sollen Buchstaben in Bezug auf ihre Stellung im Alphabet verglichen werden, so bleibt nur der Weg über den ASCII-Wert der verschiedenen Buchstaben. Sie erinnern sich, daß es sich dabei um eine standardisierte Zuordnung von Zahlen zu den Buchstaben, Sonderzeichen und auch einigen Tastenkombinationen der Tastatur handelt. Insbesondere ist also jedem Buchstaben eine Zahl zugewiesen. Zum Buchstaben "A" gehört die Zahl 65, zu "B" die Zahl 66, dem Buchstaben "Z" ist 90 zugeordnet.

Sollen nun Buchstaben alphabetisch geordnet werden, so kann man diese Aufgabe mit Hilfe von ASC auf das Ordnen von Zahlen zurückführen. Probieren Sie es einmal im Direktmodus mit der Abfrage

```
ASC "K > ASC "B
```

aus. Sie bekommen die Antwort WAHR. Geht ein Großbuchstabe einem anderen im Alphabet voran, dann ist auch der ASCII-Wert des ersten kleiner als der ASCII-Wert des zweiten. Diese Tatsache nutzt man in der folgenden Prozedur ORDNEN aus, die eine Anzahl von Wörtern entsprechend ihrer Reihenfolge im Alphabet anordnet. Dabei beachten wir jetzt nur den ersten Buchstaben eines Eingabewortes. Für die Prozedur ABBRUCH? ist das ausreichend, da alle drei Begriffe verschiedene Anfangsbuchstaben haben.

Für ORDNUNG wird noch einmal das Sortieren durch Einordnen benutzt. Man braucht also zunächst eine Prozedur EINORDNUNG, die ein Wort an die richtige Stelle in einer sortierten Liste einfügt. Sie funktioniert im Prinzip genauso wie die Prozedur EINORDNEN, die Sie bereits im letzten Kapitel gesehen haben. Nur werden hier die ASCII-Werte der Anfangsbuchstaben verglichen. ORDNUNG selbst ist direkt mit EINSORTIEREN vergleichbar, einer Prozedur, die Sie im vorangegangenen Kapitel kennengelernt haben. Sollten Ihnen also die Einzelheiten der Prozeduren nicht mehr ganz klar sein, so können Sie dort noch einmal nachschauen.

```
PR EINORDNUNG :X :LISTE
   WENN :LISTE = [ ] RUECKGABE ( LISTE :X )
   PRUEFE ASC ( ERSTES ERSTES :X ) < ASC ( ERSTES ERSTES :LISTE )
   WENNWAHR RUECKGABE MITERSTEM ( ERSTES :LISTE )
              ( EINORDNUNG :X OHNEERSTES :LISTE )
   WENNFALSCH RUECKGABE MITERSTEM :X  :LISTE
ENDE

PR ORDNUNG :LISTE
   WENN :LISTE = [ ] RUECKGABE [ ]
   RUECKGABE EINORDNUNG ERSTES :LISTE ORDNUNG OHNEERSTES :LISTE
ENDE
```

Man kann nun ORDNUNG in ABBRUCH? einbauen. In der ersten Zeile der neuen Version wird geprüft, ob die geordnete Liste :UFER1 mit der gegebenen Liste, die natürlich in alphabetischer Anordnung eingegeben wird, übereinstimmt.

```
PR ABBRUCH?
   PRUEFE ORDNUNG :UFER1 = [ KOHLKOPF WOLF ZIEGE ]
   WENNFALSCH RUECKKEHR
   DRUCKEZEILE [ Bravo. Sie haben das Problem mit ]
   DRUCKEZEILE SATZ :I [ Bootsfahrten geloest. ]
   AUSSTIEG
ENDE
```

AUFGABE

(1) Schreiben Sie eine Prozedur ORDNUNG.2, die etwas komfortabler als ORDNUNG ist. Sie soll eine Liste von Wörtern in alphabetische Reihenfolge bringen, wobei auch der zweite und die folgenden Buchstaben eines Wortes gegebenenfalls berücksichtigt werden. Ein Probelauf sollte beispielsweise das folgende Ergebnis bringen:

```
ORDNUNG.2 [ BREMEN HANNOVER HAMBURG BONN ]
Ergebnis: [ BONN BREMEN HAMBURG HANNOVER ]
```

EINE PROZEDUR FÜR DIE EINZELNEN FAHRTEN

Die Prozedur ORDNUNG wird aber nicht nur bei einem eventuellen Abbruch des Programms gebraucht. Auch nach jedem einzelnen Zug des Benutzers muß geprüft werden, ob nicht etwa eine unzulässige Kombination am Ufer zurückbleibt. Wir schreiben diese Prüfung als Prozedur TEST mit einer Eingabe. Diese Eingabe wird später die Elemente enthalten, die am Ufer zurückbleiben. TEST benutzt die Grundwörter EINES? und NICHT, die Sie im letzten Kapitel kennengelernt haben. Die Rückgabe von TEST ist entweder WAHR oder FALSCH. Es wird FALSCH ausgegeben, wenn der Wolf und die Ziege oder die Ziege und der Kohlkopf oder aber alle drei alleine am Ufer zurückbleiben. Im anderen Fall ist die Ausgabe WAHR, die Kombination wäre dann also zulässig. Beachten Sie, daß TEST nur aus einer einzigen Programmzeile besteht.

```
PR TEST :LISTE
   RUECKGABE NICHT ( EINES? :LISTE = [ WOLF ZIEGE ] :LISTE =
       [ KOHLKOPF ZIEGE ] :LISTE = [ KOHLKOPF WOLF ZIEGE ] )
ENDE
```

Da die Eingabe zu TEST in der Hauptprozedur nicht unbedingt in alphabetischer Reihenfolge gegeben sein wird, setzt man beim Aufruf den Baustein ORDNUNG voran. Dadurch spart man die Aufzählung aller möglichen Kombinationen in TEST. Formulieren wir nun zunächst einmal den ersten Teil von WECHSEL. Der Benutzer wird zu einer Eingabe aufgefordert und die Eingabe wird geprüft. Man muß dabei die Eingabe als Liste belassen, damit auch die Möglichkeit erhalten bleibt, RETURN zu drücken, also die leere Liste einzugeben. War die Eingabe nicht korrekt, ruft WECHSEL eine Prozedur FEHLER auf, die den Spieler auf seinen Fehler aufmerksam macht.

```
PR WECHSEL :UFER1 :UFER2
   DRUCKEZEILE [ ] DRUCKEZEILE [ ]
   DRUCKEZEILE [ Was moechten Sie mitnehmen? ]
   SETZE "ANTWORT EINGABE
   DRUCKEZEILE [ ] DRUCKEZEILE [ ------------------- ]
   WENN NICHT ELEMENT? :ANTWORT [ [KOHLKOPF] [WOLF] [ZIEGE]
              [ ] ]  FEHLER WECHSEL :UFER1 :UFER2 RUECKKEHR
ENDE
```

```
PR FEHLER
   DRUCKEZEILE [ Das geht nicht. Waehlen Sie noch einmal. ]
   DRUCKEZEILE [ ]
ENDE
```

Sie sehen, daß bis hierhin die Benutzereingabe angenommen und kontrolliert wird. Die letzte Zeile prüft, ob nichts anderes als KOHLKOPF, WOLF oder ZIEGE geschrieben wurde oder ob nur RETURN gedrückt wurde. Im zweiten Teil geht es nun darum, auch die am Ufer verbleibendenen Elemente zu betrachten. Sind sie nicht zulässig, wie zum Beispiel die Kombination von WOLF und ZIEGE, so muß auch in diesem Fall die Prozedur WECHSEL mit den gleichen Eingaben noch einmal aufgerufen werden. Man muß also die Belegung von :UFER1 probeweise ändern, endgültig darf diese Änderung noch nicht sein, da sie gegebenenfalls widerrufen werden muß. Man führt deshalb in der Prozedur WECHSEL eine Hilfsvariable :HILFE ein, die vorübergehend mit der Änderung von :UFER1 belegt wird. Diese Änderung ist das Streichen des vom Benutzer gewünschten Elementes aus dieser Liste.

```
PR STREICH :X :LISTE; streicht das Element X aus der Liste LISTE
   WENN :LISTE = [ ] RUECKGABE [ ]
   PRUEFE :X = ERSTES :LISTE
   WENNWAHR RUECKGABE OHNEERSTES :LISTE
   WENNFALSCH RUECKGABE MITERSTEM ( ERSTES :LISTE ) ( STREICH :X
                                             OHNEERSTES :LISTE )
ENDE
```

Es kommt hier allerdings zu einer Fehlermeldung, wenn man versucht, die leere Liste zu streichen (warum?). Da die leere Liste allerdings eine zulässige Eingabe ist, muß der Fall separat in der Prozedur WECHSEL behandelt werden.

```
PR WECHSEL :UFER1 :UFER2
   DRUCKEZEILE [ ] DRUCKEZEILE [ ]
   DRUCKEZEILE [ Was moechten Sie mitnehmen? ]
   SETZE "ANTWORT EINGABE
   DRUCKEZEILE [ ] DRUCKEZEILE [ ------------------- ]
   WENN NICHT ELEMENT? :ANTWORT [ [KOHLKOPF] [WOLF] [ZIEGE]
            [ ] ] FEHLER WECHSEL :UFER1 :UFER2 RUECKKEHR
```

```
    PRUEFE :ANTWORT = [ ]
    WENNWAHR SETZE "HILFE :UFER1
    WENNFALSCH SETZE "HILFE STREICH ERSTES :ANTWORT :UFER1
    WENN TEST ORDNUNG :HILFE = "FALSCH DANN FEHLER WECHSEL :UFER1
                                                  :UFER2 RUECKKEHR
    WENN NICHT :ANTWORT = [ ] DANN SETZE "UFER1 MITLETZTEM
                                  ( ERSTES :ANTWORT ) :UFER2
    SPIEL :UFER2 :UFER1 :I+1
ENDE
```

Falls bei der Eingabe alles in Ordnung war, wird die letzte Zeile aufgerufen. Hier wird SPIEL noch einmal ausgeführt. Es ist klar, daß :I zu :I+1 wird, denn das Spiel geht in die nächste Runde. Ansonsten werden die beiden Eingaben :UFER1 und :UFER2 gerade vertauscht, denn man spielt nun am anderen Ufer. Die Verwendung der lokalen Variablen macht es möglich. Vielleicht werden ihnen jetzt auch die ersten Zeilen in der Prozedur SPIEL klarer.

DIE BOOTSFAHRT

Die Hauptprozedur des Spiels heißt BOOTSFAHRT. Wir haben alle Bausteine dafür zusammen, es kommt nur noch darauf an, sie in passender Weise zusammenzusetzen. Wollen Sie allerdings alle Teilprozeduren in den Arbeitsspeicher nehmen, dann reicht der Platz nicht aus. Wir werden daher einen Trick anwenden und während des Ablaufs von BOOTSFAHRT einzelne Prozeduren nachladen und sie anschließend wieder aus dem Speicher löschen. Dazu verwenden wir die Grundwörter LADE und VERGISS, die auch in einer Definition benutzt werden können. Dateien werden zunächst mit LADE geholt, nach der Ausführung werden nicht benötigte Teile mit VERGISS entfernt.

```
PR BOOTSFAHRT
    LOESCHESCHIRM
    LADE "TITELBILD
    TITELBILD
    VERGISS TITELBILD VERGISS ZENTRIEREN
    VERGISS LAENGE VERGISS LAENGE.SATZ
    DRUCKEZEILE [ ] DRUCKEZEILE [ ] DRUCKEZEILE [ ]
    DRUCKEZEILE [ Einen Moment Geduld, bitte ... ]
```

```
    DRUCKEZEILE [ ] DRUCKEZEILE [ ]
    LADE "SPIELREGEL
    SPIELREGEL
    VERGISS SPIELREGEL
    VERGISS FORTSETZUNG
    DRUCKEZEILE [ ] DRUCKEZEILE [ ]
    DRUCKEZEILE [ Haben Sie Lust, das Spiel zu spielen? ]
    DRUCKEZEILE [ ]
    WENN ELEMENT? JA.NEIN [ J j N n ] DRUCKEZEILE [ ]
                  DRUCKEZEILE [ ] DRUCKEZEILE [ Das ist
                  schade. Vielleicht ein anderes Mal. ]
                  BLINKER 0 23 AUSSTIEG
    LOESCHESCHIRM
    SPIEL [ KOHLKOPF WOLF ZIEGE ]
ENDE
```

Das Kommando LADE könnte übrigens auch, genauso wie sie es bei BEWAHRE ja schon gesehen haben, eine Variable als Eingabe haben. Diese Funktion ist nützlich, wenn der Benutzer mehrere Programme zur Auswahl hat. Der Ablauf wäre dann etwa

```
PR EINLADEN
    DRUCKEZEILE [ WELCHE DATEI SOLL EINGELESEN WERDEN? ]
    SETZE "WAHL ERSTES EINGABE
    LADE :WAHL
ENDE
```

VOM UMGANG MIT DEM SPEICHERPLATZ

Sie haben in diesem Kapitel an verschiedenen Stellen gesehen, wie man mit dem begrenzten Speicherplatz im LOGO-System umgehen kann. Im folgenden sollen diese Möglichkeiten noch einmal zusammengestellt und erweitert werden.

(1) Warten Sie nicht auf die Meldung SPEICHER VOLL!, sondern schauen Sie sich schon vorher mit der Eingabe von .GCOLL und danach .KNOTEN den verfügbaren Platz im Arbeitsspeicher an. Legen Sie gegebenenfalls Prozeduren auf einer Diskette ab.

(2) Organisieren Sie Ihre Programme so, daß Teile davon während des Ablaufs mit LADE in den Arbeitsspeicher eingelesen werden. Vergessen Sie aber auch nicht Prozeduren mit VERGISS zu löschen, die im weiteren Verlauf nicht mehr benötigt werden. Auch einzelne Namen können gelöscht werden. Dazu braucht man das Kommando

VERGISSNAME	Die Eingabe ist ein Wort, das als Name definiert ist. Der entsprechende Name wird aus dem Arbeitsspeicher entfernt. Beispiel: VERGISSNAME "PALINDROME

(3) Wenn Sie für einen Namen, den Sie definieren möchten, den Namen eines Grundwortes oder einer Prozedur wählen, dann brauchen Sie weniger Speicherplatz als bei einer frei gewählten Bezeichung. Es ist also in diesem Sinne "WORT für eine Worteingabe ein besserer Name als "BEGRIFF. Selbstverständlich benötigt auch ein kurzer Name für eine Prozedur oder eine Variable weniger Platz als ein langer Name. Sie sollten trotzdem an dieser Stelle nicht sparen. Ein Programm wird dann zu leicht unlesbar, insbesondere, wenn Sie es erst nach einiger Zeit wieder anschauen.

(4) Versuchen Sie auch bei einfachen Aufgaben, auf UTILITIES zurückzugreifen. Die Prozedur FEHLER im Programm oben ist dafür ein Beispiel. Sie wird mehrmals benutzt, es ist also sinnvoll auch eine einzige Zeile als eigene Prozedur zu definieren. Außerdem werden dadurch die Hauptprozeduren kürzer und übersichtlicher, die diese Bausteine benutzen.

(5) Wenn Sie auch mit dem Platz auf der Diskette sparsam umgehen wollen, dann initialisieren Sie Disketten mit Hilfe der Betriebssystemdiskette und nicht mit Hilfe von LOGO. Schauen Sie ab und zu, ob Sie bestimmte Dateien noch benötigen. Sie können gelöscht werden mit VERGISSDATEI. Für Bilddateien, die viel Speicherplatz beanspruchen, gibt es einen eigenen Befehl.

VERGISSBILD	Die Eingabe ist ein Wort, welches der Name einer Bilddatei ist. Diese

Datei verschwindet daraufhin von der Diskette.

Beispiel:
VERGISSBILD "SUEDSEE

LÖSUNG DER AUFGABE

(1) Für die Prozedur ORDNUNG.2 definieren wir zunächst einen Hilfsbaustein VERGLEICH mit zwei Eingaben, die beide Wörter sind. VERGLEICH gibt WAHR zurück, wenn die erste Eingabe im Alphabet vor der zweiten kommt, sonst wird FALSCH ausgegeben.

```
PR VERGLEICH :WORT1 :WORT2
   WENN :WORT1 = " RUECKGABE "WAHR
   WENN :WORT2 = " RUECKGABE "FALSCH
   WENN ASC ERSTES :WORT1 < ASC ERSTES :WORT2 RUECKGABE "WAHR
   WENN ASC ERSTES :WORT1 > ASC ERSTES :WORT2 RUECKGABE "FALSCH
   RUECKGABE VERGLEICH OHNEERSTES :WORT1 OHNEERSTES :WORT2
ENDE
```

VERGLEICH schaut sich je zwei entsprechende Buchstaben in den beiden Eingaben an. Sind die verschieden, dann hat die Prozedur bereits ein Ergebnis, nämlich WAHR, wenn der erste vor dem zweiten im Alphabet kommt, FALSCH im anderen Fall. Sind die Buchstaben gleich, dann müssen eben die folgenden verglichen werden. Diesen Aufruf sehen Sie in der letzten Zeile. Die ersten beiden Zeilen fangen den Fall ab, daß die Wörter verschieden lang sind, aber den gleichen Anfang haben, etwa wie "KIND und "KINDERZIMMER.

Auch hier braucht man nun wieder eine Prozedur, die das Einordnen eines Elements an die richtige Stelle in einer sortierten Liste übernimmt. Sie arbeitet ähnlich wie EINORDNUNG, benutzt aber VERGLEICH für die Bestimmung der Reihenfolge. Der Name ist deswegen auch EINORDNUNG.2 für diesen Baustein. Die eigentliche Sortierprozedur ORDNUNG.2 ist dann fast identisch mit ORDNUNG. Hier sind also die beiden Prozeduren.

```
PR EINORDNUNG.2 :X :LISTE
   WENN :LISTE = [ ] RUECKGABE ( LISTE :X )
   WENN VERGLEICH :X ERSTES :L = "FALSCH RUECKGABE MITERSTEM
                    ( ERSTES :L ) EINORDNUNG.2 OHNEERSTES :L
   RUECKGABE MITERSTEM :X :LISTE
ENDE

PR ORDNUNG.2 :LISTE
   WENN :LISTE = [ ] RUECKGABE [ ]
   RUECKGABE EINORDNUNG.2 ERSTES :LISTE ORDNUNG.2
                                 OHNEERSTES :LISTE
ENDE
```

Ein Probelauf von ORDNUNG.2 könnte dann folgendermaßen aussehen:

```
ORDNUNG.2 [ KIEL KOPENHAGEN BASEL MUENCHEN WIEN PARIS MAILAND ]
Ergebnis: [ BASEL KIEL KOPENHAGEN MAILAND MUENCHEN PARIS WIEN ]
```

Stichwortverzeichnis

Das Stichwortverzeichnis enthält unter anderem auch alle LOGO-Grundwörter und alle Prozedurnamen, die in diesem Buch vorkommen. Beide, also Grundwörter und Prozeduren sind in Großbuchstaben geschrieben.

Literaturhinweise

Abelson, Harald: Einführung in LOGO. Vaterstetten 1983.

Goldschlager, Les / Lister, Andrew: Informatik. Eine moderne Einführung. München und Wien 1984.

Harvey, Brian: Computer Science Logo Style. Vol. 1 : Intermediate Programming. Cambridge, Ma. 1985.

Hofstadter, Douglas R.: Gödel, Escher, Bach. Ein Endloses Geflochtenes Band. Stuttgart 1985.

Hoppe, Heinz Ulrich: LOGO im Mathematikunterricht. Vaterstetten 1984.

Hoppe, Heinz Ulrich / Löthe, Herbert: Problemlösen und Programmieren mit LOGO. Stuttgart 1984.

Martin, Donald / Martin, Jennifer Ann: 88 Apple Logo Programs. Indianapolis, In. 1984.

Martin, Donald / Paulsen, Marijane / Prata, Stephen: Apple Logo Programming Primer. Indianapolis, In. 1984.

Papert, Seymour: Mindstorms. Kinder, Computer und neues Lernen. Stuttgart 1984.

Schuppar, Berthold: Logo-Programmierkurs für Commodore 64 Logo und Terrapin Logo (Apple II). Braunschweig 1985.

Senftleben, Dietrich: Programmieren mit Logo. Würzburg 1984².

Ziegenbalg, Jochen: LOGO Lern- und Arbeitsbuch. Braunschweig 1986.

Ziegenbalg, Jochen: Programmieren lernen mit Logo. München und Wien 1985.

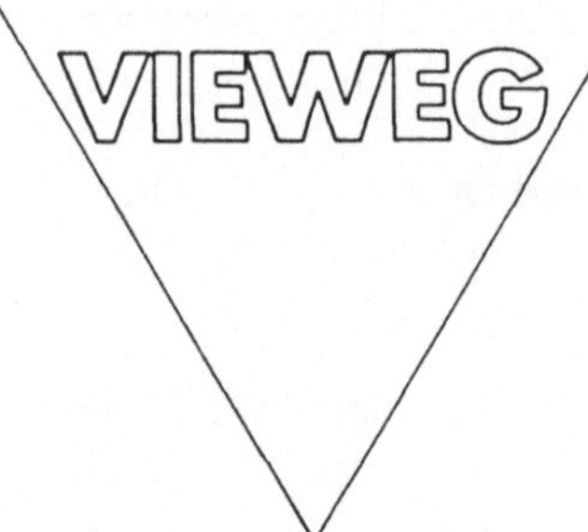
VIEWEG